中等职业学校财经商贸专业群建设研究与实践

潘玉艳　卢俊林　著

中国财富出版社有限公司

图书在版编目（CIP）数据

中等职业学校财经商贸专业群建设研究与实践／潘玉艳，卢俊林著 . —北京：中国财富出版社有限公司，2021. 11

ISBN 978 - 7 - 5047 - 7571 - 9

Ⅰ. ①中⋯　Ⅱ. ①潘⋯②卢⋯　Ⅲ. ①中等专业学校-贸易经济-专业设置-学科建设-研究-中国　Ⅳ. ①F7

中国版本图书馆 CIP 数据核字（2021）第 229635 号

策划编辑	李　丽	责任编辑	刘　斐　钮宇涵	版权编辑	李　洋
责任印制	梁　凡	责任校对	孙丽丽	责任发行	于　宁

出版发行	中国财富出版社有限公司			
社　　址	北京市丰台区南四环西路 188 号 5 区 20 楼		**邮政编码**	100070
电　　话	010 - 52227588 转 2098（发行部）		010 - 52227588 转 321（总编室）	
	010 - 52227566（24 小时读者服务）		010 - 52227588 转 305（质检部）	
网　　址	http：//www. cfpress. com. cn	**排　　版**	宝蕾元	
经　　销	新华书店	**印　　刷**	北京九州迅驰传媒文化有限公司	
书　　号	ISBN 978 - 7 - 5047 - 7571 - 9/F・3370			
开　　本	710mm×1000mm　1/16	**版　　次**	2024 年 11 月第 1 版	
印　　张	19.75	**印　　次**	2024 年 11 月第 1 次印刷	
字　　数	355 千字	**定　　价**	98.00 元	

前　言

　　人才短缺是当前经济社会发展的一个突出问题，如何将丰富的人口资源转化为满足社会生产、服务需求的人力资源，是一个值得研究的课题。职业教育承担着培养生产技术一线应用型人才的任务，是技能型人才的培养主体。改革开放 40 多年来，中等职业教育得到了党中央和国务院的高度重视，相继出台了有关改革和发展中等职业教育的一系列方针政策，逐步加大对中等职业教育的投入。随着我国现代社会和经济发展的进程，教育部与时俱进地引导和组织中等职业教育工作者，以及行业和企业高管、高技术人士，积极开展中等职业教育的探索与改革，使改革不断取得突破，积累了丰富的经验。中央政府和地方政府在改革中不断调整，使我国中等职业教育逐步走上了一条快速发展的道路。我国中等职业教育体系的形成，使中等职业教育发展成为中等教育体系的重要组成部分，为我国经济社会发展提供了技术技能型和技能应用型人才，对推动我国经济社会发展特别是区域经济发展起到了重要作用。

　　本书基于我国中等职业教育财经商贸专业群建设的发展过程与现状，通过对我国中等职业教育财经商贸专业群建设相关的文献进行研究、分析，提出我国中等职业教育发展中财经商贸专业群建设存在的问题，分析产生问题的原因及因果关系，包括政策、经费投入、体制等一系列因素对我国中等职业教育发展的影响，对我国中等职业教育发展的前景、对策与任务进行分析，并对政府如何发挥主导作用、中等职业教育如何发展，以及我国中等职业教育如何进行财经商贸专业群建设等方面的问题进行研究，提出意见和建议；本书以广西物资学校为例，经过分析和讨论，提出解决问题的方法和建议，希望对中等职业教育财经商贸专业群的建设与发展带来帮助。

　　本书包括导论，中等职业学校财经商贸专业群建设概述，我国中等职业学校财经商贸专业群建设历史沿革、现状与问题，中等职业学校财经商贸专业群人才培养模式改革，中等职业学校财经商贸专业群中行动导向教学模式应用研究，中等职业学校财经商贸专业群教师队伍建设，中等职业学校财经商贸专业群实训基地建设和 ISO9000 质量管理体系下中等职业学校财经商贸专业群教学质量评价探索，共八章内容。附录包括国务院关于大力发展职业教育的决定，教育部关于进一步深化中等职业教育教学改革的若干意见，国家中等职业教育改革发展示范学校建设计划项目管理暂行办法，中等职业学校专业设置管理办法（试行）和国务院关于加快发展现代职业教育的决定等内容。

由于水平有限，书中难免存在不当之处，敬请读者批评指正。

作者

目　录

第一章 导 论

第一节 研究缘起和研究意义

随着我国职业教育的不断发展，财经商贸专业也得到了进一步的发展，然而，在竞争激烈的市场环境下，伴随人才竞争的加剧，专业群建设发展欠缺，使很多职业学校的学生在专业学习方面，专业知识掌握不够深入，技能水平有待提升，难以适应市场经济发展的需要，因此，职业学校必须积极推进财经商贸特色专业群建设，确保学生获得高水平的专业技能，形成良好的口碑，才能适应社会主义市场经济发展的需要。

中等职业教育在培养生产技术一线应用型人才方面发挥着关键作用，是技能应用型人才的培养主体。目前，我国中等职业教育主要由地方政府主导。为了加快我国中等职业教育的发展，地方政府需要发挥主导作用，把中等职业教育的发展纳入当地的经济和社会发展的总体规划中，建立和完善中等职业教育的法规和政策。同时加大经费投入，做好统筹规划，加强督导。要对办学体制和管理体制的改革、学生的培养目标、办学途径、教学内容及教学方法等提出明确的要求，重点办好骨干学校和示范学校。

技能应用型人才短缺已经成为经济社会发展的一个紧迫问题。如何将丰富的人力资源转化为满足社会生产、服务需求的技能应用型人才，是一个值得研究的课题。本书将探讨我国中等职业教育财经商贸专业群建设的发展过程与现状，分析存在的问题及因果关系，包括政策、经费投入、体制等一系列因素对我国中等职业教育发展的影响；对我国中等职业教育的发展前景、对策与任务进行分析，并对政府如何发挥主导作用、中等职业教育如何发展，以及我国中等职业教育如何进行财经商贸专业群建设等方面的问题进行研究，提出意见和建议，希望能对中等职业教育财经商贸专业群的建设提供有价值的参考。

一、研究背景

（一）我国中等职业教育的发展

随着我国经济和社会的快速发展，技能应用型人才短缺已经是当前经济社会发展的一个突出问题。如何将丰富的人力资源转化为满足社会生产、服务需求的技能应用型人才，是一个值得研究的课题。我国中等职业教育承担着培养一线应用型人才的任务，是技能应用型人才的培养主体。我国中等职业教育作为我国中等教育的一种类型，历经多年的发展，已经取得了长足的进步。

教育部先后在全国各地多次召开产学研结合经验交流会，分别交流了第一产业、第二产业和第三产业中等职业人才培养的经验。这三次会议在总结经验的基础上，明确提出产学研结合是中等职业教育发展的必由之路，中等职业教育要以服务为宗旨，以就业为导向，从而为中等职业教育及其专业群建设指明了发展方向。

2005 年国务院下发了《国务院关于大力发展职业教育的决定》（见附录 A），在决定中提出当前和今后一个时期教育工作战略的重点是要大力发展职业教育。在中共中央、国务院印发的《关于深化教育改革全面推进素质教育的决定》中，就中等职业教育的改革和发展提出了战略性的意见，对办学体制和管理体制的改革以及学生的培养目标、办学途径和教学内容、方法等问题提出了原则性意见，此举为我国中等职业教育的发展指明了方向。

2008 年 12 月 13 日，教育部下发《教育部关于进一步深化中等职业教育教学改革的若干意见》（见附录 B）。该意见为贯彻落实党的十七大精神和《国务院关于大力发展职业教育的决定》（国发〔2005〕35 号），提高中等职业教育教学质量和办学效益，推动职业教育又好又快发展，更好地适应全面建设小康社会对高素质劳动者和技能型人才的迫切需要指明了方向。

2010 年中共中央、国务院印发的《国家中长期教育改革和发展规划纲要（2010—2020 年）》（以下简称《纲要》）（见附录 C）明确指出："把职业教育纳入经济社会发展和产业发展规划，促使职业教育规模、专业设置与经济社会发展需求相适应。"积极推进职业教育办学模式改革试点。《纲要》描绘了中国教育的宏伟战略构想，是全局性、前瞻性的战略规划纲要，"优先发展、育人为本、改革创新、促进公平、提高质量"的 20 字工作方针，是教育改革发展的工作指南。

2010 年 9 月，教育部颁布了《中等职业学校专业设置管理办法（试行）》（以下简称《决定》）（见附录 D）体现了以服务为宗旨、以就业为导向的原则，凸显了中等职业教育的特色，对于规范和指导中等职业学校建设起到重要作用。

2014 年发布的《国务院关于加快发展现代职业教育的决定》（见附录 E），对职业教育的培养层次进行了进一步界定，重新划分了我国的教育体系。今后的职业教育将包括高中、专科、本科和研究生几个阶段，还要建立与职业教育特点相符合的学位制度，这不仅丰富了职业教育的层次，也使职业教育培养人才的目标发生了变化。以前我们的目标是培养技能型人才，现在是技术技能人才，也可以理解为技术人才、技能型人才以及复合型人才。这样一来，职业教育不再是传统观念中的"断头教育""次品教育"。不仅如此，《决定》还强调职业教育要强化技术技能积累的作用，这将有助于缓解当前很多传统技能和技艺失传的局面，使传统技能和技艺不断传承延续下去。

此外，《决定》首次提出企业要发挥"重要办学主体作用"。我们旧有的观念往往认为办教育是学校的事，而《决定》明确提出，办职业教育不仅是学校的事，也是企业的事。企业办学不应狭义地理解为企业出资兴办学校，还应包括参与教育教学过程，如参与制定人才培养方案、接受学生实习、派遣技术人员讲授实训课等。过去的改革探索已经证明，校企合作可以有效地解决人才培养的针对性问题以及职业教育的出口问题，也满足了企业的实际用人需求。《决定》还强调了企业的社会责任，要求规模以上企业要有机构或人员实施职工教育培训、对接职业学校，以及设立学生实习和教师实践岗位。企业开展职业教育的情况要纳入企业社会责任报告。

（二）我国中等职业教育取得的主要成就

改革开放 40 多年来，中等职业教育得到了党中央和国务院的重视，相继出台了有关改革和发展中等职业教育的一系列方针政策，逐步加大对中等职业教育的投入。随着我国社会和经济的发展，教育部与时俱进地引导和组织中等职业教育工作者，以及行业和企业高管、高技术人士，积极开展中等职业教育的探索与改革，使改革不断取得突破，积累了丰富的经验。中央政府和地方政府在改革中不断调整，使我国中等职业教育逐步走上了一条快速发展的道路。我国中等职业教育体系的形成，使中等职业教育发展成为中等教育体系的重要组成部分，为我国经济社会发展提供了技术技能型和技能应用型人才，对推动我国经济社会发展，特别是区域经济社会发展起到了重要作用。

1. 中等职业教育战略地位的确立

中等职业教育是职业教育的重要组成部分，截至 2006 年，我国政府先后召开了 6 次全国职业教育工作会议。2005 年 11 月 7 日，时任中共中央政治局常委、国务院总理在全国职业教育大会上提出"大力发展职业教育，是推进我国工业化、现代化的迫切需要，是促进社会就业和解决'三农'问题的重要途径，也是完善现代国民教育体系的必然要求"。

进入 21 世纪以来，国家和地方政府都把职业教育作为经济和社会发展的重要基础和整个教育工作的战略重点，把中等职业教育摆在了较为突出的位置。战略地位的确定加快了中等职业教育向现代职业教育进军的步伐。

2. 为我国社会发展、产业提升、经济繁荣提供了有力支撑

各地区根据当地经济社会发展、人才市场的实际需求，指导和帮助当地中等职业学校建立了与区域产业、行业、企业、人才需求相适应的专业群，选定了部分中等职业学校作为紧缺技能型人才的培养和培训基地，采取政策措施加强中等职业学校与行业、企业等用人单位全面合作，共同培养、培训了数以万计的高素质人才和市场急需的技能应用型人才，促进了当地经济社会的发展。

3. 确定了为地方、区域经济发展服务的办学方向

我国中等职业教育在国家政策的引导下，借鉴国外办学经验，不断探索新时期中等职业教育与地方区域经济和社会的关系，并且经过不断改革，建立了与地方经济和社会良性互动、双促、双赢的关系，搭建了适应区域经济和社会发展的职业教育平台；形成了中等职业学校财经商贸专业群结构与区域经济结构相统一的局面，并能随着区域经济产业结构变化积极调整自身的教育结构，根据地方经济发展变化主动在专业设置、培养人才规格、培养培训模式、办学规模等各个方面做相应的调整，为地区经济和社会发展提供多样化服务。

4. 中等职业教育得到了政策性保障

多年来，国家出台了一系列方针政策，保障了中等职业教育的发展，保证改革顺利进行，促进了中等职业教育的整体进步和提升，人才培养培训质量显著提高。

5. 中等职业教育基本与经济和社会发展相适应

2019 年 2 月 22 日，教育部职业技术教育中心研究所在京发布《中国中等职业教育质量年度报告（2018）》（以下简称《报告》），这是我国改革开放以来首份中等职业教育质量报告。《报告》指出，经过多年的不懈努力，我国中职国家教学标准体系框架基本形成。

《报告》从第三方评价角度，从总体情况、学生发展、教育教学、产教融合、服务贡献、政府履责、挑战及对策等 7 个方面，综合呈现了党的十八大以来特别是 2017 年我国中等职业教育的整体质量情况。

（1）超四成高中阶段学生在中等职业学校学习，学生综合素质明显提高

《报告》显示，从规模情况看，2017 年，全国共有中等职业学校 1.07 万所，招生 582.43 万人，在校生 1592.5 万人，中等职业教育在校生总体规模较为稳定。从结构情况看，2017 年，全国高中阶段教育招生职普比为 42.1∶57.9，在校生职普比为 40.1∶59.9，超过四成的高中阶段学生在中职学校学习。从师资情况看，2017 年，全国中职学校共有教职工 107.62 万人，专任教师 83.68 万人。相比 2016 年和 2015 年，生师比、学历、职称结构进一步改善。从办学条件看，全国已建成 1000 所国家级中等职业教育改革发展示范校，以及一批省级中等职业教育优质特色学校，为全国 2/3 的中职学生提供优质教育。

13 个省市对中职学校的综合测试抽样显示，2017 年中职学生公共基础课平均合格率为 90.85%，专业技能课平均合格率为 92.35%，体质合格率达到 89.62%。在 2017 年全国职业学校技能大赛中，有 3330 名中职学生获得全国技能大赛一二三等奖，2018 年达到 3594 名。2017 年全国中职学校毕业生就业率达到 96.38%，对口就业率达到 72.95%。

（2）中职国家教学标准体系框架基本形成，行业参与职业教育愈发紧密

新一轮《中等职业学校专业目录》修订工作引导中职专业主动对接战略性新兴产业、先进制造业、现代服务业等。经过不懈努力，中职国家教学标准体系框架基本形成。学校积极推广项目教学、案例教学、情景教学、工作过程导向教学，探索出一批特色鲜明的教学模式。"双师型"教师队伍建设取得新进展，一批优秀教师入选国家"万人计划"教学名师。中职互联网接入率大幅提高，数字校园的基础能力进一步提升。

《报告》指出，中职教育领域产教融合不断深化，主要表现在四个方面：一是行业参与职业教育愈发紧密。截至 2017 年年底，全国共成立了 56 个行

业职业教育教学指导委员会，覆盖了95%的中职专业，发布了近60个行业人才需求预测与专业设置指导报告和13个行业职业教育年度报告。二是校企合作改革不断深入。各地出台了一系列政策举措，在订单培养、校中厂、厂中校、现代学徒制等方面进行探索，推动中职学校校企合作改革。三是中职学校参与集团化办学热度高涨。截至2016年年底，在全国已经成立的1406个职教集团中，由中职学校牵头组建的集团有722个。四是现代学徒制试点持续推进。2015年起，教育部先后3批共遴选了552个国家现代学徒制试点单位，其中有中职学校94所。18个省份出台政策推进本省试点工作，一些试点行业制定了现代学徒制实施行业标准。

（3）人才支撑作用不可替代，促进中职教育发展的社会环境仍需改善

《报告》表明，2017年，全国中等职业学校向社会输送毕业生406.4万人（不含技工学校），近八成毕业生获得了职业资格证书，有效保障了新生劳动力供给；面向社会对173.07万人进行职业资格证书培训、对154.76万人进行岗位证书培训；全年对463.99万人进行企业员工培训，为提升一线产业工人的技能水平做出了贡献。2017年我国劳动年龄人口平均受教育年限为10.5年，说明中等职业教育在改善劳动力素质结构、提升劳动力人口学历层次、提高国民整体素质、增强国家综合竞争力等方面发挥了重要作用。

《报告》认为，中职教育目前面临的问题主要表现在四个方面：中等职业教育基础地位出现动摇倾向；区域间中等职业教育发展不平衡问题突出；中等职业教育内涵发展的动力和能力不足；促进中等职业教育发展的社会环境仍需改善。对此，报告提出六大对策：一是强化基础地位，坚持发展重点不动摇。二是提高投入标准，扶持薄弱地区和学校发展。三是落实改革政策，充分激发学校办学活力。四是坚持立德树人，拓展学生多样化成才路径。五是设立专项引导，推进教育教学质量升级优化。六是倡导新的文化，营造有利于中等职业教育发展的社会环境。

总体来讲，我国中等职业教育是构建现代职业教育体系的重要组成部分。

6. 有了明确的办学方针

经过多年的探索与改革实践，从上而下总结出政策引领、政府主导、市场导向、服务地方、行业参与、校企合作、产学研结合、工学交替、以人为本和公办与民办并举的办学方针和发展方针，凸显了中等职业教育本质属性和现代中等职业教育理念和准则，得到了中等职业教育的领导者、举办者和管理者的认可，具有普遍的指导意义。

7. 在中等教育改革中起到先导性作用

回顾中等教育改革与发展，带有制度性的改革都是从中等职业教育改革起步的。在招生考试制度改革方面，中等职业教育首先打破了统一招生制度，实行"单独考试""自主招生""对口招生"等制度的改革；在考试方式和考试内容方面，也进行了新的探索；在学制改革方面，为满足中等职业教育人才培养特点和社会对应用型高技术技能多样人才的需求，实施了二年制、三年制、五年制等多学制并存，增强了中等职业教育的适应性和灵活性；在分配制度改革方面，最先实行了"自费、走读、不包分配"制度。从中等职业教育招生、学制、分配等方面进行改革，不但触及中等职业教育最重要环节，也触及了中等职业教育最敏感的问题。这些方面的改革推动了我国中等教育的全面改革，使我国中等职业教育走上了多类型、多层次、多样化办学的道路。

8. 中等职业教育改革与发展方向更加清晰

中等职业教育经过不断探索与改革，在办学方向、教育教学改革与建设上总结出了一套比较完整且有指导性的思路。

在办学方向上总结出"面向社会、面向市场、面向企业、面向农村"。

在办学体制上提出"坚持政府主导、行业指导、企业参与、充分发挥行业企业作用、校企合作共同发展、大力发展民办中等职业教育"。

在人才培养模式上总结出"校企合作、产学研结合、工学交替、顶岗实习、学做合一、加强实践教学、重视学生综合素质提高和能力培养"。

在专业群建设上，提出要根据当地区域经济结构和产业结构、市场需求、行业和企业发展要求、当地科技发展水平以及市场变化，主动进行有针对性的专业设置和专业调整，建立起以重点专业为龙头、相关专业为支撑的专业群，扩大中等职业教育的服务面，不断拓展发展空间。

在课程建设上，为适应技术与工作相互渗透的课程理念和与社会过程、工作过程紧密联系的特点，提出要遵循"以职业能力为主线、以岗位需求为依据、以工作结构为框架、以工作过程为基础、以工作任务为起点、以学生发展和适应为归宿"的建设理念。

在课程体系构建上，总结出"以实践教学为主线、以项目课程为载体、围绕技能证书考核、满足岗位要求、有利于学生发展和综合素质提高"的课程体系建设原则。

9. 中等职业教育基础能力建设取得显著成效

我国各级政府对中等职业教育投资坚持以财政拨款为主，多渠道筹资的方针。多年来，中央财政不断加大对中等职业教育的投入力度，对学生资助政策体系已经建立，国家还拟按中等职业学校财经商贸专业群类别确定生均经费基本标准和生均财政拨款基本标准，这将有利于中等职业教育办学实力的增强。

2005 年颁布的《国务院关于大力发展职业教育的决定》提出，"实施职业教育示范性院校建设计划，在整合资源、深化改革、创新机制的基础上，重点建设高水平的培养高素质技能型人才的 1000 所示范性中等职业学校和 100 所示范性高等职业院校。"示范性职业学校建设计划是国家"十一五"期间实施的职业教育基础能力建设工程中的重大项目。

为全面贯彻落实全国职业教育工作会议和《国务院关于大力推进职业教育改革与发展的决定》精神，进一步推进中等职业学校布局结构调整，加强骨干示范性职业学校建设，教育部从 2003 年起，在各地中等职业学校合格评估工作的基础上，开展了国家级重点中等职业学校调整认定工作，分三批次公布国家级重点中等职业学校名单。此举推动了中等职业学校以"校企合作、工学结合"为基础，进行高质量的创新与改革，在建立校企合作办学体制和机制、探索工学结合人才培养模式、单独招生试点，增强社会服务能力、跨区域共享教育资源等方面取得了重大进展。许多地区按照国家示范性职业学校建设的模式规划，启动了本地区示范性职业学校建设项目，使我国中等职业教育基础能力建设形成了良性推动的发展态势，提高了中等职业学校整体办学水平，被我国职业教育界誉为"百舸争流"带动"千帆竞渡"。

虽然中等职业教育在党和国家的重视下取得了长足的发展，但仍有许多问题困扰着我们，例如，中等职业教育的人才培养机制、中等职业学校财经商贸专业群与课程建设、中等职业教育教学方法、中等职业教育教学管理、中等职业学校人才队伍建设、中等职业教育核心竞争力等。本书以中等职业教育为研究主体，通过讨论我国中等职业教育建设发展的状况，试图分析在发展过程中存在的问题，为我国中等职业教育的发展提供针对性的对策及建议。

二、研究目标

（1）总体目标

适应经济发展新常态和技能人才成长成才需要，以广西区域产业合作为依托，以产教融合为支撑，以会计专业为核心，以物流服务与管理专业、国际商务专业、市场营销专业为重点，凝聚专业群的力量，实现专业发展服务于产业能力的升级，建成校企共建共享、特色鲜明、省内一流、为区域经济建设提供复合型的技能人才的品牌财经商贸专业群，成为同类专业的标杆、职业教育改革发展的示范，引领广西财经商贸专业群的建设与发展。

（2）具体目标

①人才培养目标：培养区域经济发展所需要的具有系统思维和跨界思维的复合型高素质技能人才。

②人才培养模式改革目标：遵循"产教融合、模式各异"原则，促进财经商贸群校企"双元"育人人才培养模式的改革。

③教师队伍建设目标：以"校企互动，双向交流"为手段，对接行业专家、能工巧匠，建成一支素质优良、结构合理、高水平的"双师型"教师队伍。

④实训基地建设目标：校企合作共建集教学、科研、开发、生产和实训等功能于一体的共享性"现代化财经商贸综合实训中心"，构建混合式实践模式。

⑤资源库建设目标：整合资源，搭建内容丰富、质量上乘的优质教学资源库平台。

⑥专业群课程体系目标：以区域产业群为基础，以职业岗位群需求为导向，重构财经商贸群"集约化、递进式"课程体系。

三、研究内容

（1）根据广西区域经济发展需要，研究构建财经商贸专业群，明确人才培养目标

积极开展市场调研，在地方产业发展规划和人才需求的基础上建设财经商贸专业群。随着广西区域经济转型升级，财经商贸类技能型人才供不应求。

学校现有财经商贸类专业有会计专业、物流服务与管理专业、市场营销专业等，其中会计专业、物流服务与管理专业、市场营销专业与区域产业对接紧密，是广西品牌专业和国家示范学校重点建设专业。由此，财经商贸专业群以区域产业合作为依托，以产教融合为支撑，以会计专业为核心，以物流服务与管理专业、市场营销专业为重点，构建校企共建共享、特色鲜明、省内一流的品牌财经商贸专业群；培养适应广西地区经济转型升级发展需要的，具有系统思维和跨界思维的复合型人才。

（2）遵循"产教融合、模式各异"原则，促进财经商贸专业群校企"双元"育人人才培养模式的改革

本着"依据需求，产教融合，模式各异"的原则，健全校企合作的体制机制，加强校企合作，改革完善会计专业"双导师、双平台、理实一体化"人才培养模式，改革完善以物流服务与管理专业的"教学工厂"的工学结合人才培养模式，改革完善市场营销专业"做中学、学中做"人才培养模式，探索和实施"校企对接、理实一体、虚实交替"的"双元"育人人才培养模式，切实提高人才培养质量，增强学生职业素质和职业技能，提升用人单位对毕业生的满意度。

（3）以区域产业群为基础，以职业岗位群需求为导向，重构财经商贸专业群"集约化、递进式"课程体系

财经商贸专业群应以适应岗位需求为目标，以职业能力培养为核心，以提升综合素质为主线，依据行业发展对财经商贸类专业学生的市场需求定位，构建基于工作过程的财经商贸专业群"集约化、递进式"课程体系，将课程划分为专业基础课程、专业核心课程、专业拓展课程，允许跨专业选课，从而实现专业培养的特色化。根据财经商贸专业群对应岗位群的公共知识、技能和素质要求，确定职业基本素质课程模块和职业基本能力课程模块，即公共平台课程；根据专业核心岗位的典型工作任务与要求，开发基于工作岗位的职业核心能力课程模块，即专业必修模块课程；充分考虑学生的岗位适应能力和职业迁移能力，确定职业拓展能力课程模块，即专业选修模块课程，构建"集约化、递进式"课程体系。

（4）以"双师型"教师建设为抓手，对接行业专家能手，建成高水平教师团队

财经商贸专业群现有教师 40 多人，教师队伍里年龄分布平均，高级讲师占比 40%左右，初级、中级职称各约占 30%。形成专业群后，在师资安排上，

主动打破专业限制，以"双师型"结构建设为重点，以"校企互动，双向交流"为手段，开展"专业带头人、骨干教师、能工巧匠培养工程"，创建一支素质优良、结构合理的高水平的"双师型"教师队伍。为培养人才提供高素质的师资保障，同时也为社会提供技能技术培训，技术咨询服务等。

（5）以财经商贸专业实训基地建设为重点，构建特色的专业群实训基地

目前，专业群内各实训室均由各专业管理与使用，资源的冗余分配造成浪费，建设专业群后按照"职业、共建、共享"的建设思路，结合各专业情况，突出重点建设原则，以企业业务流程为基础、以信息系统为平台、以专业设备为依托，整合校内外实训资源，校企合作共建集教学、科研和实训等功能于一体的共享性"现代化实战型的财经商贸综合实训中心"，构建混合式实践模式。同时，在原有合作企业的基础上，继续开发新的、有实力的知名企业，扩大校企合作的广度，加大校企合作的深度，为专业群发展提供有利的外在条件，大力加强校外实训基地建设，以满足学校实践教学和社会服务的需要。

（6）以"共建、共享"为目的，打造优质教学资源库

整合资源，吸引企业积极参与财经商贸专业群的教学资源库建设。紧密跟踪产业发展状况，根据专业群的课程体系、课程之间的联系，围绕人才培养目标，开发教学工作页或教材，构建专业共享课程资源库、精品课程资源库等群资源库。建成一个大容量、高水平的优质教学资源库平台，满足教师、学生及培训学员自主学习的需要，让专业学生和教师受益，同时还为企业员工提供一个在线学习的平台，满足他们接受继续教育的需要。

（7）创新管理机制，加强财经商贸专业群建设管理

组织保证是专业群建设成功的先决条件，建立"广西职业学校财经商贸专业群建设研究基地执行委员会"，负责专业群建设工作的统筹协调；建立专业群带头人负责制，负责开展专业群的具体工作；要建立约束与激励机制，通过考核与奖励，强化专业群的责任意识，调动专业群人员的积极性，实现专业群的自我管理和发展。通过建立精简高效的专业群管理机构，从制度上保证财经商贸专业群建设研究的顺利开展。

四、研究意义

（一）培养专业的复合型人才

本研究有利于培养专业的复合型人才。专业群提供了多元化的知识和技

能，与之前相比，不再是单一的。同时，当前职业教育人才培养的方向也是培养复合型人才。换句话说，专业群建设符合职业学校今后发展方向，职业学校源源不断地向社会输送专业的复合型人才。

（二）优化师资配置

本研究有利于优化师资配置，凸显职业教育特色和品牌优势。目前，职业学校的"双师型"教师队伍建设发展缓慢，急需寻找新的突破口，而专业群可以使相近专业的师资力量聚集在一起，构建庞大的师资集群。在保证教学活动正常开展的同时提高师资的使用率，节省办学成本。

（三）提高办学效益

职业学校专业发展规划的重中之重和职业学校办学特色的形成是着力于专业群建设的。专业群布局应科学规划，确保专业全面适应社会需要，有利于落实职业学校特色兴校战略思想。专业群的核心专业应是优先发展和重点发展的专业。职业学校就是要建设若干个重点专业群，发挥其辐射带动作用，显示出办学特色。

专业群建设有利于职业学校提高办学效益。由于专业群内的专业之间相互交叉、渗透、融合，可以大幅度减少师资和实验实训设备等方面的投入，降低专业群建设的成本。以专业群为平台基础，可以不断地调整专业方向，增设相近的专业，以满足社会人才需要，提高办学效益。

笔者认为，中等职业学校的定位与普通高等学校主体大体相同但仍有差别，在教育教学方面，中等职业教育与中等教育应该是互补的关系。但是，由于我国中等职业教育尚在发展阶段，理论研究滞后，因此，对于全国的中等职业学校而言，仍处于"摸着石头过河"的状态，缺乏成熟的理论指导，尤其是如何在政府主导下加快中等职业教育事业的发展，有许多问题还有待进一步商榷。

随着经济的快速发展，中等职业教育已受到社会的关注，中等职业教育逐步从注重规模转向注重效益质量的阶段。但由于大多数中等职业学校资金和教育资源的投入相对有限，特别是在当地政府投入不足的地区，中等职业教育的发展出现了一些问题，问题的解决已迫在眉睫。

第二节 研究方法与理论依据

一、研究方法

（1）文献研究法

本研究在研究准备阶段与理论研究阶段采用文献研究法，查阅大量国内外关于混合式学习、建构主义学习、项目课程理论、专业群建设、财经商贸群建设的各类文献资料，进行归纳总结，撰写研究综述、调查问卷与行动研究方案等。

（2）调查法

在财经商贸专业群相关岗位调查阶段，通过问卷调查与访问调查研究财经商贸专业群相关岗位需求及项目实施效果，为研究报告的撰写提供支持，检验项目实施效果，从而为研究提供依据。

（3）行动研究法

项目建设开展和实施阶段使用行动研究法，针对专业群建设实施过程中出现的问题，在行动探索中不断改进，通过先执行、后评价、再修改，促进课题的顺利开展。

本书主要采取文献分析法、辅助调查法等，根据对我国中等职业教育财经商贸专业群建设相关文献的研究分析来获得相关资料，提出我国中等职业教育财经商贸专业群建设中存在的问题，通过分析和讨论，提出解决问题的方法和建议。

二、研究思路

本课题的研究思路：调查研究→项目设计→项目研究→总结评价→研究报告。

本课题基于产教融合和跨界思维的理念，从服务于广西区域经济和产业集群环境的角度出发，紧紧围绕东盟经济建设，北部湾经济区、西江经济带、沿边地区经济建设及"一带一路"经济建设，以广西区域产业合作为依托，以产教融合为支撑，按照专业基础相通、技术领域相近、职业岗位相关、教学资源共享的原则，构建以会计专业为核心，以物流服务与管理专业、市场营销专业为重点的财经商贸专业群。具体思路如下。

调查研究：查阅文献，进行调查，收集、整理材料，提出开展财经商贸群建设研究的迫切性、必要性和可行性。

项目设计：基于专业发展服务于产业的理念，以广西区域产业合作为依托，以产教融合为支撑，开展广西职业学校财经商贸专业群建设研究。

项目研究：研究构建以会计专业为核心，以物流服务与管理专业、市场营销专业为重点的品牌财经商贸专业群，包括人才目标、课程体系、培养模式、实训基地建设、教师队伍建设的研究，构建校企共建共享、特色鲜明的品牌财经商贸专业群。

总结评价：本研究项目在广西职业学校财经商贸专业群建设方面取得了显著进展。通过深入的调查研究，我们明确了项目的迫切性、必要性和可行性。项目设计阶段确立了以产教融合为依托的发展理念，为项目的顺利实施奠定了坚实基础。项目研究阶段，我们以会计专业为核心，以物流服务与管理、市场营销等专业为重点，构建了具有特色的品牌专业群。然而，在实施过程中也遇到了一些挑战，如教师队伍建设有待加强、实训基地资源配置尚需优化等，这些问题的发现为我们指引了改进方向。

研究报告：本研究报告全面记录了广西职业学校财经商贸专业群建设研究的全过程。报告从调查研究阶段的文献综述和实地调查入手，详细描述了项目设计的理念和策略。在项目研究阶段，深入探讨了人才目标、课程体系、培养模式等关键要素，并提出了校企共建共享的创新模式。总结评价部分对项目的成效进行了客观分析，并基于发现的问题提出了具体的改进措施。研究报告最后对项目未来可能带来的长远影响进行了展望，为广西区域经济和产业发展提供了有力的人才和智力支持。

三、建设财经商贸特色专业群的可行路径

(一) 整合专业课程，增加专业创新业务内容

专业课程教材通常从基本理论和知识点开始安排，这可能导致部分课程内容重复。在有限的学时中，职业学校应对课程进行整合，减少教学内容的重复，提高教学效率，例如，可将"证券投资实务""投资银行实务""金融

市场实务"课程中重复的股票、债券、基金等基础知识点，由教研室组织任课教师协商，在某一课程中统一讲解，以免重复，其他课程则重点讲解各自的侧重点。

在课程整合过程中，应考虑与职业资格证书要求的一致性，职业资格证书是连接专业与职业之间的桥梁，在就业市场上，持有职业资格证书的毕业生往往具有较强的竞争优势。目前银行业、证券行业、保险行业都要求持证上岗，"对证施教"意味着要对照职业资格证书所要求的知识、能力、素质来组织教学，将银行业从业资格、证券从业资格、保险代理人资格证等职业资格考核内容融入课程内容中。整合职业金融专业课程，使之与职业资格证考试内容和范围相一致，有助于统一教学内容和培养学生职业能力。

（二）打造一支符合专业群建设要求的"双师型"教师队伍

通过校企之间相互聘用和兼职，建立双向交流机制，大力打造一支符合专业群建设要求的"双师型"教师队伍，提升专业群教师团队的教学能力与合作创新能力，以满足专业群中各专业实际教学需要。

（三）提高专业群建设信息化共享水平

中等职业学校现代化专业群应积极开发专业群建设网络平台，实现教学资源的最大化共享。数字化教学资源应涵盖教学设计、教学案例、教学录像、教学评价、师生互动等，体现实用性和趣味性。

（四）加强专业群建设管理

中等职业学校应主动联系行业、企业参与专业群建设与管理，建立健全专业群建设和管理的相关制度，成立专业群建设指导委员会。随着我国职业教育的快速发展，专业发展的内涵也在不断地充实和更新，专业群建设已成为中等职业学校适应经济发展模式的战略选择，是当前中等职业学校内涵建设中组织变革的创新，它改变了中等职业学校的教学组织结构和资源配置方式，因此加强专业群建设具有深远的意义。

四、理论依据

(一) 中等职业教育理论分析

中等职业教育在国民经济和社会中的地位：一是技术技能型劳动力再生产的母体；二是劳动者获得中等职业资格的必要途径；三是中等职业教育体系和生产体系的交联地位。

中等职业教育的功能：一是在经济上具有智力投资功能；二是在技术技能应用型人才结构上具有调节的功能；三是在技术技能领域第一线劳动就业上具有调节功能；四是帮助技术技能应用型人才激发个人的潜能；五是在社会上为社会生产培养现代经济增长所需的各种技术技能型生产第一线劳动力，改善生产要素质量，提高社会经济的科技水平，进而促进经济增长。

以下是中等职业教育的基本特征。

(1) 中等职业教育是一种适应性教育。

(2) 中等职业教育是一种适度教育。

(3) 中等职业教育是一种适用教育。

(4) 中等职业教育是一种适才教育。

上述特征的体现基于中等职业教育基本理论的指导。这是合理、科学地设计中等职业教育结构和制定有效的相关职业教育政策与运行机制的依据。

中等职业教育理论体系是从中等职业教育实践中抽象出来的概念，是解释中等职业教育现象、揭示中等职业教育规律、指导中等职业教育实践的有力工具。由于中等职业教育置身于社会、经济、文化、教育的大背景之中，与大背景中的诸多因素有着直接而广泛的联系，因此，构建中等职业教育理论体系要从社会学、经济学、技术学、人才学、管理学、心理学等领域去寻找逻辑基点，发掘其核心内容。

1. 社会学原理

(1) 社会缩影原理。

(2) 谋生、立身原理。

(3) 宏、微观协调原理。

(4) 开放博采原理。

（5）得利统一原理。

（6）合作原理。

（7）多元价值取向统一原理。

（8）消差原理。

（9）逆向原理。

在具体执行过程中，先制订教育和培训最后阶段的考核内容，如实际操作、口头答辩、笔试试卷，然后根据这三个方面的要求来编写教材，最后结合教学设备的实际可供条件制订教学计划和大纲。

技术教育是按照动作掌握—器械（工具）掌握—符号掌握三个层次进行，这样逆向进行就是解决认识过程的第二次飞跃（理论与实践的应用），这种逆向原理符合技能获得与掌握的规律，有利于培养社会上需要的各种技能型职业人才，尤其是培养技能复合型职业人才。

2. 经济学原理

发展社会主义市场经济，实现社会、经济现代化，必须大规模开发各种高技术技能人力资源，而中等职业教育和培训是开发高技术技能人力资源的主要途径，是振兴经济的柱石。

中等职业教育与经济发展既有依靠和服务的关系，又有函数的关系，同时，物质生产力发展水平制约着中等职业教育的内容。

在信息技术水平提高、产业结构高级化和知识密集型产业大量出现的背景下，中等职业教育不能只是单纯地学习特定的技术和吸收有限范围的知识，而是要学习更广泛的知识，这样有助于培养学生的自学能力、创造力、判断力和与人合作共事的能力，培养大批技术技能型复合型人才。

经济学原理包括以下内容。

（1）人力资源开发原理。

（2）互动原理。

（3）同构原理。

（4）供求预测原理。

（5）效率、效益原理。

（6）分类指导原理。

（7）适度超前原理。

3. 技术学原理

（1）技术为主原理。

（2）技术解析原理。

（3）职业技术交叉原理。

（4）适用、实用原理。

（5）知行合一原理。

掌握技术的深浅可分为四个层次：动作掌握、器械掌握、符号掌握和创新掌握。技术掌握熟练程度也有高、中、低之分。各种不同的培养目标所要求掌握的深浅程度和熟练程度是各不相同的。不同文化程度的培养对象接受技术深浅和层次的最佳点也各不相同。所以，应合理设计教学程序，以适应培养目标和培训对象的需求。

4. 人才学原理

（1）人才分类原理。

（2）人才成长阶段原理。

（3）能力本位原理。

（4）职业素质定向提高原理。

（5）素质结构分析原理。

（6）职业指导原理。

5. 职业教育管理学原理

（1）职业统筹协调原理。

（2）系统目标管理原理。

（3）超前、反馈、控制原理。

（4）特色原理。

6. 职业教育心理学原理

（1）职业心理结构分析原理。

（2）教育心理研究与职业活动结合原理。

（3）经验分析与心理实验结合原理。

（4）理论研究与应用研究结合原理。

（二）专业内涵建设理论基础分析

1. 社会互动理论

社会互动理论是指研究人与社会环境相互作用的规律、模式的社会学理论。社会互动理论作为研究社会生活的一个理论视角，主要研究的是人们是如何在日常生活中进行交往的，在交往过程中具有什么特点。在社会互动理论中,"社会互动"这一概念是指不同的行动者之间通过信息的传播而进行的社会交往活动。这里的"行动者"既可以是个人,也可以是群体。在教育社会学中,不同的社会互动理论家、教育学家对社会互动与中等教育有着不同的观点。但是,正是各种不同的社会互动理论的研究与主张,用不同视角极大地丰富了中等教育与社会互动问题的有关知识。

社会关系是在不同的行动者之间形成的。欧洲第一位互动理论家齐美尔认为,社会只是特定互动总体的综合体,是社会关系的总和。齐美尔对社会交往、社会冲突与凝聚,以及统治与服从进行了深入的研究,并提出互动的维度和性质是社会互动理论研究的重要内容,通过研究日常生活中人们的互动方式,将互动分为顺从型、冲突型和合作型等。具有代表性的社会互动理论有符号互动论和本土方法论。

根据社会互动系统论,社会系统作为一个开放的自组织系统,必须与外部环境相互作用,以形成自身的结构和功能。同样,中等职业学校专业群建设也是一个复杂的系统,由多个子系统构成,教育规划者和决策者应确保这些子系统协同工作,发挥其功能。从现实发展来看,区域经济、行业以及各职业学校都是专业群建设系统中的重要组成部分,它们之间存在着协调和互动机制。运用互动理论去分析它们之间的利益关系和联系状态,对于指导中等职业学校专业群建设的方向和策略具有重要意义。

2. 社会交换理论

社会交换理论最早是由美国社会学家霍曼斯提出的。该理论批评了功能主义的缺陷,即过分强调宏观结构和秩序,而忽视了微观层面的行动、变迁和冲突,从而把相关研究视角重新拉回到行动、变迁和冲突上。基于此种理念,人们开始强调个人主义,强调个人发展,因此,社会交换理论的发展引发了"社会学对人的社会地位这个古老问题的新争论"。

社会交换理论是社会学研究的一部分,它结合了古典功利主义、古典政治经济学、行为心理学、人类学和传统社会学思想,该理论认为,人与人之间的交往是一种计算收益和损失的理性行为,所有的人类行为交互都是为了追求利益最大化。由于它强调人类行为的心理因素,因此有时也被称为社会心理学中的行为主义。

无论是霍曼斯的行为主义交换论还是彼得·布劳的结构交换论,在他们的理论解释中,都有着人力、物力和财力交换这些核心的概念。在中等职业教育专业群建设中,考虑到区域经济、行业和学校的互动,建设专业旨在满足学生和学校发展需求，适应行业、企业的需求，助推区域经济的发展，这必然需要引领区域经济的发展，实现行业、企业和学校之间的人力、物力和财力的相互交换和相互协调，只有在彼此的"交换"中，我们才能保证专业的适应性和可持续发展。

3. 教育供求理论

教育供求理论将中等教育的供求分为中等教育需求和供给两方面。其中，中等教育需求是指国家、社会和个人对中等教育有支付能力的需要；中等教育供给则是指中等教育机构能提供的教育机会或产品。中等教育供求理论为分析专业设置与社会需求的互动关系提供了理论支持。中等教育供求追求的是一个平衡发展的过程，而这种平衡是通过社会的需求进行不断调整的。国家、社会和学校通过中等教育市场的需求信息，对未来社会的人才需求状况进行预测，社会管理部门和投资主体则根据预测情况对中等职业学校的招生类型、规模、专业和课程设置进行规范调整。整体而言，一个国家的中等教育供应和需求之间的矛盾都呈现出不同层次的结构特点。作为中等教育的重要组成部分，中等职业学校应根据市场的信号对供求市场进行调节，调整教育资源的流向，防止和避免教育资源的浪费。专业设置作为连接社会和学校的首要桥梁，是调节两者的首要形式，通过调节中等职业学校专业设置的不良结构，从根本上确保中等职业教育市场按照需求调节自身，走上良好的发展道路。

4. 教育选择理论

1997 年，《学校选择理论的回顾和前瞻》一文根据教育资助方式和教育生产方式的标准，将教育服务的提供与生产的类型分为四种模式：第一种模式是私立学校和家庭学校，这一模式是由私人资助和私人生产的；第二种模式是教育凭证制度、特许学校、磁石学校等，采用公共资助的私人生产方式；第三种模式是消费者付费的和非公共资助的中等教育，这属于私人资助公共生产教育类型；第四种是传统的功利学校，这是由公共资助的公共生产教育类型。

我国学者翟静丽在此基础上将西方教育选择理论分为三大派别：教育公共选择、教育市场选择和教育完全市场化。

从教育供求和教育选择的理论角度来看，中等职业学校专业设置应与区域经济结构调整和产业发展同步，只有那些符合区域经济发展方向、符合行业企业需求的专业才能保持专业的活力。然而，中等职业学校的专业在一定时间和空间范围内是具有稳定性的，这种稳定性所带来的滞后性与区域经济、行业引领下的专业的及时性和创新性是相互矛盾的，如何调和中等职业学校专业设置，使其在专业稳定性和创新性之间寻得发展的平衡，既能满足区域经济和行业企业的"动"，也能符合中等职业学校本身的"静"，也是本研究着重探寻的一个重要问题。

第二章　中等职业学校财经商贸专业群建设概述

第一节　专业与专业群

什么是"专业"？

目前，重要辞书和教育专著对"专业"一词有不同的定义。《教育大辞典》的释义是中国、苏联等国高等学校培养学生的各个专业领域。大体相当于《国际教育标准分类》的课程计划或美国高等学校的主修。根据社会职业分工、学科分类、科学技术和文化发展状况及经济建设与社会发展需要划分。中等职业学校也可据此制订培养目标、教学计划，进行招生、教学、毕业分配等多项工作，为国家培养、输送所需的各种专门人才；学生可以进行学习，形成自己在某一专门领域的专长，为未来职业活动做准备。赵康在论文中提出：根据专业社会学，专业也称为专业性职业。专业性职业具有一个共性，每一个专业都有一个科学的知识体系。卢晓东、陈孝戴对上述定义进行了比较研究，建议在《教育大辞典》的释义基础上，将"专业"的定义完善为：专业就是课程和一种组织形式，学生学完所包含的全部课程，就可以形成一定的知识与能力结构，获得该专业的毕业证书。

2006 年中央财政已经给职业教育投入专项资金 15 亿元，其中国债资金 10 亿元，支持了大约 170 个县级职教中心和约 220 所示范性中等职业学校的建设；财政专项资金 5 亿元，支持了 321 个职业教育实训基地。据不完全统计，地方安排用于职业教育基础能力建设的资金也有较大增加，达到 30 多亿元。这些投入在一定程度上改善了职业学校的办学条件。中等职业教育贫困家庭学生助学制度和体系也得到了进一步完善。2009 年，时任教育部副部长指出："在整个教育体系中，职业教育是与经济社会联系最密切、贡献最直接、服务最贴近的教育类型。中等职业教育是基础职业教育，是培养有文化、有道德的中级技能人才的教育，是面向人人、面向全社会的教育。中等职业学校实践科学发展观，要始终坚持'科学发展、改革创新、提高质量、服务国家、惠及百姓'的主线，重在推进中等职业学校体制、机制的改革创新。进一步明确发展定位，服务区域经济发展、国家产业升级、经济增长方式转变、城市化进程、企业产品升级换代，服务于民族文化、民间工艺及民间艺术传承，统筹协调城乡及中、西部地区发展，服务改善民生等八方面突出改革创新，提高中职科学发展水平。"

什么是"专业群"？

所谓专业群，就是以一个或多个办学实力强、就业率高的重点建设专业作为核心专业，由若干个工程对象相同、技术领域相近或专业学科基础相近的相关专业组成的一个集合。

专业群有以下两个特征。

第一，专业群内的专业往往是围绕某一行业设置形成的一类专业。各专业具有相同的工程对象和相近的技术领域，换句话说，就是各专业可以在一个体系中完成实训任务，并且实验实训设施、设备上也可以共用。

第二，专业群内的专业是学校在长期办学过程中，依托某一学科基础较强的专业逐步发展形成的一类专业，各专业具有相同的学科基础。因此必然有相同的专业基础理论课程，相应地，教师队伍必然有很大一部分是共同的。

第二节　财经商贸专业群建设的内涵

专业，关系到经济和社会的发展，也关系到中等职业教育的发展。因此，专业群建设是中等职业学校实践科学发展观的具体行动。

一、专业群建设的内涵

（一）中等职业专业的特征

中等教育分为中等科学教育和中等技术教育两大类。中等科学教育是由不同的学科组成的，因此，实施科学教育的普通中等职业学校通常会根据学科来设置专业；中等技术教育则涵盖了生产性技术和非生产性技术，主要应用于多种职业领域，所以，进行职业技术教育的中等职业学校根据职业或职业群的需求来设置专业。各种学科通常归属于社会科学和自然科学，因此，普通中等学校的专业名称大都有个"学"字；各种职业分别属于第一产业的行业、第二产业的行业、第三产业的行业，因此，中等职业学校的专业名称大都显示某种行业技术。与普通中等学校的专业按照学科内部逻辑系统学习科学知识不同，中等职业学校的专业按照行业生产、工作的行动顺序学习技术知识。技术分为知识形态的技术和操作形态的技术，这两种形态的技术相互衔接，共同构成了完整的技术过程。由此可见，普通中等学校的专业课程是一种学科体系，中等职业学校的专业课程是一种行动体系。这种行动并非简单操作、盲目实践，而是"理论与实习并行，知识与技能并重"的行动。世界经济合作与发展组织在 1996 年首次提出"知识经济"的概念时，分析知识经济时代存在四种知识：一是事实知识，即告诉人们"是什么"的知识；二是原理知识，即告诉人们"为什么"的知识；三是技能知识，即告诉人们"怎么做"的知识；四是人力知识，即告诉人们"谁知道是什么，谁知道为什么，谁知道怎么做"的知识。中等职业学校的专业课程将这四种知识融合，形成了技术知识体系，这种体系不仅包括技术本身的知识，如设计、制造、产品使用、技术理论和方法论，还包括技术外围的知识，如应用科学知识和社会技术原则。

通过对普通中等学校的专业与中等职业学校的专业进行比较研究，可以认识到两者只有学校类型上的区别，没有学术层次上的差别，因此，不应存在高低之分，也不应偏重一方而忽视另一方。两者相比，中等职业学校的专业具有三大显著特征：第一，它是一种以高新技术应用为中心，综合多学科与职业世界的知识；第二，它具有高新技术岗位工作的情境性，是一种鲜活的、功能灵活的知识；第三，它通常是一种以案例形式存在、积累和传承，强调通过实际案例来学习和应用的知识。因此，中等职业学校在财经商贸专业群的建设中，应根据高新技术岗位的工作要求，对相关知识进行开发、提炼和整理，使之系统化（变成专业课程内容）、结构化（组成专业课程计划）和合法化（对课程内容和计划予以确认），从而构建具有技术专业特征的课程体系，并从人、财、物诸方面创造实施这些课程的必要条件，以实现中等职业学校财经商贸专业群建设所要达到的基本目标。

（二）中等职业专业的功能

一般来说，教育既有育人功能（本体功能），又有社会功能（工具功能）。具体到中等职业教育来说，它具备中等教育的三大功能：人才培养的功能、科学研究的功能、社会服务的功能。这三大功能是通过专业课程的设计和实施来实现的。首先，中等职业学校的专业是培养技能应用型人才的载体，这种人才不像资本主义国家专门从事脑力劳动的白领和专门从事体力劳动的蓝领，而是既懂理论，又能实践的"银领"，是中国特色社会主义建设亟须的人才，这是中等职业专业的人才培养功能。其次，中等职业学校的专业都与对口行业、对口企业联合办学，如湖南交通职业技术学院就与"三一重工""中联重科""山河智能"等多家大中型企业联合办学。校企联合办学有利于产学研结合。通过这种合作，中等职业学校能够开展以教育教学为重点的社会科学研究，以及以专业技术为重点的自然科学研究，从而提升专业师资水平和科研能力。中等职业学校以服务社会为宗旨，面向市场办学，为商品市场提供物质产品，为信息市场提供科技信息，为技术市场提供技术服务，包括技术培训、技术咨询、技术承包、技术转让等，使科学技术由潜在的生产力转化为现实的生产力。

（三）专业群建设的要素

专业群建设的目的在于不断健全和完善为培养适应社会发展需要的高级应用型人才所需的必要条件，是在已经设置的专业基础上，为使专业所培养的人才适应社会或行业不断发展变化的要求而进行建设，它侧重于专业发展的线和面，是动态的。这种差别取决于社会不断发展变化的客观现实，而这一客观现实又要求某一专业人才的素质应当与这种不断发展变化的要求同步。专业群建设的过程就是把握社会发展变化对专业人才素质要求的脉搏，提高专业人才适应社会发展变化需要所应具备的素质，不断完善或创造条件的过程。这一过程也是专业群建设各要素的不断健全和完善的过程，专业群建设有以下五大要素。

1. 课程体系建设是核心

课程体系建设与改革是提高教学质量的核心，也是教学改革的重点和难点。示范学校课程体系建设重点强调职业性和开放性，根据技术领域和职业岗位（群）的任职要求，参照相关的职业资格标准，改革课程体系和教学内容。通过积极与企业合作开发课程，建立突出职业能力培养的课程标准，体现职业岗位的能力要求，使专业核心课程与职业岗位能力紧密对应，强化学生能力的培养。

2. 实训基地建设是重点

加强实训基地建设是中等职业学校改善办学条件、彰显办学特色、提高教学质量的重点。示范学校要以职业岗位核心技能培养为目标，以课程体系要求为依据，以教学模式实现为主线来开展专业实训基地的建设。

（1）通过校企合作，实现实训基地效能最大化、教学成果最优化和社会效益最大化。职业学校的实训基地不仅承担同类专业的技能实训任务，还承担各级各类职业技能的培训任务，使实训基地在地方经济、社会发展中发挥服务和辐射作用。紧密联系企业，校企合作，加强和推进校外顶岗实习力度，使校内生产性实训、校外顶岗实习比例逐步加大，提高学生的实际动手能力。

（2）按照职业岗位（群）对技能的要求和教学大纲的要求，实训基地建设内容尽可能模拟企业的工作场景，营造真实的职业环境，进行实际操作训练和技术培训，特别是要积极探索校内生产性实训基地建设的校企组合新模式，由学校提供场地和管理，企业提供设备、技术支持，以企业为主组织实训，形成一批教育改革力度大、装备水平高、优质资源共享的高水平校内生产性实训基地。

3. 教师队伍建设是关键

按照职业性和开放性的内在要求，加强"双师型"教师队伍建设，使他们具有一定实践教学能力和科技开发服务能力，适应经济和社会发展的新需要。

4. 教学管理改革是保障

根据职业性与开放性的要求，针对"工学结合、半工半读"模式的特点，创新教学管理模式，使教学管理从校内向企业延伸，使实训环节管理规范化。

5. 社会服务是标志

中等职业学校应主动面向全国以及区域经济的产业群和职业岗位群，发挥其人力与智力资源优势，为地方乃至全国经济建设与社会发展做出贡献。

中等职业学校应面向地方经济建设与社会发展发挥服务作用，围绕产业、行业、企业人才需求，为地方经济和社会发展培养素质优良、技术精湛的技能应用型人才，开展以岗位培训和继续教育为重点的面向企业员工与下岗职工的职业培训和职业技能鉴定；与区域经济支柱产业、新兴行业、骨干企业联合成立研发中心，开展科技开发和成果转化，直接服务区域经济发展；通过基地的生产性实训进行产品生产，探索生产、实训相结合的基地建设新模式，逐年提高产值，扩大服务基础。与地方政府部门合作，开展对进城农民工的技能培训，进行农村劳动力转移培训工作；推进与中西部地区中等职业学校对口支援项目的实施，开展管理干部、专业课教师职业技能培养培训。

二、中等职业专业群建设的发展进程

我国中等职业教育有着悠久的发展历史，众多专家对此有着深入的研究和论述。最近一次的中等职业教育的大发展可以追溯到 20 世纪 90 年代，特别是 1996 年以后，中等职业教育步入了一个快速发展的新阶段。在这一时期，专业群建设主要经历了以下三个发展时期。

（一）起步探索阶段（1996—1999 年）

1996 年，教育部组织部分省区开展中等职业教育改革试点，涉及职业大学、中等专科学校、成人教育学校和部分重点中专，旨在通过改革办学模式、调整培养目标来发展中等职业教育。这一阶段的专业群建设处于起步摸索阶段，具有以下特点：一是根据社会热门需求开设专业，如很多学校开设计算机专业、文秘专业等；二是根据现有师资设置和开设专业；三是按照惯性设置专业，无论是中等职业学校升格为高等职业学校，还是其他形式的转制学校，都存在按照原来的专业模式进行办学的情况。

（二）试点发展阶段（2000—2005 年）

随着中等职业教育理论研究的不断深入，我国中等职业教育在实践上趋于成熟。2000 年教育部印发《关于全面推进素质教育深化中等职业教育教学改革的意见》，规范了中等职业教育的发展。特别是从 2001 年起，教育部在全国中等职业学校开展了专业教学改革试点工作，推动了专业群建设的开展。国家试点专业群建设工作的启动，使校企合作、产学研结合的办学思路被大多数学校接受，中等职业学校开始探索改革之路。这一阶段的专业群建设与改革出现了以下特点。

一是根据行业发展开设专业。试点学校开始关注行业的发展，增设了较多的新专业。这些新专业适应行业和产业的发展，丰富了中等职业教育的专业。

二是积极促进企业参与专业群建设。很多中等职业学校成立了专业群建设指导委员会，定期召开专业群建设研讨会，专业群建设开始走向社会化，促进了中等职业专业的建设与改革。但专业的改革比较多的还是以校内改革为主，对外开放程度不高，与企业合作深度不够，长效机制尚未形成。2003年以后，由于人才培养工作水平评估工作的推动，中等职业学校的专业群建设进入了整体发展阶段。

（三）示范引领阶段（2006年至今）

《教育部关于进一步深化中等职业教育教学改革的若干意见》和《教育部关于深化职业教育教学改革全面提高人才培养质量的若干意见》明确提出，国家示范性职业学校建设应遵循"协调发展、凝练品牌、打造标准、服务示范"的原则，以专业群建设为核心，以课程体系建设、实训基地建设、教师队伍建设为重点，进一步加强特色内涵建设，提高社会服务能力，最终实现中等职业学校的发展目标。至此，中等职业学校专业群建设进入了革命性的、颠覆性的改革创新建设阶段。这一阶段的专业群建设与改革思路和理念有以下特点：一是各中等职业学校特别是示范学校进一步强化实践教学体系的建设，坚持产学相结合的教学方式；二是迅速构建了一支能承担起专业教学的"双师型"教师队伍，主要是通过加大引进和聘请力度，对各行业的"技术大师""工艺大师"或大师级教学专家给予更多重视；三是根据自身的发展方向，优化专业设置，不追求专业布点均衡，而是追求在特定专业领域的优势，重视特色专业和优势专业群；四是根据专业需求和中等职业教育的特点，摒弃传统的学科性观念，建构模块化的课程结构，使专业的课程体系多样化，具有灵活性和适应性，从而培育了一批精品课程；五是构筑特色鲜明的新型教材体系，改变过去教材多为本科教材的简化版或专业学校教材的复制版的局面，出版了一批精品教材。

三、中等职业专业群建设发展趋势

《教育部关于进一步深化中等职业教育教学改革的若干意见》为中等职业专业群建设指明了方向。根据这一文件精神，中等职业专业群建设的发展趋势主要表现在以下几个方面。

（一）紧跟行业拓展专业

中等职业教育的本质属性决定了中等职业教育的专业要紧跟行业的发展，这样才能保证专业群建设方向的正确，特别是专业群的拓展。所以，专业群建设要以满足社会需求为前提，加强与企业的对接和合作。

（二）瞄准岗位更新专业

中等职业专业群建设内涵要随着岗位要求的变化而变化，这包括专业方向的调整和专业内容的更新。特别是随着经营体制和经营方式的变革，出现了一些新的岗位。因此，专业群建设必须与职业融通，随着这些变化而变化。

（三）工学结合，突出生产性实训

校企合作、工学交替、工学结合概念的提出进一步促进了专业群建设的外延发展和内涵上的深化。学校与企业合作、校内与校外交替、工作与学习结合是专业群建设的革命性的改革。所谓工学结合，主要指学生通过参与企业工作过程，达到学习职业技能的目的。学校应根据学生职业素质的现状，增加学生在企业实训的时间。工学结合是培养技能应用型人才不可或缺的环节，是专业群建设与改革的长期发展趋势。

所谓生产性实训，主要指校内的实践教学要做到实训项目来源于企业；实训过程中执行生产标准要求；将实训项目转化为市场产品，实现一定的经济效益。要达到学生实训过程与项目生产过程的结合与统一，就需要以学生技能实训为主、生产项目管理为辅。要在原有单项技能训练、综合技能训练的基础上增加生产性实训，这是专业群建设的一个重要趋势，是专业群建设内涵上的重要改革，也是检验专业群建设水平的重要指标。

（四）产学研一体化

中等职业教育的专业要面向市场、面向企业、面向地方经济，仅仅靠培养人才是不够的。因此，中等职业学校还要加强技术培训和应用技术研究，以此增强服务能力；开展经营服务活动，提高办学活力。这是高水平专业群建设的标志，也是重要的发展趋势。

（五）强化实训基地建设

随着示范学校建设项目的启动，中等职业学校的实训基地建设将进入新一轮高水平的建设。校内实训基地建设的要求是实训基地的功能要与岗位能力培养要求相一致，与实训学生的数量相匹配，确保能满足生产性实训的需求。校外企业实训基地建设要能满足工学结合的需要。

（六）打造"双师型"教师队伍

在专业群建设中，"双师型"教师队伍建设始终是重中之重。为了确保专业群建设与改革的持续深入，建立聘任与培养机制，提升教师的指导生产性实训能力和参与企业生产经营管理能力，打造"双师型"教师队伍。

第三节　中等职业学校专业设置与调整

中等职业学校专业设置与调整是指中等职业学校根据社会经济发展对人才的需要，在具备一定办学条件的基础上，设置新的专业或对现有专业进行调整，使专业对接支柱产业，满足社会对各种专业技术人才的需求，并主动地引导社会，创造更多的新职业、新岗位，推动社会经济和文化的发展。中等职业学校专业的设置与调整既要考虑教育的规律，又要考虑经济和社会发展规律；既要保持专业的稳定性，又要与时俱进，跟上社会经济发展的步伐，甚至引导社会经济的发展。中等职业学校专业设置与调整是专业群建设的重要内容，科学地设置和调整专业，有利于推进中等职业教育教学改革，提高办学水平，改善办学条件，更新职业教育理念，并积极创新、拓展人才培养视野，构建新的教学平台，使中等职业教育全方位向社会渗透，服务于社会需求，推动社会进步。

一、中等职业学校专业设置与调整的原则

（一）适应性原则

适应性原则是中等职业学校专业设置与调整最基本的原则。适应性原则

要求中等职业学校专业的设置与调整既要适应经济结构、产业结构和技术结构的需要，也要适应社会发展和变化的需要。这主要体现在三个方面。一是适应社会发展的需要。随着社会的不断发展、科技的不断进步，各行各业的工作环境、工作方式等都发生了根本变化，高科技的应用将渗透到社会、经济生活的各个角落，社会对人才的需求将不断发生变化。二是适应区域经济发展的需要。中等职业学校专业的设置与调整必须服务于区域经济，满足区域经济发展对专业人才的数量、质量和类别需求。三是适应职业教育发展的需要。中等职业学校专业设置与调整必须符合中等职业教育发展规律，满足人才培养的发展需要，充分体现以服务为宗旨、以就业为导向、以能力为本位、以职业实践为主线、以学生为主体的中等职业教育理念；必须在课程设置、教学模式、教学方法和手段、实训设施和师资条件等方面与之相适应。

（二）先导性原则

先导性原则要求中等职业学校专业设置与调整一方面要立足于现实需要，适应社会经济发展，另一方面要着眼于未来发展的需要，引导未来的发展，具有一定的超前性。首先，中等职业学校专业设置与调整要瞄准前沿高新技术，在高新技术领域设置相应专业。中等职业学校专业培养出来的毕业生应有技术专长，这些技术专长应是复杂的、综合性的，通过办短训班是不能掌握的，也是传统的师傅带徒弟的方式办不到的。其次，中等职业学校专业设置与调整必须与社会、经济、科技进步同步，不断吸收科学技术、管理的新成果，及时淘汰那些过时、陈旧的内容。要重视那些应用性强、技术含量高的专业，以及那些处于行业前沿的新兴领域。再次，中等职业学校专业设置与调整不仅仅是教育学生，还要发挥其最大作用，使专业不仅成为培养职业技术人才的基地，还应成为生产、科研、技术服务的综合实体。最后，中等职业学校在专业设置与调整过程中，要依托社会师资力量，利用校外设施、设备，加强与社会、行业、企业的合作，实现社会资源共享，增强科技开发、技术辐射、生产经营、咨询服务等多方面的能力，为经济社会服务。

（三）稳定性原则

社会职业与职业岗位纷繁复杂，而且随着社会的发展，它们又在不断地变化。面对这样一个动态的大系统，根本不可能为每一个岗位或者每一种职业分别设置相应专业，因而中等职业学校专业设置与调整的决定性因素是稳定性原则。一是根据较广的职业覆盖面设置专业，如会计、文秘、计算机应用等职业，由于生源充足，能保证教学稳定和教学效益，可以单独设置专业。二是根据职业岗位设置专业，如机电一体化、数控技术与应用等，培养出来的学生一专多能，具有较强的适应能力和转岗能力。三是根据技术水平设置专业。新技术的出现是技术内涵的质变，是技术水平的提升，如数控技术、网络技术等，需要中等职业学校适时培养掌握新技术的高级应用型人才。

（四）前瞻性原则

中等职业学校人才培养的周期为 2~3 年，虽然短于本科学校，但是由于应用型人才必须适应生产、技术、管理的最前沿，这个周期仍将造成程度不同的滞后现象。因此，专业设置与调整的前瞻性至关重要。教育的前瞻性意味着要深入探索知识和技术发展的规律，充分考虑人才培养的周期性，对学校服务面向的重点覆盖区，要调查区域的资源优势、支柱产业及其发展方向，参考发达地区的发展历程，结合地方特点，科学地预测人才需求，力争做到专业的成熟期与人才需求的高峰期相一致；科学预测人才需求愿景，开设具有前瞻性的专业；根据今后几年人才需求的变化，进行科学论证并预先设置新专业，培养掌握新技术的人才，实现人才培养与人才需求时间点上的最佳结合。当然，要做到具有前瞻性是困难的，但必须去努力。

（五）对应性原则

中等职业学校专业设置与调整必须体现中等职业教育的特色。所谓对应性，有两层含义：一是作为职业教育的一部分，中等职业学校专业设置与调整必须对应一定的职业范围、领域和岗位，使教学有针对性，学生毕业就能顺利就业，迅速上岗。二是对应于学校自身的办学资源。也就是说，设置一个专业，必须具备相应的师资、设备等教学资源。针对目前部分学校只考虑社会需求，不顾自身条件盲目设置所谓热门专业的现象，有必要强调这一教育规律的制约性。

（六）技术性原则

中等职业学校主要培养的是中等技术应用型人才，相对于普通中等教育而言，其提供的课程在理论的完整性、深刻性、系统性方面要弱一些，但在技术应用能力的学习与训练方面则具有明显优势。技术型人才以掌握理论技术为主，对前沿性技术的了解和掌握程度较高，有较深厚的技术理论基础，能应用智力技能完成任务；技能型人才则以掌握经验技术为主，主要依靠动作技能进行工作。因此，中等职业学校除了要选择一些应用型人才缺乏的高技术和新技术行业和岗位设置与调整专业，其所设置的专业都必须具有一定的技术含量，因为中等职业学校专业设置与调整应确保学生能够在所学领域内进行技术创新和成果转化。同时，实训设备与教授的技术必须紧跟现代生产的前沿，代表最新的技术发展。

（七）示范性原则

中等职业学校专业设置与调整的示范性原则，就是在设置与调整专业时要有独特的建设理念和超前的建设意识：在人才培养的规格上，定位准确；在人才培养的途径、手段和方式方法上，要体现以人为本，以及实践性、主体性、开放性和教学做合一的教育思想；在教学设计、课程体系、知识和技能的结构上，理论与实践并重，加强职业能力和创新、创业能力的培养，以及科学教育与人文素质教育的结合；在产学研结合上，重视学生通过参加生产、服务、管理和参与技术开发、创新等，获得职业经验和专业技术应用能力。

二、中等职业学校专业设置与调整可行性分析

中等职业学校专业设置与调整的可行性分析包括社会环境条件和学校内部条件两个方面的论证与分析。社会环境条件包括经济社会和本地区支柱产业发展对专业人才的数量需求和质量要求情况、专业人才培养的资源条件（如建立在企业的校外实训基地，企业可提供的专业教师、兼职教师等）。学校内部条件包括教学硬件条件（如教师队伍、实训场所、教学设施等）、软件条件（如思想观念、办学理念、课程建设、特色与质量等）。

（一）社会环境条件

1. 校外实训基地条件

中等职业教育要充分利用社会资源，在互惠互利的基础上，建设一批相对稳定的校外实训基地，利用校外实训基地培养学生的实践应用能力，使学生能直接在生产工作现场进行实习、实训，以提高学生解决实际问题的能力

和职业技能。

2. 社会师资条件

对于新专业而言，要想解决师资问题并达到培养人才的目的，必须依靠社会力量，整合师资。社会师资包括：热心支持中等职业教育并在社会上具有一定知名度的企业负责人，特别是技术负责人这一层次的智囊团；新专业岗位第一线的技术人员，有着丰富的实践经验和较高的技术水平，能够将新技术、新设备、新工艺的运用直接融入教学，推动教学的适应性，缩短学校和企业的距离，使专业培养更加贴近企业，贴近社会。

（二）学校内部条件

无论教师队伍、实训场所、教学设施等硬件，还是思想观念、课程建设、专业特色与质量等软件，这些都是中等职业学校专业设置与调整的重要内部条件。学校的教师队伍建设应着眼于教师的教科研水平与实践能力；学校在专业开发上应加大投入，不断更新实训、实验设备，使学生能接触到生产实践中较为先进的设施，进一步提高其动手能力；通过调研、学习、请专家到学校开展讲座等形式，不断更新学校领导和教师的管理理念，提高他们的教学水平。在学校内部，还应重视教材建设，组织本校专业教师、企业专业技术人员共同编写教材，并在使用过程中及时修订，不断完善。

三、中等职业学校专业设置与调整的必要性分析

（一）人才市场分析

中等职业学校专业设置与调整应进行市场调查、行业调查，并从以下三个方面进行分析。一是分析现有劳动力市场的供求关系，从劳动力市场的供求关系中获取有用的信息。通过分析，可以清楚地了解到当前劳动力市场中供不应求的职业有哪些，当前劳动力市场供过于求的职业有哪些，从而根据供求情况设置和调整有市场需求的专业。二是分析潜在的劳动力市场。主要通过对区域经济发展进行分析，得出每年该区域的新增劳动力的数量和岗位，从而确定新开专业的规模和效益。三是分析竞争对手。设置一个新专业，还必须充分考虑当地同类中等职业学校的办学规模、办学水平，做到"你无我有、你有我优、你优我特"。

（二）职业能力分析

职业能力分析是专业设置与调整的最重要的环节之一，应选择合适的人员对职业能力进行分析。一般应是来自基层一线的负责人或是企业的领导者和工程师，他们拥有丰富的实践经验，能站在该行业的高处，清楚地了解该行业最新发展的动态和未来行业发展的总体趋势。职业能力分析还要从专业的长远发展着手，教育需要一个周期，当前的决策，往往要在三年或更长的时间之后才能看到其对毕业生的影响。所以职业能力不应只涉及当前，还应顾及将来的发展。

第四节 财经商贸专业群建设目标与思路

专业群建设是体现学校人才培养质量的重要标志，是增强学校服务社会的能力和提高学校整体办学水平的有效平台。专业群建设要面向先进制造业、新兴产业和现代服务业领域，以专业基础条件建设、人才培养模式创新、优质课程建设、办学机制和管理体制改革为重点，建设一批办学条件好、工学结合紧密、就业质量高的精品专业和特色专业。要在专业基础条件建设中重点加强专业带头人的引进和培养工作；同时在专业实训基地建设中增加模拟和仿真实训条件，不断更新教学设施和仪器设备，拓展服务功能，提升服务水平。在此基础上探索和实践工学结合、半工半读、订单式培养、"双证书"制度等多种人才培养模式和方案的改革，同时每个精品和特色建设专业确定3~5门专业核心课程作为优质课程加以建设，加强专业教材建设和多媒体教学课件建设。

一、专业群建设机制创新

（一）专业预警机制

政府的劳动部门应成立一个劳动力市场的研究机构，专门对劳动力市场变化开展相应的对策研究，如对当前市场所需人才做出评估。同时，教育部门应建立"职业资格早期监测系统"，对未来5~10年职业资格的演进变化实行监测，为面向未来的专业划分与设置提供可靠的数据支持。

（二）绩效优先机制

中等职业学校要想实现跨越式发展，就必须引入绩效优先的建设机制。所谓绩效优先，是根据学校的办学定位，坚持扶优、扶强，对于符合学校办学定位，基础较好，又已形成一定竞争优势的专业，学校应给予重点扶持，努力创建品牌专业和特色专业，在较短的时间内构建较为完善的专业体系。

（三）学术参与机制

专业群的建设需要企业界和学术界的共同参与，以保证所开发的专业具有鲜明的技术特征和较高的技术含量。另外，中等职业学校财经商贸专业群建设应考虑专业的属性要求，专业名称要规范，专业内涵与外延要科学清晰，专业口径要宽窄有度，课程结构要组建科学，设备条件要达到标准，并力求与世界各国进行教育合作与交流。

二、中等职业学校专业群建设目标

中等职业学校专业群建设应找准定位、突出重点，优先建设办学理念先进、产学结合紧密、特色鲜明、就业率高的专业；造就一批基础理论扎实、教学实践能力突出的专业带头人和教学骨干；建设一批融教学、培训、职业技能鉴定和技术研发功能为一体的实训基地或车间；合作开发一批体现工学结合特色的课程体系，形成以重点建设专业为龙头、相关专业为支撑的重点建设专业群，提高中等职业学校对经济社会发展的服务能力。

中等职业学校应科学合理地调整和设置专业，改革课程体系和教学内容，将职业岗位所需的关键能力融入专业教学体系，增强毕业生就业竞争能力；积极改革传统教学形式，将理论知识学习、实践能力培养和综合素质提高三者紧密结合起来；根据区域和行业人才需求状况以及职业技术与职业岗位的特点，积极探索弹性学制和以学分制为主要内容的灵活的教学管理制度，加快区域和行业技能应用型人才培养。

搞好专业人才培养计划或教学计划的总体设计。中等职业教育的培养目标应以技术应用能力和职业素质培养为主线，设计好培养人才的知识、能力、素质结构，处理好基础与专业、理论与实践、智育与德育等方面的关系。

（一）人才培养目标

培养理想信念坚定，德、智、体、美、劳全面发展，具有一定的科学文化水平，良好的人文素养、职业道德和创新意识，精益求精的工匠精神，较强的就业能力和可持续发展能力的人才；适应大数据、人工智能、云计算、区块链等现代信息技术快速发展的需要，掌握会计、财务、审计、税务、金融等知识和技能，面向生产性服务业的会计、审计及税务服务和金融服务等领域，培养能够从事智能会计、共享财务、业务财务、智能审计、数据管理、客户经理、理财顾问、金融数字化营销等岗位工作的复合型、创新型技术技能人才。

（二）人才培养规格

1. 知识

（1）掌握必备的思想政治理论、科学文化基础知识和中华优秀传统文化知识。

（2）熟悉与本专业相关的法律法规以及环境保护、安全消防、文明生产等相关知识。

（3）掌握经济、管理、财政、税务、金融等基础知识。

（4）掌握企业成本核算与管理、财务管理、预算管理、绩效管理、内部控制与风险管理、纳税服务、公司金融、智能财税共享服务、财经大数据分析、智能估值的理论知识。

（5）掌握财务审计、内部审计、智能审计的相关知识。

（6）掌握信贷业务、理财业务、证券投资、保险业务、金融风险管理、金融数字营销、区块链金融、供应链金融、互联网金融平台运营的理论知识与操作流程。

（7）掌握商务服务礼仪的基本规范。

（8）熟悉财经领域的新知识、新技术、新方法、新应用。

2. 技能与能力

（1）具有探究学习、终身学习、分析问题和解决问题的能力。

（2）具有良好的语言、文字表达能力和沟通能力。

（3）具有人工智能、大数据、区块链等现代信息技术应用能力。

（4）具备会计核算能力，能够准确进行会计要素的确认、计量和报告，熟练进行会计凭证的审核与编制、账簿登记和报表编制。

（5）具备预算管理、成本管理、营运管理、投融资管理、绩效管理、财务分析、内部控制与风险管理能力。

（6）具备企业涉税业务处理和税收筹划能力，能够正确计算各种税费，并进行规范申报，能够进行基本的纳税筹划和财税风险控制。

（7）具备智能财税共享服务、大数据分析、财务机器人应用、智能财税风险防控、智能估值能力。

（8）具备金融产品数字化营销、区块链金融应用、供应链金融、智能保险、互联网金融平台运营管理能力。

（9）具备一定的智能审计和信息系统审计工作能力，能够运用现代信息技术收集整理审计证据和有关审计信息，编制审计工作底稿，协助审计人员编制审计报告。

（10）具备一定的农村三资管理、资产评估、财富管理和数据管理能力。

3. 态度与价值观

（1）坚定拥护中国共产党领导和我国社会主义制度，在习近平新时代中国特色社会主义思想指引下，积极践行社会主义核心价值观，培养深厚的爱国情感和中华民族自豪感。

（2）崇尚宪法、遵法守纪、崇德向善、诚实守信、尊重生命、热爱劳动，履行道德准则和行为规范，具有社会责任感和社会参与意识。

（3）具有质量意识、环保意识、安全意识、数据素养、工匠精神、创新思维和全球视野。

（4）具有自我管理能力、职业生涯规划的意识，有较强的集体意识和团队合作精神。

（5）具有健康的体魄、心理和健全的人格，掌握基本运动知识和一两项运动技能，具有良好的健身与卫生习惯，以及良好的行为习惯。

（6）具有一定的审美能力和人文素养，能够形成一两项艺术特长或爱好。

三、中等职业学校专业群建设思路

（一）更新专业群建设理念

1. 突出专业培养目标的职业性

中等职业学校专业群建设应突破传统的学科性，以培养学生职业岗位能力为目标，从教学内容上淡化学科性，突出职业性；以生产环节、工艺流程、工作程序为教学环节，在教学过程中淡化学科性，突出职业性；以专业、课程模块为教学特征，从形式上淡化学科性，突出职业性；以校企结合为重要实践环节，从培养环境和要求上淡化学科性，突出职业性。

2. 突出学生在专业群建设中的主体性

专业教学活动应以学生为主体。中等职业教育是以横向扩展为主的教育，学习的结果不仅包括知识的建构，还包括态度的改变、技能的形成、体验的深刻和认知策略的完善等，以满足学生上岗的需要。如此多的学习要求，没有学生的全面参与是无法实现的。专业实训基地的建设管理以学生为主体，生产性实训是以学生全程参与为主要特征的，所以专业实训基地的培训主体应是学生，否则，专业实训基地就不是真正意义上的实训基地。教学改革必须为学生的发展提供机会，要创设情境与氛围，为学生展示自我、发现自我和发展自我提供足够的时间和空间，以减少学生对教师的依赖。

3. 突出专业教学中的实践性

中等职业专业群建设应增加职业性知识、应用性知识，突出教学内容的实用性、实践性；增加操作性、综合性实践，突出实践教学的实用性、实践性；增加生产性、顶岗性实训，突出企业实习的实用性、实践性。

4. 突出专业办学中的企业性

中等职业学校专业群建设必须以就业为导向，积极探索校企合作、工学结合的人才培养模式，与企业合作共同开发课程，建设实训基地，以工学结合为切入点，在专业群建设、课程设置、教学内容和教学方法改革等方面进行探索，形成特色鲜明的专业。专业教师要像企业技术人员一样，以企业需求为导向进行教学；教学组织应模拟企业的真实工作环境，以更好地对接职业需求；教学过程要有企业参与，以确保教学内容与职业资格鉴定的要求相符合。

（二）培养"双师型"教师队伍

1. 掌握中等职业教育规律，认识到位

目前，中等职业学校教师来源的主要渠道仍然是普通高校。这些教师对中等职业教育的要求并不十分清楚，自身的职业能力并不是很强，所以必须不断培训。以下是对教师的几点要求。

（1）主动适应社会、企业需求，不断缩短学校教育与企业要求的距离，体现职业教育的开放性。

（2）主动适应学生要求，用新的教育理念、教学内容、教学方法和手段去适应学生，而不是让学生来适应教师，体现职业教育的时代性。

（3）主动适应职业岗位能力要求的变化，随时更新教学内容，体现职业教育的先进性。

2. 参加生产实践和科技服务，实践到位

提高教师的职业能力和实践能力至关重要，具体措施如下。

（1）组织教师参加校外实训基地建设与管理，熟悉企业生产环节、工作流程、工作任务，丰富教师的实践经验，帮助他们尽快成为"双师型"教师。

（2）鼓励教师钻研实用技术，与企业工程师共同开发、研究企业实践应用性课题与科研项目，热爱应用性研究，贴近中等职业教育，早日具备良好的职业能力。

3. 建立企业"双师型"教师培训基地，培养到位

中等职业学校应选择部分企业作为"双师型"教师培训基地，通过企业实训指导、参与企业技术研发等途径，选派教师参加企业实践，掌握企业的生产、经营与管理经验，为提高教师的教学质量打好基础。

（三）改革人才培养模式

1. 科学设计人才培养模式是前提

科学设计人才培养模式必须结合行业、企业的生产特点和工作特点，遵循技能应用型人才的成长规律，针对学生的特点，走校企联合之路，形成既能开展合作研究、联合经营，又能合作进行职业人才培训活动的联合体。学校与企业联合的目的是共同开展科学研究、技术开发、新产品研制、生产试验和职业培训等，形成校企合作、工学结合、产学一体化的人才培养模式。

2. 生产性实训是主要实现途径

生产性实训的主要途径是加强校企合作，将企业的生产项目作为校内实训项目，以及根据市场需求自主开发生产项目。学校实训基地与企业实训基地除了所属主体不同，最大的差别就在于企业实训基地具有生产性。面对激烈的市场竞争，企业要获得最大利润，就必须想方设法提高生产率和产品质量。一方面要不断提高员工的职业技能水平，另一方面要不断更新设备。在这种情况下，学生在企业实训基地进行生产性实训，不仅可以较快提高职业技能水平，还可以掌握最新设备的操作方法。在生产第一线工作的企业员工有着丰富的实践经验，他们中不乏既掌握先进理论又拥有熟练职业技能和较强创新能力的高素质人才，企业生产性实训可以让学生直接接受他们的指导和熏陶。

3. 实训管理至关重要

学校应建立校企合作的长效机制，满足企业生产的基本需求，追求工作与学习的最大结合。在企业开展教学活动是一个全新的教学组织形式，能否取得预期的实训效果，组织管理至关重要，所以学校应做好以下几点来确保实训达到预期效果。一是学校应安排指导教师，全程跟踪学生的企业实训，把教学管理前移到企业；二是聘请企业技术人员做指导教师，主管学生的指导和评价；三是用岗位实训效果评价学生，部分专业可用岗位实训中提出的改革意见和建议作为毕业论文的研究内容，增强毕业论文的针对性；四是建立双重学籍，企业实训期间的评价结果进入学生档案，作为学生评价的重要依据，纳入学籍管理范畴。

（四）建设实训基地

1. 建设具有生产和实训双重功能的实训基地

建立双重功能的实训基地有利于实施生产项目，保证经济效益与教学效益的统一。通过模拟真实的职业情景，用真实的生产条件、生产任务、生产标准来培养学生。

2. 实训基地的行政管理由专业人员负责，生产过程的管理以学生为主导

这有利于校内专业实训的产学研结合，有利于实现教学管理与生产管理的协调统一，有利于增强学生的参与感。

（五）推进校企合作、工学结合

1. 树立产学研结合理念，指导专业群建设工作

中等职业教育是与经济建设联系密切的一种特殊类型的教育，加强专业群建设的宗旨是提高中等职业学校服务地方经济和社会发展的能力，中等职业学校专业群建设的水平必须通过社会加以检验。因此，中等职业学校要加强与社会和企业用人单位的合作，征询用人单位对专业群建设的意见和建议，听取用人单位对毕业生的意见，并请其指导专业群建设工作，促进专业群建设与社会需求同步发展。

2. 建立产学研结合的机制

对于专业群建设而言，产学研结合的机制表现为三者在职业教育中的地位、功能及其相互关系。"产"是指社会生产、管理、服务工作对人才的需要，既是职业教育的出发点，也是专业设置和专业群建设的宗旨所在。在专业群建设过程中，应当建立良好的人才需求分析、调研、规划等制度，以便把握人才需求发展变化的脉搏，使专业群建设体现出针对性与前瞻性。"学"是指专业人才综合素质的养成和完善，是职业教育的根本任务所在。专业群建设应当围绕专业培养目标，建立健全专业人才培养的教学管理、教学组织实施、教学质量和学生素质综合考评等制度。"研"是深化专业群建设改革、明确专业群建设方向和挖掘专业潜力的重要措施。随着经济社会的不断发展，有必要对专业人才的知识、能力结构和专业培养目标进行调整，而这种调整应基于深入研究专业所面临的社会需求情况、人才知识能力要求的更新情况以及专业理论和专业技能的发展趋势。这就要求在专业群建设过程中，与社会和企业等单位加强合作，建立相应的调查研究和组织机构等规范制度，推进专业群建设的发展，并使之与经济社会发展需要同步。

（六）构建能力本位课程

1. 以综合职业能力培养为基点

能力本位观念既是职业教育的核心，也是专业群建设的目标。在专业群建设的过程中，只有紧紧围绕这一核心与目标，才能使专业人才适应经济社会发展的需要，使专业获得可持续发展的能力。专业课程建设要根据专业自身的内在要求，对课程的体系、内容、结构等方面进行创新。专业课程的特色是由职业教育的本质属性所决定的，其特色表现在职业教育的地方性与行

业性、技术技能性、市场导向性三个方面。职业教育的这种特性是通过专业设置和专业群建设体现出来的。因此，在重点专业群建设过程中必须挖掘其特色。

2. 以更新课程内容、整合课程体系和完善课程结构为主线，形成专业课程特色

职业教育的培养目标要通过课程的实施才能实现。专业群建设过程中的一个重要方面在于以工作过程为导向，以工作任务为驱动，更新课程内容、整合课程体系、完善课程结构，构建出基于工作过程导向的模块化课程体系，并结合职业教育的特点，突出中等职业专业课程的应用性、技能性和职业性。

（七）倡导多样化教学模式

1. 以增强应用能力为导向，探索适应职业教育的教学模式

中等职业教育以培养技术应用型人才为根本任务，以适应社会需要为目标，以培养技术应用能力为主线。因此，中等职业教育的教学模式应在总结传统和现有教学模式的基础上，进行整合与创新。职业教育强调应用性、技能性和职业性，这就决定了职业教育的教学模式有别于其他教育。"应用"的主旨与特征不仅是构建课程和教学内容体系的指导思想，也是选择和改革教学模式的重要依据。

2. 采取灵活多样的措施与手段组织教学

中等职业教育应提高教育技术的现代化水平和教育信息化程度，充分利用现有资源和各种音像设备，开展多样化的电化教育和计算机辅助教学。

3. 在突出能力培养上，对传统的教学方式和方法进行改革

能力培养强调真实的工作环境和教学情境，也可以是现场真实工作的模拟，使教学更加贴近实际工作，由此，在专业群建设过程中，应当摆脱形式化的缺陷，真正体现教学活动在能力培养上的实践性与应用性。

（八）加强实践教学

1. 围绕能力培养的目标，建立科学、完整的实践教学体系

实践教学体系建设主要包括实践教学环节的设置、实践教学过程的组织实施、实践教学大纲与指导书的编制、实践教学的管理、实践教学的评价等方面。通过建立与完善实践教学体系，可使实践教学不流于形式，从而促进

和推动实践教学的规范化，真正发挥实践教学在能力培养方面的重要作用，实现实践教学的目的。实践教学在教学计划中应占有较大比重，并且应及时吸收科学技术和社会发展的最新成果，改革实验教学内容，减少演示性、验证性实验，增加工艺性、设计性、综合性实验，逐步形成基本实践能力与操作技能、专业技术应用能力与专业技能、综合实践能力与综合技能有机结合的实践教学体系，这是中等职业教育实践教学的指导方针。

2. 注重实验、实训基地建设

实验、实训基地建设是专业群建设的突破口，也是专业实践教学的物质基础。在实验、实训基地建设中，应当充分体现专业的特色，满足教学需要，注重其先进性和实用性。针对不同专业对实训基地的特殊要求，学校应本着自力更生、分步实施、重在使用的原则，不断添置和更新实验、实训设备和完善实训基地建设。学校还应充分发挥依托行业的优势，在校外建设一批相对稳定的实训基地，并不断扩充与完善，有选择地建立实验、实训基地。

3. 加强实习、实训师资建设

建立一支高水平的指导教师队伍，是完成实习、实训教学活动的重要保证。为此，学校可以安排教师到实训基地进行锻炼，提高教师的教学水平，同时，在行业、企业等部门选择一批骨干进行专业理论知识培训，使之担任校外实训指导教师，从而确保实习、实训的质量。

（九）创新人才评价体系

1. 明确评价体系建设的指导思想和原则

2004 年，劳动保障部发布《关于健全技能人才评价体系 推进职业技能鉴定工作和职业资格证书制度建设的意见》，该文件提出："逐步健全以职业能力为导向，以工作业绩为重点，注重职业道德和职业知识水平的技能人才评价体系。对技术技能型人才的评价，在现有考核模式上，突出实际操作能力和解决关键生产难题的考核要求，并增加新技术和新知识的要求。"学校可以借鉴这一原则来构建专业群建设中的职业能力评价体系。评价体系的建立与完善，有助于检验专业群建设的成果，并可以从中总结经验，发现不足，发挥优势，从而进一步推动专业群建设。

2. 专业技术人才的评价应满足社会和业内认可

职业教育具有培养目标的职业性、专业设置的针对性和教学过程的实践性等特征，这是由社会和行业对人才的需要决定的。因此，各专业制定能力测评体系应当以社会和行业对人才素质、能力、知识的要求为依据。

3. 职业能力测评体系应具有综合性与系统性

一般而言，职业能力测评体系应包括以下两个方面。

（1）职业能力测试，如尽职能力、计划能力、组织能力、控制能力、口头表达能力和文字表达能力等。

（2）职业人格测试，如敬业精神、情绪调控能力和服从倾向等。

4. 建立毕业生职业能力评价跟踪调查与信息反馈系统

该系统可分为学生实习、实训情况和就业后工作情况的能力评价跟踪调查与信息反馈两个部分。通过此系统，可以充分了解和掌握学生的能力素质状况，在专业能力与素质的培养过程中能对存在的问题加以弥补和改进；对所具备的能力素质表现出色的方面加以总结，并进一步提升。

总之，实训基地是专业群建设的基础。它包括具有长效机制的校内实训基地和具有生产性的企业实训基地。"双师型"教师队伍是专业群建设的关键，特别是专业带头人和专业骨干教师的培养和引进。人才培养模式、精品课程、精品教材等是专业群建设的重要内涵。生产经营能力和技术研发功能是专业发展方向，在专业的社会服务能力建设方面具有重要意义。专业群建设文化的形成是专业的生命力所在，在打造专业品牌、建设专业教师队伍、提高专业的社会影响力方面将产生深远影响。

四、课程体系设计

"共享+特色"递进式课程体系按照基础共享课程（包括公共基础共享课程和专业基础课程）、专业核心课程、专业拓展选修课程递进。

（一）公共基础共享课程

公共基础共享课程包括：语文、数学、英语、中国特色社会主义、心理健康与职业生涯、哲学与人生、职业道德与法治、体育与健康、艺术、信息技术、历史、军训与入学教育、安全教育、劳动教育。

（二）专业基础课程

专业基础课程包括：

会计——会计基础；

市场营销——市场营销基础、消费心理学、商业业态；

物流——物流基础、物流地理、物流客户服务；

专业基础共享课程包括：财经基本技能、财经法规与职业道德。

（三）专业核心课程

专业核心课程包括：

会计——企业会计岗位核算实务、税法实务、会计电算化、成本核算、企业会计综合实训；

物流——经管实务、采购实务、国际货代实务、物流创新创业；

市场营销——推销实务、创业实务、先天特质沙盘。

（四）专业拓展选修课程

专业拓展选修课程包括：1+X 证书考证课程，职业能力登记证书等。

五、实践教学体系

（一）公共实践环节

公共实践环节包括军事训练、劳动教育、社会实践等。

军事训练：新生入学后集中进行，计 2 学分。劳动教育：包括环境保护类劳动和志愿服务类劳动等，计 1 学分。社会实践：在第一学年假期进行，计 1 学分。

（二）课程实践环节

课程实践环节包括人才培养方案中每门课程中的实践教学部分。

（三）专业实践环节

在专业实践环节，中等职业学校可建立智慧财经产教融合实训基地，开展职业认知、单项技能训练、综合技能实训和社会服务实践递进式实践教学。

（四）顶岗实习环节

企业顶岗实习占 20 学分，共计 600 学时，期间可安排学生结合实习岗位撰写毕业设计。

六、实施保障

实施保障主要包括教师队伍、教学设施、教学资源、教学方法、教学评价、质量管理等方面，按照培养目标、人才规格的要求，满足教学安排和学生的多样学习需求。

（一）教师队伍

1. 队伍结构

在校生与专任教师的人数比例应不高于 25∶1（不含公共课）。专业带头人原则上应具有高级职称，并且兼职教师应主要来自校外企业。

2. 专任教师

专任教师应具有高校教师资格；有理想信念、有道德情操、有扎实学识、有仁爱之心；具有会计相关专业本科及以上学历；具有扎实的专业相关理论功底和实践能力；具有较强信息化教学能力，能够开展课程教学改革和科学研究；有累计不少于 6 个月的企业实践经历。

3. 专业带头人

专业带头人原则上应具有副高及以上职称；能够较好地把握国内外行业、专业发展，能广泛联系企业，了解企业对本专业人才的实际需求；教学设计和专业研究能力强，能组织开展教科研工作，在本区域或本领域具有一定的专业影响力。

4. 兼职教师

兼职教师主要从本专业相关的企业聘任，具备良好的思想政治素质、职业道德和工匠精神，具有扎实的专业知识和丰富的工作经验，具有中级及以上相关专业职称，能承担专业课程教学、实训指导和学生职业发展规划指导等教学任务。

（二）教学设施

围绕职业教育学生自学、课堂教学、实训教学、顶岗实习等教学形式，建立由基础设施、软件平台、学习资源、大数据中心、学习空间等组成的职业教育智慧学习环境。

1. 智慧教室与在线学习平台

学校应建立满足线上线下混合教学需要的智慧教室与在线学习平台。智慧教室应具备网络设备、视听设备、计算机、智能控制设备等基本条件，具有内容呈现、环境管理、资源获取、及时互动、情境感知等基本特征。在线学习平台具备个性化门户、网络课堂与智慧课堂等课堂教学管理、智能化学习工具、教学资源管理和在线课程管理等基本功能。

2. 校内实践教学环境

学校应联合具有代表性的企业，引进优秀的企业文化、采用先进的信息技术、遵循科学的经营规律，建立专业化智慧财经产教融合实训基地，推进跨区域共建共享，形成智慧财经产教生态圈。开展从职业岗位认知、单项技能训练、岗位综合实训到生产性产业与社会服务实践的递进式实践教学。

（1）职业岗位认知教学环境

学校应在数字经济与共享经济的推动下，制定智慧财经领域的职业岗位要求，具备体验财务会计、财务管理、税务、审计、商业银行、金融科技等职业岗位的工作环境。学校可配备模拟企业真实工作场景的 AR 和 VR 系统辅助开展职业岗位认知。

（2）单项技能训练教学环境

学校应建立符合单项技能训练或理实一体线上线下混合教学需要的实训环境，具备开设协同办公平台应用实训、出纳实训、金融支付实训、Excel 财务应用实训、财经数据分析与可视化实训、财经服务机器人应用实训、企业管家实训、ERP（企业资源计划）业务财务实训、财税风险防控实训、财务决策实训、理财规划实训、智能估值实训、农村三资管理实训、创新创业项目实训等课程单元训练或单项技能训练的教学条件。

（3）岗位综合实训教学环境

学校应制定满足岗位综合性实践的教学要求，体现职业岗位综合能力，用于岗位综合实训或顶岗实习、社会服务的岗前培训。学校可设立智能财税综合实训、数字管理会计综合实训、智能审计综合实训、现代金融综合实训、智慧财经产业服务综合实践等综合实践教学场所。

（4）生产性产业与社会服务实践环境

学校应建立基于企业真实任务的产业与社会服务中心，具备开展智慧财经真实任务的软件平台，配备信息化设备和基础设施，制定开展真实任务的管理制度、业务流程和运行机制。

3. 校外实践教学基地

学校应联合地方具有代表性的相关企业，建立稳定的校外实践教学基地，提供智慧财经专业服务等相关实习岗位，能够开展财税、金融等实践活动，设备设施及软件平台条件能涵盖相关产业发展的主流技术和工作要求，安全管理、运行管理及实施规则制度齐全，执行规范。

（三）教学资源

1. 教材选编要求

在教材编写和选用管理的过程中，应确保专业课程教材严格依据课程标准的教学要求进行编写，教材内容以课程标准为规范，强化课程思政，实现立德树人的教育目标。教材应体现课程目标要求，按照"三教"改革精神，鼓励教师编写和选用新型工作手册式、活页式教材。教材编写要反映改革与探索的成果，在工作过程系统化、项目教学、任务驱动、模块化教学方面具有一定特色。教材编写应体现"人工智能、大数据、区块链、云计算"等现代信息技术应用和财税金融法规的最新变化，要与 1+X 职业技能等级证书、职业技能大赛等衔接，做到教学内容与时俱进，以保证教材的先进性与教学的适用性。

2. 图书资料配备要求

学校应配备满足财经类专业人才培养、专业建设、教科研需求的图书文献资料，方便师生查询、借阅，且定期更新相关财税金融法规、技术类和案例类图书，以及专业学术期刊。

3. 网络课程与数字资源配备要求

鼓励教师开发与教材配套的数字化资源。为激发学生学习相关课程的兴趣，方便指导教师采用线上线下相结合的混合式教学，应充分开发和利用网络教学平台，建设网络课程，包括视频、课件、动画、习题、试题、案例等数字化教学资源，拓展学生的知识和能力。

（四）教学方法

教师应根据专业培养目标、课程教学要求、学生能力与教学资源，采用适当的教学方法，以达成预期教学目标。学校应倡导因材施教、因需施教，鼓励创新教学方法和策略，采用理实一体化教学、案例教学、项目教学等方法，坚持学中做、做中学。教师还应充分利用现代信息技术、网络教学资源、精品在线课程等，采用混合式教学、翻转课堂等教学模式。

（五）教学评价

（1）对学生的学业评价应兼顾知识、技能与能力、态度与价值观等方面，评价应体现评级标准、评价主体、评价方式、评价过程的多元化。

（2）评价形式上，通过多元化评价激励学生学习。通过过程评价与结果评价相结合，定量评价与定性评价相结合，全面评价学生学习过程。采取教师评价、学生自评和互评、学生与教师互动评价、企业评价等形式，把学校评价、学生评价和社会评价结合起来。

（3）评价标准和考核形式应结合理论课程、理论和实践一体化课程、实践课程的特征，充分体现学习过程。运用课堂观察、笔试、口试、顶岗实习、职业技能大赛、职业资格鉴定等评价、评定方式，可以给单个学生打分，也可以在案例分析、辩论赛中给小组打分，科学、合理地综合评定学生成绩。

（六）质量管理

（1）学校和二级部（系）应建立专业建设和教学质量的诊断与改进机制，完善专业教学质量监控管理制度，建立课堂教学、教学评价、毕业设计以及专业调研、人才培养方案更新、资源建设等方面的质量标准，通过教学实施、过程监控、质量评价和持续改进，确保满足人才培养标准。

（2）学校和二级部（系）应完善教学管理机制，加强日常教学组织运行与管理，定期开展课程建设水平和教学质量诊断与改进，建立健全巡课、听课、评教、评学等制度。同时，建立与企业联动的实践教学环节督导制度，严明教学纪律，强化教学组织功能，并定期开展公开课、示范课等教研活动。

（3）学校应建立毕业生跟踪反馈机制及社会评价机制，对生源情况、在校生学业水平、毕业生就业情况等进行分析，定期评价人才培养质量和培养目标的达成情况。

（4）专业教研组织应充分利用评价分析结果，有效改进专业教学，持续提高人才培养质量。

七、毕业要求

（一）学分要求

学生应在规定的学习年限内，达到本专业人才培养目标和规格要求，修满专业群人才培养方案规定的 145 学分。具体分配为：公共基础课 40 学分，专业群基础课 26 学分，专业核心课 30 学分，公共选修课至少 6 学分，专业群拓展课至少 12 学分，实践教学与企业顶岗实习 31 学分。

（二）职业证书要求

学生至少要考取 1 个相关职业资格证书或 1+X 职业技能等级证书。

第三章　我国中等职业学校财经商贸专业群建设历史沿革、现状与问题

第一节　中等职业教育现状与分析

2000—2010 年，我国的教育领域，特别是职业教育，取得了显著的成绩。在这一时期，我国将从教育大国迈向教育强国，从人力资源大国向人力资源强国稳步前进。这一战略性的转变，以职业教育特别是中等职业教育的整体发展作为突破口。中等职业教育的发展，对促进经济繁荣、社会文明、就业增长和改善民生、建设学习型社会发挥了重要作用。

在新时期，国家更加重视中等职业教育，并且将其摆在更加突出的位置，有关中等职业教育的各类政策已基本形成一套完整的体系，中等职业教育的社会吸引力得到增强，给这一领域的工作者带来了新的希望。经济社会发展对复合型高素质人才的需求，给中等职业教育带来了新的机遇。然而，经济发展方式的转变，社会转型、科技发展、新技术不断出现，也给中等职业教育带来了新的挑战。投资不足，有关"产学研"结合、校企合作的政策尚不能调动企业的积极性，学生就业难等问题给中等职业教育也带来了新的困难。这表明中等职业教育正处在新机遇、新挑战、新希望并存的时期。从总体上看是希望和机遇大于困难和挑战。因此，中等职业教育应站在新的历史起点，以科学发展观、现代中等职教观和质量观来审视新希望、新机遇、新挑战、新困难，认清新的发展趋势，选定新的目标，提出新的要求和明确新的任务，以高度的使命感和责任感，以新的改革为动力，在全面系统总结的基础上加速改革发展，为实现科教兴国和经济社会可持续发展、实现两个根本性转变，为全面建成小康社会、形成学习型社会的目标而继续做出应有的贡献。

一、新时期我国中等职业教育的基本属性和功能分析

(一) 我国中等职业教育的基本属性

总的来讲，我国中等职业教育正以现代中等职业教育的面目展现在世人面前，2005 年 11 月 7 日，时任中共中央政治局常委、国务院总理温家宝在全国职业教育工作会议上指出："职业教育具有鲜明的职业性、社会性、人民性。"这一提法是职业教育改革和发展的一个新理念、新观点。除此之外，一些学者还提出了职业教育的适应性、产业性、多样性、职业导向性和教学环境与职业情境的真实性。这八个"性"是对职业教育也是对中等职业教育基本特性的全面阐述，这些基本特性就是对中等职业教育的规定性。这一规定性体现了现代社会、现代职业、现代人的内涵共性和相互交融，反映了中等职业教育既要准确反映现代职业对人的要求，又要为现代人的终身学习和可持续发展提供多方面的保证。

1. 职业性

职业性规定了中等职业教育是一种职业定向教育，旨在适应职业需求。现代社会劳动分工日益精细化，人们的发展在很大程度上依赖于职业的形成和发展。职业性在某种意义上成为现代人的规定性，体现在要培养符合一定社会和经济发展要求的现代人。现代中等职业教育理念认为，中等职业教育应该是人文化和宽基础化的教育，以提高人在社会上的适应性，拓宽就业机会，提升职业的能动性。因此，中等职业教育必须突出职业性。为此，在办学中要体现以下几个方面。

(1) 以市场为导向，以就业为指导，树立一切为了学生适应劳动市场和人才市场需求的办学思想。

(2) 从职业形成出发规划和设计课程。课程是职业知识、职业技术、技能、职业能力、职业行为的载体，是体现和突出中等职业教育职业性和个性发展的关键。

(3) 加强实验课、实践课和实训课的教学，提高学生实践动手能力。

中等职业教育的目标是使个体经过一系列的培养和训练，将获得的知识和技能内化成职业能力和胜任岗位工作的能力，并达到一定的熟练程度，满足职业岗位需求。此外，中等职业教育还应使学生能在环境变化中准确把握

自己的角色定位。

2. 社会性

中等职业教育不仅涉及经济和人才培养的问题，还涉及社会和谐、人民生活水平的提高、素质的提升、人的发展以及全面建成小康社会的政治问题。政府决策大力发展中等职业教育是我国社会发展的重要战略选择。

社会性体现在社会发展和进步对中等职业教育的需求，中等职业教育需要适应并服务于社会对智能型劳动力转移、转岗再就业、社会文明建设、人民综合素质提升等方面的需求。

当前，我国正处于社会转型、经济转轨、发展方式转变的关键时期，我们的社会将从资源型向生态型、环保型、环境友好型、循环型社会转变，走新型工业化道路，这需要大量应用型人才作为支撑。随之而来的产业结构、技术结构、经济结构的大规模调整，特别是城镇化进程的加快，对城乡数以千万计的劳动力就业、转业以及技术技能型人才的培养提出了新的要求。这些都需要中等职业教育为社会民众提供多种类型、多层次的技能学习和培训的机会。可以看出，社会拉动中等职业教育改革，中等职业教育推动社会发展，中等职业教育有着很强的社会属性。

3. 人民性

中等职业教育是人民谋生和立业的根本手段。关注人民谋生、立业，改善人民的生活状况，发挥人民的潜能，促进人的发展是中等职业教育人民性的根本体现。

在办学中要体现中等职业教育的人民性，要以人民就业、创业为出发点，解决好为广大人民群众对中等职业教育的需求，充分满足广大人民群众就业、创业以及终身学习的需求，这是举办中等职业教育的根本目的。

中等职业教育的职业性、社会性和人民性之间的关系是：职业性是中等职业教育的外在表现；社会性是中等职业教育的内涵需求；人民性是中等职业教育的根本规定。也可概括为：职业性是中等职业教育办学的基础；社会性是中等职业教育发展的动力；人民性是中等职业教育办学的目的。因此，这"三性"中等职业教育必须坚守的原则。

4. 适应性

中等职业教育与经济社会相伴而生，随经济社会发展而发展。因此，中等职业教育必须适应经济社会的需求和发展。适应性是中等职业教育生存和发展的重要因素。首先，适应性要求中等职业教育满足广大不同学习群体对教育多层次、多类型的需求；其次，中等职业教育需要适应不同学习群体以及生存、创业和发展方面的要求，在经济发展和社会进步的需求；最后，中等职业教育还必须适应未来社会对继续教育和终身学习的需求。

5. 产业性

中等职业教育与经济联系最为紧密和直接，具有教育和产业的双重属性。在某种意义上，中等职业教育是经济的重要组成部分，其办学水平和质量将直接影响产业的质量和发展。中等职业教育与经济基础的整合主要通过供需关系和技术开发与服务的平衡来实现的。因此，中等职业教育的办学、教育、教学和管理等方面都需要对企业进行投入产出分析。企业参与中等职业教育是增加人力资本的直接而有效的途径，中等职业教育的产业性也将带来办学条件和教育教学环境的改善与提升。

6. 多样性

中等职业教育面对广大人民群众和经济社会需求，即是面向人人、面向社会、面向企业的教育。受教育者对中等职业教育为其服务的项目和形式有不同的要求，企业对人才需求的层次、类型、规格和服务等方面也各不相同。这要求中等职业教育随着社会发展，成为满足人人需求的教育，全方位地开展继续教育、终身教育和面向人人的教育，提供对社会、企业的多样性服务。

7. 职业导向性

中等职业教育在普通高中教育的基础上，对国民经济各部门和社会发展所需要的广大劳动者进行专业知识、专业技能和操作能力的职前教育和职后培训，旨在培养具有高尚职业道德、严明的职业纪律、熟练技能的技能型人才，从而适应就业的个人需求和客观职业岗位的需要，推动生产力的发展。除此以外，中等职业教育还有责任帮助学生寻找与其心理特征相一致的职业，为此，必须加强对学生的职业指导。尽管对职业指导理解上存有选择论、服务论、过程论、发展论四种观点，但总体而言，职业指导的目的是帮助学生根据社会需求和个人特点选择职业、获得职业、预备职业、适应职业、改进职业，并通过职业生涯教育给学生以职业意识、职业理想、职业道德意识和职业能力方面的教育，帮助学生树立正确的职业价值观。职业指导其实质属于思想教育和职业能力培养相融的教育。职业指导的目标是让学生根据社会需求、职业需求、职业能力水平和个人素质，自我选择，实现人与职业的科学匹配，让学生学会职业生涯设计，学会选择职业教育。职业导向性是中等职业教育与普通中等教育的区别之一，职业导向性是各种中等职业教育最基本的属性，职业指导性贯穿于中等职教育的全过程。

从培养目标到课程开发、教学内容、教学实施和教学环境都要体现职业导向的属性。中等职业教育的职业导向性体现在以下几个方面。

（1）形成职业能力导向。

（2）典型职业工作任务导向。

（3）情境导向。

（4）行动导向。

在职业导向教学过程中，首先，要体现学生的主体性，让学生参与信息收集、计划制订、学习方案选择、目标实施、信息反馈、成果评估的全过程，实现个性化教学，体现以人为本的教育理念。其次，要强调学生参与职业行动过程的完整性。最后，追求职业导向教学成果鉴定的多样性，即强调学生综合职业能力的提高。

8. 教学环境与真实职业情境的相似性

中等职业教育的产业性和职业导向性要求其教学特别重视实践活动知识和工作过程知识的情境性。技术实践活动知识与工作过程知识的情境性决定了掌握能力、形成能力需要依赖于工作情境的再现。中等职业教育的教学环境可以是真实的，也可以通过信息技术手段模拟工作情境，为学生走上职业岗位做好准备。

（二）新时期中等职业教育的基本特征

改革开放 40 多年来，我国经济快速发展，社会全面转型进步，经济发展方式转变，整个经济社会进入了崭新的时代，随之，我国的中等职业教育也处在迅猛发展的时期，具有鲜明的时代特征。

1. 关注社会民生

民生指的是广大民众的生存、生活、生计。职业教育是改善民生的重要举措之一。教育是民生的基础，就业是民生的根本。作为职业教育重要组成部分的中等职业教育直接关系到民生，涉及民众的就业和再就业问题，满足广大民众对中等教育日益增长的需求，关系到广大劳动者提升生存质量和个性全面发展，尤其是在我国城镇化和全面建成小康社会的进程中，社会对广大民众提高整体国民素质提出了更高的新要求。在这些方面中等职业务教育有着不可替代的作用，因此，在新时期，社会赋予中等职业教育的使命就具有关注民生的特征。

2. 与经济社会发展更加紧密相连

随着市场经济的完善和发展，我国正经历产业结构调整、发展方式转变，致力于建设现代农业、现代工业，并实施低碳、绿色、节能、循环经济战略。实现这些经济发展目标需要教育，特别是中等职业教育的支持。提升经济的科技含量和实现现代化，要求我国加快从人力资源大国向人力资源强国转变，满足现代农业、现代工业、现代文化对高素质人才的需求。中等职业教育是农业现代化、现代工业化的产物，其发展中等职业教育是实现农业现代化、工业现代化的必然选择。高素质人才的数量和质量影响着我国现代社会、现代经济发展的速度和质量。

由此不难看出，中等职业教育随着我国经济社会的发展，与经济社会的关联度越来越高。

3. 普及型的教育

从我国经济社会发展战略来看，必须重视和发展中等职业教育。其发展战略是实现职业教育特别是中等职业教育的现代化，培养大量技能型实用人才。党的十七大提出，建设物质文明、精神文明、政治文明、社会文明和生态文明社会的目标。在现代社会，绝大多数人将通过各种类型的职业教育进入社会，因此，建设这"五大文明"在很大程度上依赖于职业教育特别是中等职业教育的发展和办学水平的提升。从某种意义上说，职业教育特别是中等职业教育的质量和水平决定了经济社会的质量和文明程度。

目前，我国教育的发展尚未充分满足广大人民群众对教育特别是中等职业教育的需求，发展中等职业教育是解决这一矛盾的关键。在建设学习型社会和推广终身教育的理念下，必须将发展中等职业教育置于更加突出的位置，采取多种形式，实施各种类型的中等职业教育，使中等职业教育成为普及型的教育，充分满足愿意接受中等职业教育的人群，使他们能够学会并掌握某种技能，充分发挥个人潜能，不断推动个人事业的发展。

4. 大而不强

改革开放40多年来，尤其是近10年来，中等职业教育得到了显著发展，已经打下了进一步发展的基础。它在主动服务地方经济社会发展的能力显著提高，发展活力进一步增强，总体水平得到提高，发展进入了历史新阶段。然而，从整体来看，中等职业教育尚未形成稳定、协调、可持续发展的格局，地区差异较大，资源配置不均衡，质量和水平参差不齐，地区特色不明显，投入不足，发展能力较弱，增长因素不够稳定，仍处于大而不强的状态。

（三）新时期中等职业教育的功能

我国已进入知识型社会，中等职业教育培养的学生将成为未来的"知识工作者"。应用性技术技能型专门人才是"知识工作者"的重要组成部分。通过接受中等职业教育，他们将成为具有强烈的社会责任感和使命感，且能实现个人价值、创造价值、奉献社会、提高生活质量的现代职业人。这就是中等职业教育功能所在。新时期中等职业教育的基本功能有以下五个方面。

1. 使自然人成为具有高素质的现代职业人和社会人

中等职业教育以其特殊的教育功能为基础，实施生产劳动与智慧相结合，造就全面发展的人，通过中等职业教育，将自然人培养成具有专业技能的现代职业人和社会人，也就是说，中等职业教育培养的人要坚持职业化、专业化和人的现代化三维质量标准，使培养的人具有外适性、内适性和个适性的素质和能力。换言之，中等职业教育要培养一大批思维独特、有激情和强烈内驱动力、敢于做出艰难选择和决策的人。这类应用型专门人才应该是现代中等职业教育的培养目标。

2. 能使人的生命潜能得到充分发挥

在接受中等职业教育的过程中，人们将得到高端职业指导，帮助他们进行科学的职业生涯规划。中等职业教育比其他教育形态更合理，更尊重个性，更符合人的自身发展规律，促进人的生命潜能得以充分发挥。

中等职业教育把人视为价值的根源，让每个人都能平等地参与设计和支配自己生活与工作环境。它鼓励人们参与促进社会向着积极方向改变的进程。在参与的过程中，依据现代职业规划，通过中等职业教育，把自己塑造成理想与现实、超越意识与超越能力相统一的人。

3. 促进人的自我可持续发展

中等职业教育培养的人才属于应用型人才，在当今社会中，应用型人才不仅要掌握一技之长，具有岗位适应能力，实现顺利就业，还要在未来的工作中具有潜在的发展后劲，成就自己的未来事业。可持续发展能力是应用型人才的核心能力，核心能力的培养就是今后人的个性化发展的需要，这是中等职业教育在新时期需强化的基本功能。

中等职业教育培养应用型人才的可持续发展能力，本质上是当今社会对人的综合素质的培养。中等职业教育对学生的综合素质教育不仅具有现实意义，而且能够让学生实现就业和创业，同时有力地提高国民素质。从学生的就业、创业和个性发展中，我们可以看到中等职业教育不可替代的功能，它是提高国民素质的重要途径。认识到这一点有助于转变社会对中等职业教育的偏见，减少社会上对中等职业教育的轻视，让人们明白中等职业教育将成为大众化教育，是人们实现自我发展需要的有效教育途径。

以上三项基本功能充分体现了中等职业教育以人为本，促进人的发展，以培养人的创新思维和创新能力作为现代职业教育的思想和理念。

4. 推动我国经济持续发展

当前，我国经济发展进入了高成本时代，正处于经济全面调整时期。为了使我国经济稳定持续发展，我们需增强发展动力、稳增长、调结构。

由于能源、原材料、交通运输、生产条件、人力资源等因素的影响，我国经济进入了高成本时代。企业是对高成本反映最敏感的主体。对企业而言，应对高成本时代的主要战略措施包括：一是由粗放型增长方式转向节约型经济（包括通过循环经济、能源替代等要素）；二是将成本优势战略转向技术优势战略；三是调整产业结构，进入低消耗、低污染、附加值高的产业经济，推动产业升级；四是深化改革，提高生产效率和管理效率。

我国整个经济正面临着深度调整，从中长期来看，在倡导绿色增长的同时，既要完成结构转型，还要稳增长、促改革。稳增长的核心是就业，稳增长、调结构的主体是企业，企业在推进改革的过程中，既要应对成本增加的挑战，又要努力创造更多的就业机会，也就是说，稳增长、调结构要发挥企业的主体作用。然而，从目前看，大多数企业达到这一要求的条件尚不充分。

我国未来经济发展首先要有更加可依赖的新的推动力。我国目前一直注重和强调的是三大基本推动力，即出口、投资和消费。从我国目前经济运行状况和多项效益指标分析来看，要从可持续发展的视角对这三大基本动力进行审视，我国今后要考虑以下几点：一是增加要素投入（如土地投入、劳动力投入、资源的投入等）动力；二是增加要素升级（技术进步、人力成本增加、信息化等）动力；三是增加机制变革（提高每一个主体的生产效率，促进要素升级和结构优化）动力。这意味着，在新时期，中国经济的持续发展需要采取有效措施，使企业能够适应高成本时代的经济环境，并在制度变革、结构优化和要素升级的基础上，培育新的增长引擎。

企业要应对高成本时代的经济挑战，国家要增加新的发展动力，最有效的途径就是要技术创新、大力开展技术研发、建设高端科技产业和高附加值的新兴产业和进行管理创新。要做到这些，除了要靠地方政府通过相关政策加以调解和推动，还要靠应用型专门人才作为支撑。作为直接服务于地方经济发展的中等职业教育，要在这一新形势下重新审视和确定自身的发展战略，要把深化改革的重点放在充分发挥推动国民经济发展的功能上，要大力与企业进行深度合作与融合，将办学方向延伸至企业新技术开发与应用，与企业共同培养应用型专门人才，为我国经济发展增加新的动力，使企业能更有效地应对高成本时代的经济。这就是新时期经济发展赋予中等职业教育的更高的要求，也是我国中等职业教育在新时期经济发展中必须发挥的功能。

5. 助推城镇化建设

城镇化是中国经济社会发展的必然趋势，是推进现代化建设的重要环节和必经阶段。国内外经济发展实践经验表明，要保证我国经济平稳增长必须大力推进城镇化，以新型城镇化来激活发展动力，释放发展"红利"。城镇化是工业化的重要载体、信息化的重要平台，农业现代化的推动力是当下和今后一个时期加快经济发展的最大潜力和机遇。作为直接服务于地方经济社会发展的中等职业教育，在城镇化建设进程中要在科学规划、合理布局、科学定位城镇产业、发展特色产业、错位发展、通过城镇化促进当地经济结构转型和消费结构转型、促进城镇的建筑美与自然美的完美结合、建设宜居宜业宜娱环境等方面开展较系统的研究，为地方政府城镇化建设的决策提供科学依据；并根据自身可能的条件参与城镇化建设，进而调整专业设置和办学模式，为促进当地产业结构转型升级、大力发展战略性新兴产业做出自己的贡献，充分发挥助推城镇化的功能，这是新时期中等职业教育应具有的新的教育功能。

二、新时期中等职业教育改革与发展

21 世纪是一个以知识、信息、通信为主要特征，以高新技术为核心的知识经济占主导地位的时代，经济的发展直接依赖知识或有效信息的积累和利用。国家综合国力和国际竞争力的强弱，将取决于获取知识、运用知识、创新知识的能力。这意味着在 21 世纪，职业教育必须面向所有人，中等职业教育也必须建立以人为中心的发展模式，为人们提供更多的受教育的机会，要重视人的发展，使受教育者获得的知识更多、更直接、更有效，充分满足个人生存和多元化发展的需要。在这个大职业教育的概念下，中等职业教育要充分利用全面发展的社会环境，结合我国新时期经济社会发展的需求，继续深化改革。总体要求正如 2014 年 5 月 2 日发布的《国务院关于加快发展现代职业教育的决定》中指出的：以邓小平理论、"三个代表"重要思想、科学发展观为指导，坚持以立德树人为根本，以服务发展为宗旨，以促进就业为导向，适应技术进步和生产方式变革以及社会公共服务的需要，深化体制机制改革，统筹发挥好政府和市场的作用，加快现代职业教育体系建设，深化产教融合、校企合作，培养数以亿计的高素质劳动者和技术技能人才。

（一）新时期中等职业教育改革与发展的背景

1. 加速转变经济发展方式

经过 40 多年的改革开放，我国经济实现了高速增长，为应对由此而产生的日益加大的资源和环境的压力，国家提出了经济发展方式的转变：一是由主要依靠投资、出口拉动向依靠消费、投资、出口协调发展转变，并在此基础上增加新的拉动力；二是由主要依靠第二产业带动向依靠第一、第二、第三产业协同发展转变；三是由主要依靠增加物质资源消耗向依靠科技进步、劳动者素质提高和管理创新转变。这三个转变的关键在于人才。

2. 经济战略性调整

经济发展方式的转变、经济结构和产业结构调整是我国经济社会全面发展、建成现代工业化国家的关键措施之一。为此，我国政府颁布了《产业结构调整指导目录（2011 年本）》《工业转型升级规划（2011—2015 年）》《全国现代农业发展规划（2011—2015 年）》等一系列产业发展规划的文件，是加快推进各产业优化升级，建设现代产业体系，大力发展现代农业、先进制造业、现代服务业、战略性新兴产业，以及推动实体经济发展的重要指南。现代产业体系建设对技能型人才的数量、质量、规格、结构都提出了更新且更高的要求，中等职业教育必须加大技术技能型人才的培养和培训力度。由此可见，发展职业教育特别是中等职业教育是当前面临的一项紧迫任务。

3. 以人为本，改善民生

我们党和国家一直致力创建法治、公正、文明、友好、充满活力、安定团结、人与自然和谐相处的和谐社会，并率领全国人民为实现中华民族伟大复兴的中国梦而努力。和谐社会的构建和中国梦的实现，其核心是经济社会的发展，在发展中做到发展为了人民、发展依靠人民、发展成果由人民共享。实现中国梦，中等职业教育要坚持以人为本的理念，发挥人的潜能，促进人的全面发展，促进人们高质量就业、高水平创业，改善民生，建设现代文明小康社会。我国作为世界上人口较多的发展中国家，面临着就业总量压力大、结构性矛盾日益突出的双重挑战。就业是民生之本，完善公共就业服务体系，促进充分就业，迫切要求职业教育特别是中等职业教育扩大服务面，面向所有人，全方位、多层次、多规格地开展职业技能教育和职业培训，提高劳动力的职业技能和就业、创业能力，使社会广大劳动者实现体面就业，有尊严地生活。

4. 城镇化快速推进

随着我国城镇化率的提高，在城镇化进程中同步推进农业现代化变得尤为迫切，这就需要大力发展中等职业教育，加快培养适应现代农业、农村发展的高素质劳动者、经营者、管理者、科技带头人和技能应用型人才，使农村劳动力有序转移到城镇，参与到现代农业建设各项事业中去，这是中等职业教育服务"三农"的重要内容，也要求中等职业教育在推进我国城镇化建设中应有更大的发展。

5. 建设人力资源强国，加快建设创新型国家

我国政府提出了建设创新型国家的重大战略，这一战略迫切要求中等职业教育培养大量具有创新意识、创新能力的技能型专门人才，形成覆盖从技术研发到制造产业链的协同创新和研发的人才队伍。这支高素质的人才队伍应具备将先进理念和设计转化为高质量产品的能力，为树立"中国制造"品牌、创新型国家奠定实用人才的基础。因此，国家更加关注中等职业教育的巩固和发展，将中等职业教育放在了更加突出的位置，要求将中等职业教育的规模继续稳定在占中等教育半壁江山的局面，办学质量有更大的提高。

6. 服务"三农"

党的十七届三中全会为我国农村经济绘制出宏伟的蓝图，要加快建设现代农业，实现农业现代化战略，还要协调推进农村经济建设、政治建设、文化建设、社会建设和党的建设，其中，"生产发展"是新农村建设的首要目标，是新农村建设的根本任务。发展农村生产力关键要抓住两方面工作，一是要加速现代农业建设，提高农业的综合生产能力；二是要坚持把促进农民增收作为农业和支农工作的中心任务。

中国共产党第十八次全国代表大会（以下简称中共十八大）向全党和全国人民发出了实现全面建成小康社会目标的动员令，提出了坚持走中国特色新型工业化、信息化、城镇化、农业现代化道路，推动信息化和工业化深度融合，工业化和城镇化良性互动，城镇化和农业现代化相互协调，促进工业

化、信息化、城镇化、农业现代化同步发展。

党中央提出的建设现代农业、实现农业现代化、全面建成小康社会和坚持把国家基础设施建设、社会事业发展重点放在农村的战略，农村发展战略就是建设现代农业、实现农业现代化和农村城镇化。

所谓农业现代化，其内涵是，从传统农业向现代农业转变的过程。主要体现在两个转变上，即：从自然型、劳动密集型产业向资金、技术密集型转变；从生产初级产品向制造终端产品转变。由传统生产部门向现代生产部门转变，它的最大特点是生产要素的聚集和较高劳动生产率与高经济效益，它的实现过程必然伴随农业劳动力的减少和城镇化的发展。也就是说，要用现代物质条件装备农业，用现代科技改造农业，用现代产业提升农业现代化；用现代经营推动农业，用现代发展理念引领农业，用市场经济原则、机制和组织方式管理农业，用新型劳动者发展农业。有的学者把农业现代化概括为农业生产的社会化、市场化、工业化、企业化、科学化和绿色化。

由此可知，实现农业现代化的过程就是改造传统农业、不断发展生产力的过程，也是改变农业增长方式，促进农业快速且健康发展的过程。在这些过程中，科学化是核心，商品化是特征，集约化是方向，产业化是目标，标准化是生产的要求。

城镇化是农民转为市民的过程，农村富余劳动力向城镇转移，这不仅意味着劳动生产率的提高，也意味着经济发展质量的提高。城镇化将成为未来中国投资的主要领域，是一系列具有标志性意义的转移，包括城市发展的重心将从中心城区逐步向外转移；更多的农民就近转移就业；大城市产业往中小城市和城镇转移；社会养老机构由城市向小城镇转移。除此之外，还有一个十分重要的转移，即旅游休闲产业由城市向城镇转移。这些转移将使城镇成为人口、资本、科技、信息密集、城镇构成要素综合运行高效的经济载体、社会实体、文化实体和物质实体。

城镇化为"三农"发展带来了新的机遇。城镇化具有集聚性、综合性、高效性、系统性和辐射性等特征。多种现代城镇产业将从劳动密集型向资本密集型、知识密集型转变，生产、经营、管理也都向现代化转变。

面对我国实现农业现代化、建设现代农业和城镇化战略的实施，中等职业教育必须要向农村、农民、农业服务领域延伸，必须适应现代农业建设、城镇化发展对各类应用型人才的需求。

7. 加快区域化合作和跨区域性办学进程

在制定社会经济发展规划时，任何一个国家或地区除了明确总目标和规划，还要研究分析地方区域经济社会如何发挥地方特色。作为服务性的中等职业教育，是直接面向区域经济主战场的专门教育，在研究和改革发展中等职业教育时，必须十分注重区域经济的特点和地区之间的差异。

就中等职业教育而言，当前资源的配置不够均衡，学校的办学水平参差不齐，教学质量存在差异，城际间的学校办学条件差距明显，自我发展能力普遍不强，办学效益和教学质量不均，各地企业参与中等职业教育的程度和质量不一，重点学校与一般学校之间反差较大，有的学校甚至处于难以维系的局面。这种局面是由政府主导力度、管理体制、地域经济社会发展程度、地方经济实力、政策导向等多种因素形成的。如何使中等职业教育能整体快速发展，一直是职业教育界人士研讨的问题。在 2002 年颁布的《国务院关于大力推进职业教育改革和发展的决定》文件中，强调要"形成政府主导、依靠企业、充分发挥行业作用、社会力量积极参与的多元办学格局"。在 2010 年颁布的《国家中长期教育改革和发展规划纲要（2010—2020 年）》文件中提到："强化职业教育资源的统筹协调和综合利用，推进城乡、区域合作，增强服务'三农'能力。"在我国，教育领域存在着城乡二元结构突出的现象，作为科学发展观中"五个统筹"之首的"城乡统筹发展"，区域化和跨区域办学，应成为中等职业教育发展的新理念。这是新时期经济社会发展和中等职业教育自身健康可持续发展的客观要求。

8. 加强人文教育

加强人文教育就是加强对学生进行"以人为本"的教育。所谓"以人为本"，就是把人作为发展的根本。未来中等职业教育的科学发展必须强化"以人为本"的核心理念，并以此构筑教育的时代高度，也是发展中等级职业教育最根本的前提和基本宗旨。

为了使中等职业教育真正做到"以人为本"，必须始终把促进人的全面发展作为核心内容和目标，培养学生具有高尚的职业思想道德、时代人格魅力、美的修养、友善的人伦关系、强烈的社会意识和责任感。

为了培养具有这样人文素质的人才，中等职业教育在教育教学过程中必须重视人文教育，避免重技术轻文化的现象，防止"传统与现代断裂""技术与人文割裂"，做到"德与才"的统一。

加强人文教育，首先是为了开阔学生视野，增强跨专业、跨学科、跨行业的意识和素质，形成与现代产业结构变化相适应的综合思维和素养；其次是为了使学生打好职业知识、职业技能和职业态度三位一体的就业基础，打下创业的基础；最后是为了拓展人的思想境界、丰富人的精神世界，使学生能自信、自强、自立地去适应社会、适应产业与岗位变化，促使自我发展潜能不断得以发挥。

在加强人文教育中，应侧重职业精神、职业道德、综合素质的培养，以及做人、做事的锤炼。

在全球化时代，加强人文教育一定要从我国的实际情况出发，首先要实施以传承优秀传统文化的经典教育；其次是从人存在的基本性、永恒性和主体性出发，实施通识教育，真正解决"培养什么人""怎样培养人""人的全面发展"的根本问题；最后依据各个学校自身的历史沿革、文化积淀、地缘特点、学科与专业特色凸显个性化的特色教育。学校通过独具特色的物质文化、制度文化、精神文化和行为文化进行人文引领，开展文化活动，达到"以文化人"的教育目的。

（二）改革的新要求

1. 宏观层面要求

（1）贯彻《国家中长期教育改革和发展规划纲要（2010—2020年）》。

（2）落实全国教育工作会议要求。

（3）重视高技能人才培养。

为加快、加速高技能人才培养，《国家中长期人才发展规划纲要（2010—2022年）》提出一系列主要举措：

完善以企业为主体、职业学校为基础，学校教育与企业培养紧密联系、政府推动与社会支持相结合的高技能人才培养培训体系。加强职业培训，统筹职业教育发展，整合利用现有各类职业教育培训资源，依托大型骨干企业（集团）、重点职业学校和培训机构，建设一批示范性国家级高技能人才培养基地和公共实训基地。改革职业教育办学模式，大力推行校企合作、工学结合和顶岗实习。加强职业教育"双师型"教师队伍建设。在职业教育中推行学历证书和职业资格证书"双证书"制度。逐步实行中等职业教育免费和学生生活补助制度。实施国家高技能人才振兴计划。促进技能人才评价多元化。制定高技能人才与工程技术人才职业发展贯通办法。建立高技能人才绝技绝活代际传承机制。广泛开展各种形式的职业技能竞赛和岗位练兵活动。完善国家高技能人才评选表彰制度，进一步提高高技能人才经济待遇和社会地位。

2010年5月25日，中共中央、国务院召开全国人才工作会议，对实施《国家中长期人才发展规划纲要（2010—2020年）》进行了全面部署。由此不难看出，我国将建设起同高层次研究型人才相并行的一支技能应用型人才队伍，视为我国未来20年人才发展规划的重中之重，这为职业教育特别是中等职业教育，乃至整个教育事业在"重能"时代的发展指明了方向，也向中等职业教育提出了要加快培养高素质技能型人才的历史任务。

（4）实现中等职业教育的历史新跨越。

在现代经济全球化的大背景下，世界各国中等教育呈现国际化与本土化互补和统一的发展趋势。作为与经济社会发展相伴而生、相伴发展的中等职业教育，在我国经济社会发展的同时必然要走向全球化。全球化指要在职业资格、技术标准及质量管理等方面按照国际化标准要求，使我国中等职业教育的教学模式和教学内容等方面与国际衔接且融通。这也是使我国中等职业教育在坚持中国特色的基础上，向世界一流跨越的重要方面。

2. 中观层面要求

（1）教育制度和国家制度尚需进行深层的调整与创新。

（2）政府主导和服务与市场运作机制要进一步协调。

（3）地方政府要进一步强化对中等职业教育发展的社会统筹。

（4）中等职业教育要分层定位与分类发展。

分层定位与分类发展是中等职业教育改革发展的正确选择。从国际上看，中等职业教育是与普通中等教育并存于专科、本科、研究生教育中，我国中等职业教育与国际教育标准分类中的5B大体相同。由此可见，我国中等职业教育改革与发展目前的问题表现在对中等职业教育缺乏正确的把握和相应的指导。为此，把中等职业教育作为一种类型，放在专科、本科、研究生教育三个层次同时发展来考虑，实施分层分类发展，这不仅体现了中等职业教育历史发展的内在逻辑，还符合国际中等职业教育发展的通行做法，也是我国中等职业教育的必然选择。

3. 微观层面要求

（1）制定和健全职业资格标准体系。

（2）进一步完善中等职业教育发展政策。

今后，无论是运用国外的还是国内自己研究的人才培养模式，都要克服生搬硬套的做法，要以现代中等职业教育观、教学观为指导，结合学校的条件和当地社会环境去创造性运用，提高技能应用型人才质量，为提高学校、企业的核心竞争力和增强我国的综合国力做出新的贡献。

（三）新时期中等职业教育改革的研究

我国正处在新型工业化、信息化已经开始、工业化尚未完成的时期，经济发展方式进入了自主创新战略时期，与之相适应的中等职业教育发展也需向自主创新之路转变。这就需要中等职业教育的研究工作要紧紧把握时代脉搏，密切关注中等职业教育的改革和发展，继续研究尚未完全解决好、需要强化和需要加大力度的新问题，为中等职业教育的新发展提供更加有力的支撑。

1. 完善《中华人民共和国职业教育法》的研究

《中华人民共和国职业教育法》（以下简称《职业教育法》）的颁布，结束了我国仅依靠行政法规推动职业教育改革与发展的历史，使我国大力发展职业教育有法可依。我们知道，一项法律的制定和颁布，尽可能反映阶段性的理论和实践成果，体现阶段性的国家意志，并不能从纵向上无穷尽地解决所有问题。

《职业教育法》颁布至今，职业教育的外部环境发生了深刻的变化。当今社会已把职业教育作为一种类别教育来对待，特别是中等职业教育，在建设我国人力资源强国、优化产业结构、构建终身教育体系、建设学习型社会、提升国民基本素质等方面都有着不可替代的作用。新时期经济社会不但赋予了职业教育重要的使命，而且对其提出了更新、更高的要求。综观现行的《职业教育法》，原立法内容设计有些不适应的地方，例如，对职业教育资源的统筹、终身教育发展理念、发展新趋势和要求等方面的内容有些空泛；对构成职业教育元素的个人、学校、行业、企业及相关机构的责权利等方面没有体现出来；对学校建设、管理，教师培养，"双师型"教师队伍建设、考试、评价等没有明确具体对应的标准和要求；对职业教育"双主体"办学之一的行业、企业规定的责任和义务约束力不强，在考虑其权益和利益方面不充分，因而影响行业、企业参与职业教育的积极性，也约束了"产教结合""校企合作""合作育人""合作就业"的实质性开展。为保证新时期职业教育，特别是中等职业教育的健康、可持续发展，研究和修改《职业教育法》势在必行。在修改《职业教育法》时，应加重中等职业教育立法的分量，建立中等职业教育法律支撑的框架。

2. 加强中等职业教育政策的研究

回顾我国中等职业教育改革与发展的历程，在第一个重要发展时期，国家和地方政府都推出相关的政策和法规，引导、促进和保障中等职业教育顺势健康发展。特别是 2010 年，《国家中长期教育改革和发展规划纲要（2010—2020 年）》出台后，使我国中等职业教育开始从中等教育发展的边缘走向中心，显示了政策对中等职业教育发展的重要性和必要性。在新时期，我国中等职业教育办学的宏观环境，一要从全球化背景下审视，全球正处于国际竞争和产业结构优化升级之中；二要从中等职业教育今后发展趋势来看，制定中等职业教育政策要体现与经济社会发展的高度相关性，与劳动力市场密切对接，与职业培训融为一体，使之成为全社会终身教育的重要组成部分，不断扩大国际化合作范围和力度。在这样的宏观环境中办学，有关中等职业教育更需出台适时、有效的各种政策予以引导和保障。为此，在新时期对有关中等职业教育政策的研究显得更加重要。

中等职业教育政策研究既是一个知识领域，也是考虑中等职业教育问题的一种方法，它将为解决中等职业教育领域的问题提供一种方法论。为此，我们要按照以往中等职业教育政策研究的轨迹研究新时期促进中等职业教育发展需要的相关政策。

恩格斯说："每一个时代的理论思维，包括我们这个时代的理论思维，都是一种历史的产物，它在不同的时代具有不同的形式，同时具有不同的内容。"所以，中等职业教育政策研究应站在新的历史平台上，进入新的研究历史阶段。

中等职业教育发展环境变化快，使有关中等职业教育政策立题庞杂，制定中等职业教育政策的过程涉及的问题也很复杂，涉及主题的政策主张也趋于增多；而中等职业教育政策研究的理论和方法当前又没有得到相应的发展。从全国范围看，对中等职业教育政策的研究尚未提升到学科建设的高度，中等职业教育政策研究滞后于政策实践，基本停留在解读中等职业教育相关政策层面上。对批判、质疑、构建方面探讨不足，尤其是对政策深层次因素的研究更显不足。目前，从总体上看，中等职业教育政策研究基本处于自发、自研状态，研究也处于解读式、诠释性的水平，中等职业教育政策研究还没有走在中等职业教育发展的前沿。为正确、及时引导和保障新时期中等职业教育的发展，需加强、加快对中等职业教育政策的研究。

中等职业教育政策研究是一个独立的研究领域，是公共管理学的重要组成部分。在研究时要借鉴政策科学研究的相关理论才能拓宽中等职业教育政策研究的视野，拓展中等职业教育研究的主题，更好地为中等职业教育发展服务。

中等职业教育是一种问题取向的实践性研究，其研究涉及制度构建、政策设计、政策实施与政策评价等方面的内容。这就需要在加强政策研究理论基础的同时，要广泛地应用各种人文社会科学、自然科学的知识、理论和方法，使中等职业教育政策研究具有有效性和科学性。中等职业教育政策研究的对象是中等职业教育政策实践、政策系统及其运行。它以行动取向，体现理论与实践的有机统一，它的研究要为中等职业教育政策实践服务。这就要求中等职业教育研究要反映人类社会公共决策过程的本质和规律，使其采用的理论和方法能反映客观的真实性与普适性，做到中等职业教育政策研究具有一般国际规范。但是由于各国、各地区在中等职业教育政策研究上都具有自己的特色。因此，中等职业教育政策在研究上要从我国各地区的实际情况出发，在吸收借鉴国外中等职业教育政策研究积极成果和经验的基础上，立足于我国中等职业教育政策实践及其现实问题，凸显我国中等职业教育政策的应用性和现实性，使研究成果更具有指导和保障作用。

中等职业教育政策研究的应用性和现实性，要求研究要符合中等职业教育本质属性和"职业"价值本质，着眼于提升人的生存质量、个性化的终身教育和充分发挥人的发展潜能。对这些问题的研究不仅是为了提高决策效率，更是为了改善民生、提高大众的素质。

从中等职业教育政策研究属性来讲，它是一项相对独立的具有比较明显综合性质的实证性的学科，其研究对象也是比较宽泛和复杂的。作为一个学科领域，其研究包括：中等职业教育政策理论、政策分析方法、政策论理、政策过程、比较政策、政策战略、政策走向以及政策选择研究等。由此可见，中等职业教育政策研究虽具有科学性，但它的研究不是以学科理论为中心，而是以问题为中心，围绕中等职业教育政策问题的解决去整合，应用相关学科的知识、理论和方法去研究。

在用政策科学的理论体系来观察我国中等职业教育政策研究中，从国内外很多中等职业教育政策引导成功的典型案例中，我们看到中等职业教育政策研究对加强和提高中等职业教育的改革和发展具有重大意义。为此，我们要加快中等职业教育研究的步伐，加强研究团队建设，大力加强对基础理论和方法的探索，建立相应的学科体系，提高研究学术水平，把深入研究中等职业教育政策研究方法、政策制定体系和政策发展等作为中等职业教育政策研究的重要领域。

3. 加强管理制度建设的研究

我国中等职业教育今后如何利用现在的大好形势，在什么样的轨道上使中等职业教育能更加自主适应、自我调节并实现科学发展，改变现在每走一步都需政府来决策、决定并且操办的局面，这是中等职业教育进一步研究的首要课题。即要进一步研究管理制度建设问题，首先，要研究怎样使政府能更多地给予公共财政的投入、政策的宏观调控、行政执法监督及协调和服务的支持。其次，在管理上如何能够再宏观一些，政策再宽松一些，给学校更多的自主权，使学校更多地进行灵活性探索、实验，让其按照客观规律和自身特点去更加有效地办学。再次，涉及政府管理部门之间怎样做到积极和协调，应建立起一个什么样的管理体制和机制，才能使经济、行业、劳动、教育等部门形成一个协调统一的中等职业教育管理支撑体系。最后，在办学主体多元体制的建立上，要有助于提高行业、企业对中等职业教育参与的积极性和责任感。

对于管理制度的研究，要设计出更加完善、更加科学的长效性的运行机制，使政府对中等职业教育做到"规划引领、法制规范、政策统筹、标准评价、财政保障和依法监督"，进一步体现政府是发展中等职业教育的责任主体，担负起提供保障的责任。

4. 对中等职业教育投入和效益的研究

我国中等职业教育办学规模不断扩大，发展速度加快，办学条件逐步得到改善，中等职教育对技能应用型人才的培养和对经济社会发展的贡献不断增大。但是，中等职业教育的整体投入不足并没有得到根本的解决。为解决（缓解）中等职业教育投入不足的问题，缩小东部与中、西部之间投入的差距，促进中等职业教育的稳步健康发展，应加强对中等职业教育投入和效益的研究。

（1）研究政府主导下的行业、社会、个人的投入机制。无论是过去还是现在，无论是国际还是国内，政府财政拨款始终是各国发展中等职业教育的重要保障。

①研究各级人民政府、国务院有关部门用于中等职业教育的财政性经费逐年增长的比例，以及对东部、中部、西部中等职业教育投入增长的比例。

②研究如何借助政府的调控手段，鼓励和引导行业、企业参与中等职业

教育的具体政策和措施。特别是在校企合作教育、共建实训基地、共建研发中心等方面，应制定鼓励性的实效性政策，以从制度和政策上加大企业对中等职业教育的投入。

③研究构建以政府为主导，社会、个人共同对中等职业教育投入的机制，研究相关的优惠政策，让中等职业教育从金融部门和企业筹集到所需的资金和设施。

④研究在新形势下，对中等职业学校的学生实施以贷为主，与"奖、贷、助、补、减"相结合的助学制度。

⑤研究实行"银行贷款，政府贴息，学校还本"的政策，使中等职业学校能够成本延期支付并能适度透支，这既可缓解政府的财政压力，又能推动中等职业学校的建设和发展。

⑥研究修改和改善国家的企业税收法和捐赠法，鼓励行业、企业和社会把资金和设备投向中等职业教育，使企业、社会团体和个人的捐赠收入成为中等职业学校经费的重要来源之一。

⑦研究以地区相关投资行业为主体筹措建立各种形式的中等职业教育基金，以专项资金的形式吸引社会各种资源和闲散资金投入中等职业学校，这有利于对资金使用的规范化管理和控制。

（2）实施中等职业教育效益成本战略管理是实现中等职业教育效益最大化目标的重要措施。在成本战略管理的基础上，制定新的行政、教学、后勤、财务等各项制度，并建立相应的管理机制，从而提高中等职业学校管理者和教师的投入意识、资金管理意识、成本核算意识和效率意识，促使中等职业学校管理精细化、节约化和高效益化。

5. 有效的"企业参与、校企合作"和"运作"机制的研究

中等职业教育办学应有学校和企业两个主体，二者缺一不可，离开企业办学的中等职业教育并非真正意义上的中等职业教育，中等职业教育若脱离了企业，则培养不出来高素质的技能应用型专门人才。只有全面实施"校企合作"，才能实现其办学宗旨和目标。中等职业教育的改革和发展关键在于企业的参与，这不仅体现了中等职业教育与经济社会、企业的直接和紧密联系，也是改革办学模式、教学模式、人才培养模式、评价机制的关键环节。此外，将中等职业教育纳入国家经济社会发展和产业发展规划之中，是促进中等职业教育规模、专业设置与经济社会发展需求相适应的重要的途径。

　　然而，目前多方面反映出大多数企业对参与中等职业教育的主动性和积极性不高，校企合作缺乏制度性的保障。企业对我国《职业教育法》规定的企事业单位接纳学生和教师实习，对上岗学生给予适当的劳动报酬等方面不能全面执行落实。分析其原因如下：

　　（1）《职业教育法》和地方相关政策法规对校企合作中双方的责权利规定不明确，企业只有义务和责任的要求，而缺乏利益和补偿的规定。

　　（2）一些企业从自身利益出发，认为接受学生和教师实习，不但要配备专门的指导教师，而且会使工作的量和质受到影响，更担心由于学生技术不熟练造成设备、工具的损坏和安全事故的发生，没有相应的政策和规定来预防和处理这种情况。

　　（3）国家和地方政府对企业支持和参与中等职业教育的一些相关优惠政策和补偿政策不够完善。

　　（4）我国市场经济正处于完善的阶段，许多企业缺乏"社会公民意识"，社会责任感尚未牢固建立，部分企业虽愿意参与学校的人才培养，但更多是从企业利益出发，将学生视为廉价劳动力，而非以共同育人为目的。

　　（5）我国上层机构改革后，多数部委不再管理行业系统的职业教育，政府经济部门管理职业教育的主要功能没有转移到属地管理部门，导致职业教育的管理职能出现缺位状况，这不仅使企业参与职业教育的功能大大减弱，还使行业在职业教育审批、认证、指导、评估等方面没有话语权，造成学校与企业严重脱节。

　　《国家中长期教育改革和发展规划纲要（2010—2020 年）》特别关注"校企合作制度"的创新，并在一些条款中提出了包括"建立健全政府主导、企业参与办学机制""制定校企合作法规，促进校企合作制度化""推进统筹、校企合作、集团化办学模式，探索政府部门、企业参与办学机制"等规划。《国家中长期教育改革和发展规划纲要（2010—2020 年）》在关于企业参与职业教育上提出了明确方向，但在如何调动企业参与的积极性上提出的多半是鼓励、支持、要求和希望，国家和地方政府要制定相关的刚性法律、法规，通过法律的实施让行业、企业建立起"社会责任意识和自身发展需要职业教育"的意识，让行业、企业依法参与职业教育，实现共同育人。但是，企业必然是以"盈利"为主要取向，因此，要从我国国情出发，关注企业利益和发展，总结和继续研究在相关法律框架下如何建立起互利双赢、校企紧密结合的长效机制，并能产生持续动力的政策法规。以此为据研究多种类型的合作办学和共同育人模式，促进中等职业教育从单一的校企合作向校企合作一体化转变。

第二节　我国中等职业学校财经商贸专业群建设历史沿革

从宏观角度来看，中等职业教育的专业群建设应包括全国范围内所有中等职业学校的专业群建设，以及地方政府对专业群建设采取的政策措施。在一定时期内，这些专业群建设和政策措施的变化将引起我国中等职业学校财经商贸专业群设置的质的变化，这种变化反映了我国中等职业学校财经商贸专业群建设的发展变化，是中等职业教育的专业群建设在宏观层面上的发展变化。在宏观上，这种专业群建设的变化尤其突出地反映在专业目录的变化当中，因此，要了解一定历史时期专业群建设的宏观发展，就需要观察该时期专业目录的发展和变化。从我国中等职业教育的发展变化来看，我国中等职业教育的专业目录总体上经历了一个从借鉴本科专业目录到逐步形成自身特点并自成体系的过程。

一、专业目录形成之前的中等职业学校财经商贸专业群建设

在中等职业教育产生之初，并没有属于自己的专业目录，而此时的普通中等教育的专业目录已经成型并趋于成熟。因此，借鉴普通中等教育的专业目录成为中等职业学校财经商贸专业群建设的必由之路。但是本科教育的专业目录是按照学科性要求来设置的，而中等职业教育作为中等教育类型之一，是一种不同于普通中等教育的教育类型，尤其是在专业划分上，普通中等教育是以学科划分专业的，这种专业划分方式并不适合中等职业教育。所以，在创立时期，中等职业教育既借鉴又创新，对于专业相同或相近的，就参考本科目录；对于本科专业目录没有而社会又很需要的专业，则结合实际进行创新。

随着中等职业教育的进一步发展，其专业群建设越来越突出自身的特点。各职业学校在创办过程中，都比较注重结合社会经济发展来设置专业，从职业性、地方性出发，结合实际，创办一些具有职业性特点的新专业。这些新专业填补了我国中等职业教育在专业设置上的空白，适应了社会经济发展对

各类人才的需求，同时也对我国中等职业教育的改革产生了推动作用，并为今后中等职业教育地方和全国建设统一的目录积累了宝贵经验。

在前期专业群建设经验积累的基础上，中等职业教育更加明确了专业设置必须符合职业教育本身的规律，必须符合地方实际情况，体现地方性、职业性等特点，服务于地方社会经济发展。一些中等职业学校根据中等职业教育的培养目标，在实践中积极探索。

二、专业目录形成之后的中等职业学校财经商贸专业群建设

近日，教育部印发《职业教育专业目录（2021 年）》（以下简称《目录》）。新版《目录》按照"十四五"国家经济社会发展和 2035 年远景目标对职业教育的要求，在科学分析产业、职业、岗位、专业关系基础上，对接现代产业体系，服务产业基础高级化、产业链现代化，统一采用专业大类、专业类、专业三级分类，一体化设计中等职业教育、高等职业教育专科、高等职业教育本科不同层次专业，共设置 19 个专业大类、97 个专业类、1349 个专业，其中中职专业 358 个、高职专科专业 744 个、高职本科专业 247 个。

《目录》自发布之日起施行。2021 年起，职业学校拟招生专业设置与管理工作按《目录》及相应专业设置管理办法执行。教育部要求各省级教育行政部门要依照《目录》和办法，结合区域经济社会高质量发展需求合理设置专业，并做好国家控制布点专业的设置管理工作。中等职业学校可按规定备案开设《目录》外专业。高等职业学校依照相关规定要求自主设置和调整高职专业，可自主论证设置专业方向。教育部指导符合条件的职业学校按照高起点、高标准的要求，积极稳妥设置高职本科专业，避免"一哄而上"。

教育部将根据《目录》陆续发布相应专业简介，组织研制相应专业教学标准；要求各地要指导职业学校对照《目录》和专业简介等，全面修（制）订并发布实施相应专业人才培养方案；要求各职业学校要根据《目录》及时调整优化师资配备、开发或更新专业课程教材，以《目录》实施为契机，深入推进教师教材教法改革。

教育部要求做好新旧目录衔接工作，目前在校生按原目录的专业名称培养至毕业，学校应根据专业内涵变化对人才培养方案进行必要的调整更新。已入选"双高计划"等教育部建设项目的相关专业（群），应结合《目录》和项目建设要求，进行调整升级。用人单位选用相关专业毕业生时，应做好

新旧目录使用衔接。根据经济社会发展等需要，教育部将动态更新《目录》，完善专业设置管理办法。

目前，全国职业学校开设 1300 余个专业，覆盖了国民经济各领域，专业布点 10 余万个，每年培养 1000 万左右的高素质技术技能人才。在现代制造业、战略性新兴产业和现代服务业等领域，一线新增从业人员 70% 以上来自职业学校毕业生，职业教育社会认可度显著提升。

《中等职业学校专业目录》修订与实施说明

一、修订情况

《目录》按照"十四五"国家经济社会发展和 2035 年远景目标对职业教育的要求，在科学分析产业、职业、岗位、专业关系基础上，对接现代产业体系，服务产业基础高级化、产业链现代化，统一采用专业大类、专业类、专业三级分类，一体化设计中等职业教育、高等职业教育专科、高等职业教育本科不同层次专业，共设置 19 个专业大类、97 个专业类、1349 个专业，其中中职专业 358 个、高职专科专业 744 个、高职本科专业 247 个。我部根据经济社会发展等需要，动态更新《目录》，完善专业设置管理办法。

二、执行要求

1. 优化专业布局结构。《目录》自发布之日起施行。2021 年起，职业院校拟招生专业设置与管理工作按《目录》及相应专业设置管理办法执行。各省级教育行政部门要依照《目录》和办法，结合区域经济社会高质量发展需求合理设置专业，并做好国家控制布点专业的设置管理工作。中等职业学校可按规定备案开设《目录》外专业。高等职业学校依照相关规定要求自主设置和调整高职专业，可自主论证设置专业方向。我部指导符合条件的职业院校按照高起点、高标准的要求，积极稳妥设置高职本科专业，避免"一哄而上"。

2. 落实专业建设要求。我部根据《目录》陆续发布相应专业简介，组织研制相应专业教学标准。各地要指导职业院校依据《教育部关于职业院校专业人才培养方案制订与实施工作的指导意见》（教职成〔2019〕13 号），对照《目录》和专业简介等，全面修（制）订并发布实施相应专业人才培养方案，推进专业升级和数字化改造。各职业院校要根据《目录》及时调整优化师资配备、开发或更新专业课程教材，以《目录》实施为契机，深入推进教师教材教法改革。

3. 做好新旧目录衔接。目前在校生按原目录的专业名称培养至毕业，学校应根据专业内涵变化对人才培养方案进行必要的调整更新。已入选"双高计划"等我部建设项目的相关专业（群），应结合《目录》和项目建设要求，进行调整升级。用人单位选用相关专业毕业生时，应做好新旧目录使用衔接。

专业目录是职业教育教学的基础性指导文件，是职业院校专业设置、招生、统计以及用人单位选用毕业生的基本依据，是职业教育类型特征的重要体现，也是职业教育支撑服务经济社会发展的重要观测点。各地要结合地方实际，加大宣讲解读，严格贯彻落实，不断深化职业教育供给侧结构性改革，提高职业教育适应性。实施过程中遇有问题，请及时报告我部（职业教育与成人教育司）。

第三节　我国中等职业学校财经商贸专业群建设现状

新版《目录》全面落实《国民经济和社会发展第十四个五年规划和2035年远景目标纲要》对职业教育的要求，在科学分析产业、职业、岗位、专业关系基础上，对接现代产业体系，统一采用专业大类、专业类、专业三级分类，一体化设计中等职业教育、高等职业教育专科、高等职业教育本科不同层次专业，共设置19个专业大类、97个专业类、1349个专业，其中中职专业358个、高职专科专业744个、高职本科专业247个。中等职业教育专业目录如表3-1所示。

表3-1　　　　　　　　中等职业教育专业目录

序号	专业代码	专业名称
61 农林牧渔大类		
6101 农业类		
1	610101	种子生产技术
2	610102	作物生产技术
3	610103	循环农业与再生资源利用
4	610104	家庭农场生产经营
5	610105	园艺技术

续　表

序号	专业代码	专业名称
6	610106	植物保护
7	610107	茶叶生产与加工
8	610108	中草药栽培
9	610109	烟草栽培与加工
10	610110	饲草栽培与加工
11	610111	农村电气技术
12	610112	设施农业生产技术
13	610113	农机设备应用与维修
14	610114	农产品加工与质量检测
15	610115	农产品贮藏与加工
16	610116	农产品营销与储运
17	610117	棉花加工与检验
18	610118	休闲农业生产与经营
19	610119	农资营销与服务
6102 林业类		
20	610201	林业生产技术
21	610202	园林技术
22	610203	园林绿化
23	610204	森林资源保护与管理
24	610205	木业产品加工技术
6103 畜牧业类		
25	610301	畜禽生产技术
26	610302	特种动物养殖
27	610303	宠物养护与经营
28	610304	蚕桑生产与经营
6104 渔业类		
29	610401	淡水养殖
30	610402	海水养殖
31	610403	航海捕捞
62 资源环境与安全大类		

续　表

序号	专业代码	专业名称
6201 资源勘查类		
32	620101	国土资源调查
33	620102	地质调查与找矿
34	620103	宝玉石加工与检测
6202 地质类		
35	620201	水文地质与工程地质勘查
36	620202	钻探技术
37	620203	掘进技术
38	620204	岩土工程勘察与施工
39	620205	地球物理勘探技术
40	620206	地质灾害调查与治理施工
6203 测绘地理信息类		
41	620301	工程测量技术
42	620302	地图绘制与地理信息系统
43	620303	地质与测量
44	620304	航空摄影测量
6204 石油与天然气类		
45	620401	油气储运
46	620402	石油地质录井与测井
47	620403	石油钻井
48	620404	油气开采
6205 煤炭类		
49	620501	采矿技术
50	620502	矿井建设技术
51	620503	矿井通风与安全
52	620504	矿山机电
53	620505	煤炭综合利用技术
6206 金属与非金属矿类		
54	620601	选矿技术
6207 气象类		

续 表

序号	专业代码	专业名称
55	620701	气象服务

6208 环境保护类

56	620801	环境监测技术
57	620802	环境治理技术
58	620803	生态环境保护

6209 安全类

59	620901	安全技术与管理
60	620902	应急救援技术
61	620903	防灾减灾技术
62	620904	森林消防

63 能源动力与材料大类

6301 电力技术类

63	630101	发电厂及变电站运行与维护
64	630102	水电厂机电设备安装与运行
65	630103	电力系统自动化装置调试与维护
66	630104	输配电线路施工与运行
67	630105	供用电技术

6302 热能与发电工程类

68	630201	火电厂热力设备安装
69	630202	火电厂热工仪表安装与检修
70	630203	火电厂热力设备运行与检修
71	630204	火电厂集控运行
72	630205	火电厂水处理及化学监督

6303 新能源发电工程类

73	630301	光伏工程技术与应用
74	630302	风力发电设备运行与维护
75	630303	太阳能与沼气技术利用

6304 黑色金属材料类

76	630401	钢铁冶炼技术
77	630402	钢铁装备运行与维护

序号	专业代码	专业名称
6305 有色金属材料类		
78	630501	有色金属冶炼技术
79	630502	金属压力加工
6307 建筑材料类		
80	630701	建筑材料智能生产技术
81	630702	新型建筑材料生产技术
82	630703	建筑材料检测技术
83	630704	装配式建筑构件制作技术
64 土木建筑大类		
6401 建筑设计类		
84	640101	建筑表现
85	640102	建筑装饰技术
86	640103	古建筑修缮
87	640104	园林景观施工与维护
6402 城乡规划与管理类		
88	640201	城镇建设
6403 土建施工类		
89	640301	建筑工程施工
90	640302	装配式建筑施工
91	640303	建筑工程检测
6404 建筑设备类		
92	640401	建筑智能化设备安装与运维
93	640402	建筑水电设备安装与运维
94	640403	供热通风与空调施工运行
6405 建设工程管理类		
95	640501	建筑工程造价
96	640502	建设项目材料管理
6406 市政工程类		
97	640601	市政工程施工
98	640602	给排水工程施工与运行

续 表

序号	专业代码	专业名称
99	640603	城市燃气智能输配与应用

6407 房地产类

序号	专业代码	专业名称
100	640701	房地产营销
101	640702	物业服务

65 水利大类

6501 水文水资源类

序号	专业代码	专业名称
102	650101	水文与水资源勘测

6502 水利工程与管理类

序号	专业代码	专业名称
103	650201	水利工程运行与管理
104	650202	水利水电工程施工
105	650203	机电排灌工程技术
106	650204	现代灌溉技术
107	650205	农村饮水供水工程技术

6503 水利水电设备类

序号	专业代码	专业名称
108	650301	水泵站机电设备安装与运行
109	650302	水电站运行与管理

6504 水土保持与水环境类

序号	专业代码	专业名称
110	650401	水土保持技术
111	650402	水环境智能监测与保护

66 装备制造大类

6601 机械设计制造类

序号	专业代码	专业名称
112	660101	机械制造技术
113	660102	机械加工技术
114	660103	数控技术应用
115	660104	金属热加工
116	660105	焊接技术应用
117	660106	金属表面处理技术应用
118	660107	增材制造技术应用
119	660108	模具制造技术
120	660109	工业产品质量检测技术

续　表

序号	专业代码	专业名称
6602 机电设备类		
121	660201	智能设备运行与维护
122	660202	光电仪器制造与维修
123	660203	电机电器制造与维修
124	660204	新能源装备运行与维护
125	660205	制冷和空调设备运行与维护
126	660206	电梯安装与维修保养
6603 自动化类		
127	660301	机电技术应用
128	660302	电气设备运行与控制
129	660303	工业机器人技术应用
130	660304	工业自动化仪表及应用
131	660305	液压与气动技术应用
132	660306	智能化生产线安装与运维
133	660307	计量测试与应用技术
6605 船舶与海洋工程装备类		
134	660501	船体修造技术
135	660502	船舶机械装置安装与维修
136	660503	船舶电气装置安装与调试
137	660504	船舶内装
6606 航空装备类		
138	660601	无人机操控与维护
6607 汽车制造类		
139	660701	汽车制造与检测
140	660702	新能源汽车制造与检测
141	660703	汽车电子技术应用
67 生物与化工大类		
6701 生物技术类		
142	670101	生物产品检验检测
143	670102	生物化工技术应用

续　表

序号	专业代码	专业名称
6702 化工技术类		
144	670201	化学工艺
145	670202	石油炼制技术
146	670203	精细化工技术
147	670204	高分子材料加工工艺
148	670205	橡胶工艺
149	670206	林产化工技术
150	670207	分析检验技术
151	670208	化工机械与设备
152	670209	化工仪表及自动化
153	670210	火炸药技术
154	670211	烟花爆竹生产与管理
68 轻工纺织大类		
6801 轻化工类		
155	680101	化妆品制造技术
156	680102	现代造纸工艺
157	680103	家具设计与制作
158	680104	塑料成型
159	680105	皮革工艺
160	680106	钟表维修
6802 包装类		
161	680201	包装设计与制作
6803 印刷类		
162	680301	印刷媒体技术
6804 纺织服装类		
163	680401	纺织技术与服务
164	680402	服装设计与工艺
165	680403	丝绸工艺
166	680404	针织工艺
167	680405	数字化染整工艺

序号	专业代码	专业名称
168	680406	服装制作与生产管理

69 食品药品与粮食大类

6901 食品类

序号	专业代码	专业名称
169	690101	食品加工工艺
170	690102	酿酒工艺与技术
171	690103	民族食品加工技术
172	690104	食品安全与检测技术

6902 药品与医疗器械类

序号	专业代码	专业名称
173	690201	制药技术应用
174	690202	生物制药工艺
175	690203	生物药物检验
176	690204	药品食品检验
177	690205	制药设备维修
178	690206	医疗设备安装与维护
179	690207	医疗器械维修与营销

6903 粮食类

序号	专业代码	专业名称
180	690301	粮油和饲料加工技术
181	690302	粮油储运与检验技术

70 交通运输大类

7001 铁道运输类

序号	专业代码	专业名称
182	700101	铁道工程施工与维护
183	700102	电力机车运用与检修
184	700103	内燃机车运用与检修
185	700104	铁道车辆运用与检修
186	700105	电气化铁道供电
187	700106	铁道信号施工与维护
188	700107	铁道运输服务
189	700108	高速铁路乘务
190	700109	铁道桥梁隧道施工与维护

7002 道路运输类

续 表

序号	专业代码	专业名称
191	700201	道路与桥梁工程施工
192	700202	公路养护与管理
193	700203	交通运营服务
194	700204	交通工程机械运用与维修
195	700205	汽车服务与营销
196	700206	汽车运用与维修
197	700207	汽车车身修复
198	700208	汽车美容与装潢
199	700209	新能源汽车运用与维修
7003 水上运输类		
200	700301	船舶驾驶
201	700302	船舶机工与水手
202	700303	轮机维护与管理
203	700304	邮轮乘务
204	700305	水路运输服务
205	700306	港口机械运用与维修
206	700307	外轮理货
207	700308	工程潜水
7004 航空运输类		
208	700401	民航运输服务
209	700402	航空服务
210	700403	飞机设备维修
211	700404	机场场务技术与管理
7006 城市轨道交通类		
212	700601	城市轨道交通车辆运用与检修
213	700602	城市轨道交通信号维护
214	700603	城市轨道交通供电
215	700604	城市轨道交通运营服务
7007 邮政类		
216	700701	邮政快递运营

序号	专业代码	专业名称
217	700702	邮政快递安全技术
218	700703	邮政通信服务

71 电子与信息大类

7101 电子信息类

序号	专业代码	专业名称
219	710101	电子信息技术
220	710102	物联网技术应用
221	710103	电子技术应用
222	710104	电子材料与元器件制造
223	710105	电子电器应用与维修
224	710106	服务机器人装配与维护

7102 计算机类

序号	专业代码	专业名称
225	710201	计算机应用
226	710202	计算机网络技术
227	710203	软件与信息服务
228	710204	数字媒体技术应用
229	710205	大数据技术应用
230	710206	移动应用技术与服务
231	710207	网络信息安全
232	710208	网络安防系统安装与维护
233	710209	网站建设与管理
234	710210	计算机平面设计
235	710211	计算机与数码设备维修

7103 通信类

序号	专业代码	专业名称
236	710301	现代通信技术应用
237	710302	通信系统工程安装与维护
238	710303	通信运营服务

7104 集成电路类

序号	专业代码	专业名称
239	710401	微电子技术与器件制造

72 医药卫生大类

7202 护理类

序号	专业代码	专业名称
240	720201	护理
7203 药学类		
241	720301	药剂
7204 中医药类		
242	720401	中医
243	720402	中医护理
244	720403	中药
245	720404	藏医医疗与藏药
246	720405	维医医疗与维药
247	720406	蒙医医疗与蒙药
248	720407	中药制药
249	720408	中医康复技术
250	720409	中医养生保健
251	720410	哈医医疗与哈药
7205 医学技术类		
252	720501	医学检验技术
253	720502	医学影像技术
254	720503	医学生物技术
255	720504	口腔修复工艺
7206 康复治疗类		
256	720601	康复技术
257	720602	康复辅助器具技术及应用
7207 公共卫生与卫生管理类		
258	720701	卫生信息管理
7208 健康管理与促进类		
259	720801	营养与保健
260	720802	生殖健康管理
261	720803	婴幼儿托育
7209 眼视光类		
262	720901	眼视光与配镜

续　表

序号	专业代码	专业名称
73 财经商贸大类		
7301 财政税务类		
263	730101	纳税事务
7302 金融类		
264	730201	金融事务
7303 财务会计类		
265	730301	会计事务
7304 统计类		
266	730401	统计事务
7305 经济贸易类		
267	730501	国际商务
268	730502	服务外包
7306 工商管理类		
269	730601	连锁经营与管理
270	730602	市场营销
271	730603	客户信息服务
7307 电子商务类		
272	730701	电子商务
273	730702	跨境电子商务
274	730703	移动商务
275	730704	网络营销
276	730705	直播电商服务
7308 物流类		
277	730801	物流服务与管理
278	730802	冷链物流服务与管理
279	730803	国际货运代理
280	730804	物流设施运行与维护
74 旅游大类		
7401 旅游类		
281	740101	旅游服务与管理

续 表

序号	专业代码	专业名称
282	740102	导游服务
283	740103	康养休闲旅游服务
284	740104	高星级饭店运营与管理
285	740105	茶艺与茶营销
286	740106	会展服务与管理

7402 餐饮类

序号	专业代码	专业名称
287	740201	中餐烹饪
288	740202	西餐烹饪
289	740203	中西面点

75 文化艺术大类

7501 艺术设计类

序号	专业代码	专业名称
290	750101	艺术设计与制作
291	750102	界面设计与制作
292	750103	数字影像技术
293	750104	皮革制品设计与制作
294	750105	服装陈列与展示设计
295	750106	工艺美术
296	750107	绘画
297	750108	首饰设计与制作
298	750109	动漫与游戏设计
299	750110	美发与形象设计
300	750111	美容美体艺术
301	750112	工艺品设计与制作

7502 表演艺术类

序号	专业代码	专业名称
302	750201	音乐表演
303	750202	舞蹈表演
304	750203	戏曲表演
305	750204	戏剧表演
306	750205	曲艺表演
307	750206	服装表演

续 表

序号	专业代码	专业名称
308	750207	杂技与魔术表演
309	750208	木偶与皮影表演及制作
310	750209	戏曲音乐
311	750210	舞台艺术设计与制作
312	750211	数字音乐制作
313	750212	乐器维修与制作
7503 民族文化艺术类		
314	750301	民族音乐与舞蹈
315	750302	民族美术
316	750303	民族服装与饰品
317	750304	民族纺染织绣技艺
318	750305	民间传统工艺
319	750306	民族工艺品设计与制作
7504 文化服务类		
320	750401	社会文化艺术
321	750402	文物保护技术
322	750403	图书档案数字化管理
76 新闻传播大类		
7601 新闻出版类		
323	760101	出版商务
7602 广播影视类		
324	760201	播音与主持
325	760202	广播影视节目制作
326	760203	影像与影视技术
327	760204	动漫与游戏制作
77 教育与体育大类		
7701 教育类		
328	770101	幼儿保育
7702 语言类		
329	770201	商务英语

续　表

序号	专业代码	专业名称
330	770202	商务日语
331	770203	商务德语
332	770204	商务韩语
333	770205	商务俄语
334	770206	商务法语
335	770207	商务泰语
336	770208	商务阿拉伯语
337	770209	旅游外语
7703 体育类		
338	770301	体育设施管理与经营
339	770302	休闲体育服务与管理
340	770303	运动训练
78 公安与司法大类		
7804 法律实务类		
341	780401	法律事务
7807 安全防范类		
342	780701	安全保卫服务
79 公共管理与服务大类		
7901 公共事业类		
343	790101	社会工作事务
344	790102	社区公共事务管理
345	790103	社会福利事业管理
7902 公共管理类		
346	790201	民政服务
347	790202	人力资源管理事务
348	790203	社会保障事务
349	790204	工商行政管理事务
350	790205	产品质量监督检验
7903 公共服务类		
351	790301	现代家政服务与管理

序号	专业代码	专业名称
352	790302	智慧健康养老服务
353	790303	老年人服务与管理
354	790304	殡葬服务与管理
355	790305	母婴照护
7904 文秘类		
356	790401	文秘
357	790402	行政事务助理
358	790403	商务助理

　　从表 3-1 可知，中等职业教育 19 个专业大类分别是农林牧渔、资源环境与安全、能源动力与材料、土木建筑、水利、装备制造、生物与化工、轻工纺织、食品药品与粮食、交通运输、电子与信息、医药卫生、财经商贸、旅游、文化艺术、新闻传播、教育与体育、公安与司法、公共管理与服务。其中，农林牧渔大类包括农业类、林业类、畜牧业类、渔业类 4 个二级专业类，共 31 个三级专业；资源环境与安全大类包括资源勘查类、地质类、测绘地理信息类、石油与天然气类、煤炭类、金属与非金属矿类、气象类、环境保护类、安全类 9 个二级专业类，共 31 个三级专业；能源动力与材料大类包括电力技术类、热能与发电工程类、新能源发电工程类、黑色金属材料类、有色金属材料类、建筑材料类 7 个二级专业类，共 21 个三级专业；土木建筑大类包括建筑设计类、城乡规划与管理类、土建施工类、建筑设备类、建设工程管理类、市政工程类、房地产类 7 个二级专业类，共 18 个三级专业；水利大类包括资源水文水资源类、水利工程与管理类、水利水电设备类、水土保持与水环境类 4 个二级专业类，共 10 个三级专业；装备制造大类包括机械设计制造类、机电设备类、自动化类、船舶与海洋工程装备类、航空装备类、汽车制造类 6 个二级专业类，共 30 个三级专业；生物与化工大类包括生物技术类、化工技术类 2 个二级专业类，共 13 个三级专业；轻工纺织大类包括轻化工类、包装类、印刷类、纺织服装类 4 个二级专业类，共 14 个三级专业；食品药品与粮食大类包括食品类、药品与医疗器械类、粮食类 3 个二级专业类，共 13 个三级专业；交通运输大类包括铁道运输类、道路运输类、水上运输类、航空运输类、城市轨道交通类、邮政类 6 个二级专业类，共 37 个三级专

业；电子与信息大类包括电子信息类、计算机类、通信类、集成电路类 4 个二级专业类，共 21 个三级专业；医药卫生大类包括护理类、药学类、中医药类、医学技术类、康复治疗类、公共卫生与卫生管理类、健康管理与促进类、眼视光类 8 个二级专业类，共 23 个三级专业；财经商贸大类包括财政税务类、金融类、财务会计类、统计类、经济贸易类、工商管理类、电子商务类、物流类 8 个二级专业类，共 18 个三级专业；旅游大类包括旅游类、餐饮类 2 个二级专业类，共 9 个三级专业；文化艺术大类包括艺术设计类、表演艺术类、民族文化艺术类、文化服务类 4 个二级专业类，共 33 个三级专业；新闻传播大类包括新闻出版类、广播影视类 2 个二级专业类，共 5 个三级专业；教育与体育大类包括教育类、语言类、体育类 3 个二级专业类，共 13 个三级专业；公安与司法大类包括法律实务类、安全防范类 2 个二级专业类，共 2 个三级专业；公共管理与服务大类包括公共事业类、公共管理类、公共服务类、文秘类 4 个二级专业类，共 18 个三级专业。

近年来，我国中等职业教育不断向前发展，有不少新兴专业出现，同时又有一些落后专业被淘汰，因此中等职业教育的专业数量在不断变化之中。

第四节　我国中等职业学校财经商贸专业群建设问题分析

我国中等职业学校财经商贸专业群目录实施以来，相应的中等职业专业群建设管理办法也陆续出台。目前，我国中等职业教育专业群建设正逐步走向专业化、规范化、制度化。这一转变摒弃了以往照搬传统本科专业设置及建设的做法，转而紧密遵循国民经济行业分类原则，更加注重切合社会经济发展需求，突出中等职业教育的特点。专业设置是专业群建设的重要组成部分，没有合理的专业设置，专业群建设就无法体现科学性，所以，专业设置是专业群建设的基础。目前，仍有一些中等职业学校在专业设置上存在随意性和盲目性，对中等职业专业群建设的认识存在片面性。

一、专业设置不适应市场需求的变化

中等职业教育旨在服务于社会经济发展，并为社会经济发展提供所需的人才。因此，人才培养的类型、层次、规格必须满足劳动力市场的需求。为了培养符合社会需求的技能应用型人才，中等职业学校的专业群建设必须与劳动力市场紧密对接。可以说，中等职业专业群建设是经济和社会的发展、产业结构的调整、职业与岗位变化的"晴雨表"。

例如，当市场对电子商务人才的需求激增时，电子商务专业毕业生就会出现供不应求的现象，电子商务专业就会增加招生规模，但是面临的结果就是几年后，电子商务人员会相对供过于求，导致毕业生面临严重就业压力。因此，中等职业学校需要及时分析市场需求和预期，细化电子商务专业方向，提高学生的专业度，以此更好地适应市场发展对新型电子商务人员的需求，使报考率和就业率得到缓和和改善。这种情况也出现在计算机等专业中，因此，学校只有与信息化发展相结合，才能培养出大量信息化技术人才和复合型智能人才，增加在市场上的竞争力。同样，很多快速发展的新型职业，都需要专业设置与市场需求相结合，既着眼于市场需求，又关注潜在市场，有计划、有目的地培养市场需要的人才。这不仅是中等职业教育者的历史责任，也是中等职业学校生存与发展的依托和条件。

二、专业群建设目标与中等职业人才培养目标不匹配

当前，中等职业教育在专业群建设中存在一些问题，如应用技术型人才的培养模式特色不鲜明、专业定位不准确、依据不充分等。这些问题的根源在于中等职业教育在我国起步较晚，尚未形成具有自身特色的模式，尤其在专业教学改革方面，职业性与学术性的关系处理不够有效。许多中等职业教育机构在专业群建设的理论和实践层面仍处于探索阶段，未来发展和调整空间巨大。例如，一些专业的培养目标定位不够准确，层次或高或低；部分学校缺乏专业发展的整体规划，对专业发展的战略层面缺乏有效策划和思考，专业设置与社会、市场需求不一致，开设专业随意、盲目、粗放，缺乏市场调研和科学论证。由于缺乏市场需求的真实数据，专业设置与社会人才需求之间关联性不足。很多专业群建设缺乏战略性，存在功利主义色彩，未能充分认识到社会发展需要与个体发展相统一，未能深刻理解中等职业教育的办学理念——以人为本、以人的全面发展为宗旨。此外，老专业和传统优势专业的改造和调整不及时，导致与社会、经济、科技发展及市场需要不相适应，缺乏特色。在专业教学改革中，往往忽视了人权意识，未能充分培养人性理

念和人文精神。一些专业群建设表现出短期行为，只求短期适应或急功近利，忽视了人才成长的长期需求。优质教育资源的有效性不足，软硬件建设跟不上专业群建设的需求，"双师型"教师数量少且质量不高，学历层次较低，无法适应中等职业教育的发展。人才培养方案时常带有学科痕迹，教学质量不高，缺乏强有力的教育、教学改革力度。专业群建设与行业、企业、职业、岗位的联系不够紧密，校企合作未能深入。中等职业教育特色教材的使用和体现较少。

不仅如此，目前中等职业的衔接仅停留在以招生为联系的浅层次衔接上，在课程设置、教学内容、使用教材等方面缺乏深层次的结合。中等职业教育仍处于专科层次。一些试验实施的中等职业教育与普通本科教育对接的"专升本立交桥"，使中等职业教育原本的培养目标容易发生偏离，面临重回应试教育轨道的风险。此外，尚未形成非学历教育和学历教育双重发展的终身教育体系。

三、具体学校的专业设置不够科学规范

在国家和地方颁布的专业目录指导下，中等职业学校可以根据当地劳动力市场需求因素、教育市场供给以及学校教育资源等因素，对专业进行适时调整。可以停办那些教学内容陈旧、生源缺乏、毕业生就业率低的专业，并积极增设地方经济发展急需的新专业。然而，在专业设置与调整过程中，出现了同内涵专业却有不同的叫法，同叫法的专业却并非相同专业的现象。此外，还出现专业名称用词不准确、不规范等问题。这些问题的存在影响了各个中等职业学校的招生和毕业生的就业，给学生选择专业和用人单位招聘人才造成了混乱。

第一种情况是同内涵专业却有不同的专业名称。中等职业专业划分需要明确不同专业的界限，这取决于这些专业所培养人才的不可替代性。每个专业培养的人才不但能相互区别，而且不能交换从事工作岗位，每个专业的人才都具有能区别于别的专业的特殊能力，固定的专业对应固定的职业岗位。尽管现代教育强调专业的互通性，强调培养人才的迁移能力，相近专业的工作岗位还能够延伸互通，但是不同专业所培养的人才的特殊能力是不能彼此替换的。

四、专业设置与产业发展不对接

招生与产业人才需求不相适应。近年来，中等职业学校盲目扩大办学规模，扩充专业，试图将专业型学校办成大而全的学校，而自身办学条件又有限，办学成本较低的专业，如会计、法学等文科类专业，数量大大增加，应用型专业由于办学成本高，专业教师缺乏，开设这类专业的中等职业学校数量有限，增长缓慢。而事实上，这些与第二产业紧密相关的专业人才正是我国当前产业发展急需的。此外，第一产业的一些专业，如园艺技术、农业工程等，发展也相对缓慢。

从行业分布来看，中等职业学校专业设置和社会经济发展对人才的需求也不相适应。总体而言，近些年的文教行业、卫生行业、文化娱乐行业、商务服务行业、计算机服务行业、信息传输行业的专业在中等职业教育领域设置的数量较多，许多中等职业学校不顾市场需求量重复设置，而其他行业紧缺人才却没有学校能够培养，导致中等职业学校专业比例结构与行业人才需求不相适应。

第三产业的人才培养已经成为当前我国中等职业学校的热点。在中等职业教育领域，第三产业的专业多且全，但是在第三产业的对应领域，中等职业学校的专业设置依然无法与人才需求相适应。

五、专业群建设的功能错位

在中等职业学校专业群建设过程中，如果专业人才培养偏离人们预期的培养目标，造成培养目标与培养结果相背离，这种现象被称为中等职业学校专业群建设功能错位。

中等职业学校专业群建设功能错位的第一个表现是专业设置趋同化。在中等教育大众化背景下，不少中等职业学校不考虑自身的办学现状和宗旨，盲目增加学校专业数量，只追求专业的广度，而忽视了其内在的深度和长远发展。有些学校只要有市场需求就去增加专业，只要报考人数多就去增加专业，或者只要是热门流行的专业就增加。有些学校为了减少成本、获取利益，不考虑学校有无能力、有无教学人员或者能否招到学生，会开设成本投入少的专业。从短期来看，这样盲目地开设专业可以缓解学校的办学资金压力，提升其知名度；但是从长远来看，这种追求短期效益的做法可能会适得其反。

目前，我国中等职业学校的办学机制高度统一，专业的设置、教学计划的制订都是按照国家统一制订的专业目录设定的。这种模式导致了培养目标单一、培养规格相同、培养要求一致、评价标准一致的局面。不仅如此，在具体专业人才培养阶段，一般都呈现"公共课+专业基础课+专业课"的课程设置结构模式；而由学校统一制订的专业教学计划，对课程、学时、理论与实践等都有比较明确的规定。对于课程、教师和学习时间等都不能自由选择，只能服从，课程表和教学计划之间的关系十分刚性，就可能造成不同学校同样专业培养的人才千篇一律，人才的个性特点也是千篇一律。所以说，当前我国中等职业学校的专业群建设同构化现象十分严重。

专业设置趋同以及专业群建设功能错位会给中等职业学校发展带来四个十分严重的后果，具体来说，第一，会造成毕业生结构性就业矛盾，使毕业生就业更加困难；第二，会导致专业的人才培养质量整体下滑；第三，导致教育资源的利用率下降，出现更多的教育无效供给；第四，人才培养规格趋同，千校一面，难以实现教育创新。

除了以上指出的我国中等职业学校财经商贸专业群建设存在的问题，中等职业学校专业群建设还存在管理制度不完善、专业群建设的考核评价体系尚不健全等问题，这些同样制约着中等职业学校财经商贸专业群建设的长期、健康、可持续发展。

第四章　中等职业学校财经商贸专业群人才培养模式改革

　　教育是民族振兴和社会进步的基石，是提高国民素质、促进人的全面发展的根本途径。强国必先强教，优先发展教育、提高教育现代化水平，对全面建成小康社会目标、建设富强民主文明和谐的社会主义现代化国家具有决定性意义。

　　实现中国梦、全面建设小康社会，要求我们深入贯彻落实科学发展观，建设和谐社会，建设创新型国家。实现这一目标还要求我们必须转变经济增长方式，转变发展战略。过去那种大量消耗能源、物质资源，牺牲生态环境的粗放型发展模式已不适应全面协调可持续发展的要求。这种生产方式最致命的问题在于：不能完全依靠本国的技术创新，而是主要依靠引进外来技术来支撑发展。要改变这种发展模式，必须通过自主创新、集成创新、吸收消化再创新建设创新型国家。这就需要新的发展战略，即培养创新型人才，建设人力资源强国。人力资源开发是这一战略转变的重要保证。人力资源开发要求人才培养模式的变革，只有变革人才培养模式，才能培养出建设创新型国家的各级各类人才。

　　《国家中长期教育改革和发展规划纲要（2010—2020 年）》中指出：当今世界正处在大发展大变革大调整时期。世界多极化、经济全球化深入发展，科技进步日新月异，人才竞争日趋激烈。我国正处在改革发展的关键阶段，经济建设、政治建设、文化建设、社会建设以及生态文明建设全面推进，工业化、信息化、城镇化、市场化、国际化深入发展，人口、资源、环境压力日益加大，经济发展方式加快转变，都凸显了提高国民素质、培养创新人才的重要性和紧迫性。中国未来发展、中华民族伟大复兴，关键靠人才，基础在教育。

　　学者张士勋在《中国大学校长论教育》一文中提出，人才的培养有两个基本类型：一是学术型、理论型人才的培养；二是应用型、技能型人才的培养。中等职业技术教育担负着培养应用型、技能型人才的任务，借鉴国内外中等职业技术教育的各种人才培养模式，利用多种途径办好适合我国国情的中等职业学校，对所存在的问题认真研究并加以解决，对更好地促进我国整个中等职业学校的发展，特别是示范性职业学校的建设具有重要意义。

　　2014 年，国务院颁布的《国务院关于加快发展现代职业教育的决定》指出："推进人才培养模式创新。坚持校企合作、工学结合，强化教学、学习、实训相融合的教育教学活动。推行项目教学、案例教学、工作过程导向教学等教学模式。加大实训在教学中的比重，创新顶岗实习形式，强化以育人为目标的实训考核评价。健全学生实习责任保险制度。积极推进学历证书和职业资格证书'双证书'制度。开展校企联合招生、联合培养的现代学徒制试点，完善支持政策，推进校企一体化育人。开展职业技能竞赛。"

第一节　中等职业人才培养模式的内涵

一、模式的概念

　　模式，原意是模型或范型等，是从一般科学方法或科学哲学中引用而来的。《国际教育百科全书》指出："对任何一个事物的探究都有一个过程。在鉴别出影响特定结果的变量，或提出与特定问题有关的定义、解释和预示的假设后，当变量或假设之间的内在联系得到系统的阐述时，就需要把变量和假设之间的内在联系合并成一个假定的模式。"西方学术界通常把模式理解为经验与理论之间的一种知识系统。有学者认为，模式是再现现实的一种理论性的简化形式，这一模式定义有三个要点：第一，模式是现实的抽象概括，来源于现实；第二，模式是理论性的形式，反映一定的理论基础；第三，模式是简化的形式，突出主要的，略去次要的。

　　汉语中"模式"指标准的形式或样式。按照《现代汉语词典》的解释，"模式"指"某种事物的标准形式或使人可以照着做的标准样式"。《辞海》对"模式"的解释是"一般指可以作为范本、模本、变本的样式"。模式概念广泛地用于各学科和行业中，它涉及的范围很广。在社会科学的理论研究中，主要是指根据观察分析所得并加以概念化和范例化的框架或思维"造型"。

　　笔者认为，根据"模式"一词的辞典释义和它在各学科领域使用的实际情况，可从以下三个由具体到抽象的层面给"模式"下一个比较完整的定义。

（1）模式是供人们分类、参照或复制的一类事物中具有典型特色的代表性事物，它具有特征方面的典型性和功能方面的代表性，它提供了一种范例。

（2）模式是为人们更深刻地认识事物，便于人们进行观察和研究而运用文字符号、图像等表征手段对事物的重要因素关系、状态、过程等所做的概括性的呈示方式，它具有概括性、描述性和阐释性，它提供了一种理论模型或图式，是对于同一事物的不同的概括性表达方式。虽然模式的"图像"不一样，但模式的实质和主特征没变。当然，同一事物在其不同的发展阶段，其模式可能不一样。

（3）模式是构造、生成或复制符合人们需要的具体事物的构造性框架，具有构造性或规范性。它提供了一系列原则性的规定、法则，这些规定和法则既符合事物的客观规律，又符合人们的价值准则。

二、人才培养模式的界定

（一）人才培养模式的含义

模式概念的复杂性导致了对人才培养模式认识的多样性。人才培养模式是一个发展的概念，不同的国家、不同的时代、不同的学校对人才培养模式有不同的理解，甚至同一主体对人才培养模式这一概念的认识也是发展变化的。

1994年，原国家教委正式提出制订并实施《中等教育面向21世纪教学内容和课程体系改革计划》，首次明确提出了研究21世纪对人才素质的要求和改革教育思想、教育观念与人才培养模式，从而带动对人才培养模式的理论研究和改革实践的热潮。

1998年，教育部召开了第一次全国普通高等学校教学工作会议，会议上研究制定了《关于深化教学改革，培养适应21世纪需要的高质量人才的意见》（以下简称《意见》）。该《意见》指出：人才培养模式是学校为学生构建的知识、能力、素质结构，以及实现这种结构的方式，它从根本上规定了人才特征并集中地体现了教育思想和教育观念。时任教育部副部长周远清在这次会议的讲话中，对"人才培养模式"这一概念又做了简明扼要的阐述。

他认为，所谓人才培养模式，实际上就是人才的培养目标、培养规格和基本培养方式。这实质上是从培养目标、培养规格和培养方式三个方面来给"人才培养模式"下的定义。

人才培养模式的研究是中等教育研究的一个重要领域，教育界许多学者都对此进行了研究和实践。目前，关于人才培养模式的理解，可谓仁者见仁，智者见智。但总体看来，学者们对人才培养模式的定义相互间并不冲突，本质上是一致的，其分歧的原因在于学者们对人才培养模式定义的视角不同。

有些学者强调培养目标和规格，有些学者强调培养过程中的结构要素，有些则强调培养方式。自全国普通中等学校 1995 年开始进行人才培养模式改革以来，形成了多种人才培养模式概念，较有代表性的有以下三种。

第一种是"目标方式说"，认为人才培养模式是人才的培养目标、培养规格和基本培养方式，它决定着高校人才的基本特征，集中体现了中等教育思想和教育观念。

第二种是"结构方式说"，认为人才培养模式是指人才的培养目标、培养规格、培养方案，它集中反映在人才培养计划（教学计划）上，包括专业培养目标，人才培养规格，学生知识、能力、素质结构，课程体系，教学内容及培养过程等。

第三种是"综合说"，认为人才培养模式是培养目标、业务规格、培养过程、培养方法、教育管理等方面的综合特征或主要特点，人才培养模式是由人才培养的指导思想、目标、内容、方式、质量评价标准等要素所构成的相互协调的系统，是中等职业学校办学思想、办学水平和办学特色的集中体现。

笔者认为，人才培养模式是指在一定的教育思想、教育理念和学习理论指导下，为了实现特定的培育目标，在人才培养过程中各要素之间稳定的关系和活动进程的结构形式。它应包括四个方面：一是以一定的教育思想或教育观念作为指导；二是培养什么人，即目标体系，包括培养目标及规格；三是谁来培养，即保障体系、教师队伍、教学资源等；四是怎样培养，即内容方式体系，包括专业设置、教学内容、教学方法与手段、培养途径等。

因此，人才培养模式是为实现培养目标而采取的培养过程的构造式样和运行方式，它主要包括专业设置、课程模式、教学设计和教育方法等构成要素。即使培养同一类型的人才，其培养模式也不是唯一的，而是可变和多样的；但对于某种类型的教育模式，为实现其特定的培养目标，必然有风格或特征较为稳定的基本范式。人才培养模式从外延上看，有狭义和广义两种。

广义的人才培养模式是指不同类型的教育实践，例如，中等职业人才培养模式是指以职业技术教育为特征的中等教育实践，本科人才培养模式是指以工程型或学术型教育为特征的中等教育实践。狭义的人才培养模式是在某种类型教育中，依据不同条件和需要形成的具有不同特点的教育实践形式，是有关学校不同特点的具体教育实践总结。在中等职业人才培养模式的探索中，人们所谈论的主要是狭义上的人才培养模式。

（二）人才培养模式的主要属性

分析人才培养模式的特点，可概括出以下四种主要属性：范型性、系统性、中介性和过程性。

1. 范型性

所谓范型性，就是标准性、典型性、规范性的统一，它是一种使人照着做的标准样式，因而具有可重复性和可操作性。培养模式的范型意义就在于，它为有着整体相似、局部相异的培养目标的教育主体揭示了在培养过程中应当遵循的共同规律，提供了一个可以让教育主体在此基础之上进行局部调整的基本参照体系。有了这个基本参照体系，教育主体才能结合千差万别的具体实际，设计和创造各种变式。失去了标准模式，也就失去了变式的存在基础和变化依据。因此，培养模式的范型性绝不意味着单一性或趋同性，恰恰相反，它是促进培养模式向多样化和丰富性发展的重要前提。事实上，培养过程的统一性与多样性正是依靠其范型性才得以区分和沟通的，标准培养模式与各种变式也正是借助范型性这把尺子，才得以辨别和连接的。这正是培养模式范型性的理论意义与实践价值之所在。

2. 系统性

培养模式是由人才培养过程中一系列必不可少的要素构成的，这些要素虽然看上去都具有相对的独立性，但要素与要素之间存在目标取向上的内在逻辑联系，彼此协调运作，形成一个完整统一的系统结构，共同完成培养过程。系统性表明运行追求的是整体最优的效果，要求各构成要素间彼此高度协同。

3. 中介性

人才培养模式是沟通教育理论与教育实践的桥梁和媒介，在两者之间起着双向沟通、承前启后的作用。一方面，在教育理论指导下，进行反映一定教育理念的人才培养模式的设计与建构，并通过教育过程的控制使教育理论得以付诸实践；另一方面，通过培养模式的实践，将产生的问题与结论反馈给教育者，使其对培养模式做出必要的修正，促使培养模式更加系统化、科学化、规范化，从而提高教育实践活动的水平，也促进教育理论的进一步完善和提高。

4. 过程性

培养模式的核心属性在于它对培养过程的规划和设计。过程性是关于人才培养过程质态的一种总体性表述，也是区别于其他人才培养概念的本质特征，理解这一点，将有助于对人才培养模式概念内涵与外延的把握。综上分析，人才培养模式是教育的具体系统化的实践形式，是从整体上和本质上把握人才培养过程的构成要素、组织形式、运作方式的一种认识形式和操作体系，是教育理论应用于人才培养过程的转化环节，是一定的教育理论和实践相统一的人才培养结构和样式。每一种具体的人才培养模式都有其独特的框架。中等职业教育要实现其人才培养目标，必须构建适应社会发展需要、具有鲜明特色的人才培养模式。

三、中等职业教育人才培养模式的内涵

（一）中等职业教育人才培养模式的定义与内涵

中等职业教育人才培养模式，既具有一般人才培养模式的特征，又具有中等职业教育类型的个性。就中等职业人才培养模式的本质属性而言，中等职业人才培养模式是在一定的教育思想指导下，以直接满足经济和社会发展需要为目标，以培养学生的社会职业能力为主要内容，以教学与生产实践相结合为主要途径和手段的人才培养模式，是学校和用人单位共同确定的具体培养目标、教学内容、培养方式和保障机制的总和，并在实践中形成的定型化范式。

中等职业教育的人才培养模式这一定义包含了如下内涵。

1. 思想的指导性

中等职业教育人才培养模式是一种教育思想，凝聚着教育主体对中等职业教育的认识，主要包括中等职业教育主张、教育理论和教育学说等。

2. 教育的目的性

教育目的是社会对所要造就的社会个体质量的总体要求，它对教学方向、

教学内容、教学方法和教学管理起着决定作用。党和国家规定的教育方针是构建人才培养模式的根本依据。

3. 主体的多元化

中等职业教育培养适应生产、建设、管理、服务第一线需要的应用型人才。因此，确立中等职业教育培养目标及其规格应当强调主体的多元化，坚持学校和企事业单位及用人单位共同商定的原则，同时也应充分发挥学生的主体作用，鼓励学生积极参与。人才培养是多要素参与的集体劳动成果。

4. 过程的全面性

中等职业人才培养模式所涉及的人才培养活动，既包括学校的教育、教学和管理活动，也包括由学校设计并组织的校外教育教学活动。尽管教育教学活动的地点不同，但中等职业教育的特殊性决定了人才培养的课程体系、教学方式、教学形式、运行机制以及非教学培养途径等各方面的特殊性。

5. 内涵的层次性

中等职业教育人才培养模式主要是围绕"培养什么样的人"和"怎样培养"这两个基本问题而展开的。据此，人才培养模式应包括三个层级的内容：第一层级为目标体系，主要指培养目标与规格；第二层级为内容方式体系，主要指教学内容、教学方法与手段、培养途径等；第三层级为保障体系，主要指教师队伍、实践基地、教学管理与教学评价等。

6. 资源的协同性

中等职业教育人才培养模式是一种组织样式和运行方式。各要素之间和集体成员之间如何组织、怎样运行，形成了不同的模式特征和风格，决定了不同的组织效率和工作效率。

7. 模式的实践性

中等职业教育人才培养模式是理论研究与实践探索的结晶，尤其强调其应具有坚实的实践基础，经过实践证明的行之有效的代表性模式，才有生命力，才有借鉴作用。

（二）中等职业教育人才培养模式结构

1. 人才培养目标及规格

中等职业教育培养目标是中等职业教育人才培养模式的核心。人才培养目标，即培养者对所要培养出人才的质量和规格的总规定，一般包括人才培养方向、培养规格、业务培养要求等内容。中等职业教育的目的主要是培养高素质技术应用型人才，既要掌握"必须、够用"的专业理论知识，又要掌握基本的专业实践技能，关键是要具有综合职业能力和全面素质。《教育部关于进一步深化中等职业教育教学改革的若干意见》指出："树立正确的人才观和质量观。要切实转变教学观念，正确处理学生综合素质提高和职业能力培养的关系，正确处理学生文化基础知识学习与职业技能训练的关系。坚持以人为本，关注学生职业生涯持续发展的实际需要，培养他们具有良好的职业道德，掌握必要的文化知识和熟练的职业技能，德、智、体、美全面发展，成为中国特色社会主义事业的建设者和接班人。"

2. 人才培养内容

"以能力为中心"是现代中等职业课程的基本理念，培养是通过课程教学实施的。选择什么样的课程内容要根据所要从事的职业能力要求来确定，所有的课程设置都是为培养必要的职业能力服务的。

中等职业课程一般由告知性课程、识记性课程和操作性课程三类不同性质的课程多元整合组成。告知性课程是与专业相关的一些基础学科与周边学科知识，既与专业的知识或技能有一定的联系，又是相对独立的学科。识记性课程是指为学生奠定必备的文化知识和专业知识基础的课程。操作性课程是指那些主要必须落实在实际操作应用方面的课程。

3. 人才培养方案

人才培养方案是指为实现人才培养目标的要求而制定的一系列静态的培养措施和培养计划，它是人才培养活动的规划和计划，也是人才培养模式的实践化形式。人才培养方案主要内容包括人才培养目标的定位、教学计划、课程设置、教学大纲的设计和非教学途径的安排等。其中，人才培养目标的定位主要是明确人才的根本特征、培养方向、规格及业务培养要求；教学计划是"具体地规定着一定学校的课程设置、各门课程教学顺序、教学时数和各种活动"，它是培养方案的实体内容，一般由课程的设置、学时学分结构和教学过程的组织三部分组成。

4. 人才培养途径

人才培养途径是指培养活动中所采用的方式和方法。它既包括培养者与培养对象在培养活动中所采用的教和学的方式和方法，也包括进行培养活动时所运用的一切物质条件。中等职业人才培养的基本途径是产学研合作教育，即学校与社会用人部门结合，师生与实际劳动者结合，理论与实践结合；专业设置是中等职业学校人才培养工作的核心，同时也是中等职业教育人才培养途径与机制的核心。培养人才的关键在于教师，教师队伍建设是中等职业教育人才培养途径与机制的保障。实践教学体系是中等职业教育人才培养途径与机制的根本，它决定了中等职业教育的特征，决定了中等职业教育培养目标能否实现。此外，教学管理与学生管理也是中等职业教育人才培养途径与机制中的重要环节。

5. 人才培养评价

人才培养评价是根据一定的标准，对培养过程及所培养人才的质量、效益进行客观衡量和科学判断的一种方式。它是人才培养过程中的重要环节，对培养目标、制度、过程进行监控，并及时进行反馈与调节。根据评价结果，结合实际需要，定位人才培养目标，修订专业方向、教学计划，组合新的课程体系，选择更优的教学方法，探索更适合教学要求的组织形式，使之朝着既定的目标前进，最终实现培养目标，完善培养模式。

（三）中等职业教育人才培养模式的基本特征

自中等职业教育出现以来，其培养目标一直是培养适应生产、建设、管理、服务第一线需要的技能型、应用型、服务型人才，其培养方案的特点是按技术领域、工程对象和社会需求建立课程体系，从社会需求入手设计培养方案。具体来说，中等职业人才培养模式具有以下特点。

1. 以服务为宗旨

中等职业教育必须主动服务于经济建设与社会发展，培养德、智、体、美全面发展，适应生产、建设、管理、服务第一线需要的"下得去、留得住、用得上"，实践能力强，具有良好职业道德的技能应用型人才。其人才培养过程以及培养的中等职业人才规格都应体现出以服务为宗旨的基本特征。学校在人才培养过程中必须与服务对象全程合作，掌握需求，通过人才培养为区域经济与行业发展提供服务。在人才培养方向及专业设置上，要充分考虑地方经济对人才培养的要求，及时了解地方经济的发展趋向，合理调整培养目标、课程体系、教学方式与教学内容，更好地服务于地方经济，同时学校自身也可得到更快的发展与提高。

2. 以市场为导向

中等职业教育要坚持以就业为导向，其人才培养模式必然要突出市场导向性，这是中等职业教育的重要特征。中等职业教育要以过硬的人才质量与较高的毕业生就业率体现自身价值，赢得社会的认可和尊重。社会对某一类人才的需求会因时因地而变化，与市场、职业、技术等条件有紧密联系，市场对资源配置的作用日益重要。因此，中等职业教育必须面向市场，增强市场意识，与人才市场保持有机联系，建立市场信息反馈与调控机制。构建人才培养模式时，要坚持以市场对人才的需求为导向，细致调研，科学预测，及时、超前地开办有发展潜力的专业，调整不符合市场需求与社会需要的专业。适应市场需求的人才才是最好的，因此，中等职业学校必须运用灵活的办学机制，面向市场开设专业，注重学生毕业后的就业方向，克服人才培养方面的盲目性和盲从性。

3. 以能力为主线

中等职业教育应将一般素质与职业岗位需求结合起来，培养的人才应具有生存能力、应变能力、技术应用能力、创新与创业能力。必须构建以培养学生能力为主线的人才培养模式，按照职业素质养成和职业技能提升的要求安排教育过程，恰当选择教育内容、途径与方法，所有教育活动都应体现培养技能型人才的基本目标。

4. 以"双师型"教师为支撑

中等职业教育以培养技能型人才为目标，而技能型人才的培养必须以"双师型"教师作为支撑。没有"双师型"教师队伍，就不可能完成技能型人才的培养任务，这也是中等职业教育人才培养模式的基本特征。在构建中等职业教育人才培养模式的过程中，必须采取有效措施，加大"双师型"教师队伍建设，教师要定期到企业进行学习与培训，以增强职业素质和实践能力。同时，要积极聘请行业、企业和社会上有丰富实践管理经验的专家或专业技术人员作为兼职教师，树立先进的教育理念，改进理论教学和教学方法，加强实践教学，促进学生职业能力的培养与职业素质的养成。

5. 以产学研结合为根本途径

中等职业教育必须与企业在人才培养过程中全程合作，通过对职业岗位进行系统分析，确定人才的知识、能力与素质结构，按照这样的要求重新整合教学内容，开发课程，合理安排实践教学。开展产学研结合，重视实践教学，是中等职业教育的重要特色，也是培养学生将理论知识转化为实践技能、提高学生职业能力的有效途径。开展校企合作与产教结合，一方面学校可以为企业培养所需的毕业生，为企业提供服务，解决生产过程中的难题；另一方面企业也可以向学校提出人才培养的要求，为学校的实践性教学提供保障。产学研结合有利于培养学生发现问题、勇于探索与执着追求的创新意识，促进学生创新能力的提高。

第二节　中等职业人才培养模式改革

《国家中长期教育改革和发展规划纲要（2010—2020 年）》指出：深化教育体制改革，关键是更新教育观念，核心是改革人才培养体制，目的是提高人才培养水平。树立全面发展观念，努力造就德智体美全面发展的高素质人才。树立人人成才观念，面向全体学生，促进学生成长成才。树立多样化人才观念，尊重个人选择，鼓励个性发展，不拘一格培养人才。树立终身学习观念，为持续发展奠定基础。树立系统培养观念，推进小学、中学、大学有机衔接，教学、科研、实践紧密结合，学校、家庭、社会密切配合，加强学校之间、校企之间、学校与科研机构之间合作以及中外合作等多种联合培养方式，形成体系开放、机制灵活、渠道互通、选择多样的人才培养体制。

一、我国中等职业教育人才培养模式阶段性表现形式

（一）职业大学培养模式具有学科本位特色

中等职业教育孕育于职业大学。20 世纪 80 年代，职业大学在我国兴起，从招生和分配制度的改革入手，实行收费走读制度，不包分配。这是对传统中等学校人才培养体制的挑战。职业大学发展时期的特点包括：走读、收费、短学制、职业性、不包分配。职业性指的是针对性、实践性。职业大学表现出强烈的地域性，开设的大多是地方经济急需的专业，在调整专业结构方面起到了显著的促进作用，基本上体现了当时中等教育改革的方向，适应了我国中等教育体制改革的需要，为中等教育规模的发展做出了重要贡献。然而，在这一时期，由于中等教育结构问题并未受到重视，正确的知识分类概念和人才类型多样化的观念尚未形成，相当一部分职业大学不安于自己的定位，在有意无意中总是向普通中等学校靠拢，培养模式呈现学科本位特点。因此，我国职业大学的兴起可以看作由于中等教育规模不足而导致的专科教育扩展的一部分，虽然它对中等职业教育进行了一定尝试，但其自身的培养规格和培养模式并不明确，还处于萌芽状态。

（二）中等职业教育人才培养模式相对成熟

20 世纪 80 年代我国职业大学的理论和实践并未引起社会的广泛共鸣。然而，进入 90 年代，这种情况发生了很大变化，中等职业教育开始受到社会的广泛关注，社会的发展迫切需要中等职业教育的同步提升。一些中等职业技术学校借鉴了先进国家职业教育培养模式，如加拿大 CBE 模式、德国"双元制"模式等，结合中国教育的实际情况和社会发展的需要，创造了相对成熟的中等职业技术教育人才培养模式。其特点表现为：在培养方向上，主要培养高中后接受两年学校教育的实用型、技能型人才，优先满足基层第一线对中等应用型技术人才的需求；在专业设置上，根据社会需要及时调整，社会有需求就办，而不是看学校有没有学科带头人；在教学内容上，注重成熟的技术和管理规范，突出职业能力培养目标，强调学生应用知识，技能解决现实问题的能力；在培养方式上，理论和实际结合，强调企业的参与，加强与企业在办学过程中的联系；在教学方法上，强调手脑结合，做到在学中教、在做中学，边教边学，教、学、做合一。

（三）中等职业教育人才培养模式变革

进入 20 世纪 90 年代中期，对中等职业教育的理论探讨和实践探索不断取得新的进展，出现了比较系统的培养模式理论。2000 年，教育部颁布《关于全面推进素质教育 深化中等职业教育教学改革的意见》（以下简称《决定》）。该《决定》提出："我国正处在建立社会主义市场经济体制和实现现代化建设战略目标的关键时期，综合国力的强弱越来越取决于劳动者的素质，取决于各类人才的质量和数量。二十一世纪，我国既需要发展知识密集型产业，也仍然需要发展各种劳动密集型产业。我国的国情和所处的历史阶段决定了经济建设和社会发展对人才的要求是多样化的，不仅需要高层次创新人才，而且需要在各行各业进行技术传播和技术应用、具有创新精神和创业能力的高素质劳动者。中等职业教育担负着培养高素质劳动者这一艰巨的历史重任，是全面推进素质教育，提高国民素质，增强综合国力的重要力量。各地、各行业必须认真学习，全面、准确地理解和贯彻全教会精神，充分认识中等职业教育的重要战略地位和不可替代性，认真抓好中等职业教育的改革和发展。"

自此，中等职业教育进入快速发展时期。

（四）近年来中等职业教育人才培养模式呈现七大转变

中等职业教育既坚持"大力发展"，与"提高质量"并重，在规模扩展和内涵提升有机统一的基础上推行校企合作、工学结合的人才培养模式改革，取得了明显的成就，呈现出七大转变：

（1）办学理念由封闭向开放转变；

（2）评估指标系统由本科压缩型向中等职业特色型转变；

（3）师资引进与培养由学科型教师向"双师型"结构转变；

（4）教学内容由注意理论和学科体系向注重实践和就业能力转变；

（5）课程建设由稳定的学科课程向灵活的模块化课程转变；

（6）办学模式由单一学校办学向校企"双主体"转变；

（7）培养方式由传统课堂教学向注重实训转变。

二、中等职业教育人才培养模式的丰富和发展

中等职业教育的人才培养模式经过多年来的积极改革与实践探索，丰富和发展了中等职业教育人才培养模式的内涵，主要表现在以下三个层面。

（一）培养目标及其规格层面

一方面，中等职业教育的人才培养目标由学校和用人部门共同确定，旨在培养以中等技术应用型为主体的实用人才。中等职业教育的培养目标具有较宽泛的频带，其上限为技术型人才，下限为技能操作型人才，而主体则为中等技术应用型人才。另一方面，以培养技术应用能力和提升中等职业素质为主线，设计学生的知识、能力和素质结构。

（二）教学内容和培养方式层面

在教学内容和培养方式上，有以下四个方面的发展。

（1）以职业需求为导向，以应用性和实践性为特征更新教学内容，优化课程结构，构建理论教学、实践教学和素质教育交融的三大体系。中等职业教育的课程体系结构是以培养职业能力为主旨来构建的，即根据职业活动系统进行职业分析，然后根据教育规律和学生认知规律，以应用性与实践性为特征进行教学设计，从而使课程与教学内容体系具有中等职业教学自身的系

统性。这种系统性与普通中等教育的教学系统性不同，因为后者是按照学科知识的"衍生"来设置课程的。

中等职业教育更新教学内容以满足 21 世纪技术应用的需要为基本特征，并强调"理论技术"和"智能技术"应用的需要。多数试点专业坚持"理论教学以应用为目的"和"专业教学加强针对性和实用性"的指导思想，倾向于"基础理论知识适度"和"知识面较宽"。

（2）实践教学的主要目的是培养学生的技术应用能力，这在培养计划中占有较大比重。加强实践教学是中等职业教育的显著特点，在新一轮专业教学改革中更为突出。三年制专业的实践教学时数占总学时的比例都超过了40%，根据专业的实际情况，不少专业已超过 50%。

（3）中等职业学校和产业部门合作，教学与生产、科研工作以及社会实践相结合是培养人才和提高人才质量的基本途径。中等职业教育旨在为生产一线培养合格的实用人才，这一根本任务决定了中等职业教育必须实施以职业活动、劳动过程为导向的教学过程，并据此科学、合理地选择教学组织。因此，所有试点专业都制订并实施了产学研相结合的培养计划。

（4）引入现代教育技术、改革教学方法是提高教学质量的重要手段。以现代教育技术应用为突破口，改革教学方法和考试方法，这已成为教学改革中非常活跃的领域。

（三）质量保障体系层面

完善人才培养质量的保障体系涉及教师队伍建设、实训基地建设、教学评价制度建设和校风学风建设等诸多方面，这是构建人才培养模式的必要条件。与本科教育相比，中等职业教育的突出特征包括以下几点。

（1）"双师型"教师队伍的建设是提高教学质量的关键，加强"双师型"教师队伍的建设已成为共识。对此，各教学改革试点专业都有规划，有措施，有资金保证，有明显成效。

（2）以示范专业评建为核心，教学评价成为重要的保障措施。随着示范专业创建工作的不断深入，以教育行政部门为主导的教学评价工作也日益完善，并成为中等职业教育改革的一大亮点。示范专业评建工作坚持"以评促改、以评促建、以评促管、评建结合、重在建设"的指导方针，通过教育行政部门组织的初期遴选评价、中期考查评价、终期验收评价等方式，有效地加强了专业群建设，并有力地保障了人才培养模式的实现。

中等职业教育人才培养模式的改革正在不断深化，同时，衡量人才培养模式的标准也日益清晰。这些标准主要包括：一是对中等职业教育地位、作用和性质的认识是否到位；二是是否明确了双重服务宗旨——既服务于学生的个性发展，又服务于地方现代化建设服务；三是人才培养目标及其规格是否精准；四是课程与教学内容体系的改革是否深入；五是教学组织与方法是否创新，尤其是产学研合作教育的途径是否畅通；六是教学基本建设，包括教学规章制度建设、"双师型"教师队伍建设、实训基地建设、学风建设等是否得到加强；七是办学特色是否鲜明；八是毕业生是否真正受到用人单位的欢迎。

三、中等职业人才培养模式变革

（一）中等职业人才培养模式变革的依据

中等职业发展是社会发展的产物，其人才培养模式的变革是为了更好地为社会提供所需的人才。变革人才培养模式的根本依据是社会的需求，具体表现在以下四个方面。

1. 人才培养目标应该与人才需求目标相适应

中等职业人才培养的目标是培养能够服务于社会生产、服务和管理第一线的应用型人才。这一目标规定了中等职业人才培养的总规格和要求，但考虑到不同地区和经济发展的水平，社会对中等职业人才需求的目标存在差异。因此，人才培养目标应更具职业定向性，使办学方式、专业设置、教学内容等与地方经济紧密结合，培养出能够熟练应用成熟理论与技术的高级技术和管理人员。中等职业人才培养模式的变革要在总的规格要求下，根据当地经济与社会人才需求的具体目标，采取相应的措施，这样才能顺应要求，提高人才培养的效率。

2. 人才培养内容应该与技术发展状况相适应

随着现代科学技术的快速发展，传统的粗放型经济正逐步被全新知识经济所取代。大众媒介、交流技术和信息技术为教育过程提供了便利，中等职业人才培养的内容应该精选和阐释大众媒介传播的各种信息，与社会技术发展现状相适应。理论教学必须坚持必须、够用的原则，相应增加实践教学内容，重视学生能力的培养。目前，我国中等职业的基础课程设置和专业课程设置均存在着不同程度的滞后于社会科学技术发展的现象。

3. 人才培养方式应该与学生能力培养为主的要求相适应

自班级授课制诞生以来，课堂集中授课便成为人才培养的主要方式。课堂上讲授知识，学生背诵知识，考试考核知识，已成为限制学生个性发展的障碍。对于以学术性人才培养为目标的大学，课堂理论教学形式依然占据主导位置，这是无可非议的。但是，对于以能力培养为主的中等职业教育而言，人才培养方式应走出一条与之相适应的新道路。可采取课堂教学与实践教学相结合的形式，在教学方法与考核过程中，建立以实例、课题为基础的教学法和考核方法，让学生通过课堂学习、实践训练，将学习过程变成学习、应用、发展知识的过程，使教师与学生在建立平等互动关系基础上，通过分析、讨论、研究的方法去完成学习任务，进而实现学生能力的提高。

4. 人才培养手段应该与岗位实际情景相适应

中等职业人才培养手段变革是模式变革的重要组成部分，如果只有目标而缺乏实现目标的手段，人才培养的效率将难以提升。在中等职业人才培养过程中，增加岗位实际情景手段的运用，往往会使教学效率显著提升。因为在真实的岗位情景中，学生会有真实感和具体感，这能促使学生身临其境地去思考问题，结合教师的指导，提出解决问题的思路和方法。同时，岗位实际情景模拟教学具有较大的开放性，它允许教学过程向课堂以外的个体开放，在时间上全天候开放，在组织形式上向班为单位以外的个体开放，在考核方式上由单纯的书面考核向过程和结果开放，在学习方法上由教师单向传授向双向交流互动方式开放，最终实现由手段变革到模式的创新。

（二）中等职业人才培养模式变革的关键

中等职业人才培养模式变革的途径包括思想引导、投入改造、师资提升、素质教育、教学改革等，其中特色建设是关键。

全部的教育活动及现象在一定程度上可以归结为两大问题——"培养什么样的人"和"如何培养"，也就是人才培养模式问题。它是一种复杂的具有操作性、多样性和发展性特征，由多种要素组合的复杂系统。中等职业人才培养模式变革的关键是形成模式的特色。中等职业人才培养模式的特色，是指中等职业相对于普通中等教育模式的特殊性，也是学校从自身特殊性出发在人才培养模式方面与其他学校的差异性。与普通中等教育模式相比，中等职业教育以培养应用型人才为目标，在人才培养的专业设置上，不以学科划分专业，而是根据社会需求来设定专业；在课程设置上，坚持理论课程的必要性和实用性，同时重视实践课程的开设，重点培养学生的动手能力；在教学方式上，重视情景和案例等实践性强的教学活动，以增加学生的参与性和实践性；在教师队伍组合上，注重"双师型"教师队伍的建设，同时要求有实践经验的兼职教师必须占有较大的比例；在学生的评价上，更重视社会评价要求，力求使学生成为生产、服务和管理第一线的顶岗人。

就中等职业学校之间的差异性而言，中等职业人才培养模式的不同，通常体现在专业、课程和师资等方面。由于各学校所处的地区经济发展水平不同，教师队伍结构各异，办学条件之间的差距较大，能否根据实际情况，因地制宜、因人而异、因时而异地开展特色化建设，是学校能否发展的关键。江阴职业技术学院与新办的培尔学院，由于学校的不同定位，学校办学情况截然不同。前者，针对江阴地方工业发展所需要的人才培养对象和目标，走与企业共同发展的道路，广泛与企业挂钩，与企业实现人才资源共享，在企业内建设学院分院，既为企业培养后备力量，又为企业职工的继续教育服务，从而提高了企业人员的素质，受到企业的欢迎，学校与企业的合作形成了良性循环，学校发展日益兴旺。而培尔学院以建立学科型大学为目标，虽然从沪宁两地聘请高层次人才到校任课，但由于学生录取批次靠后，整体素质不高，虽然学校创造了较好的学习条件，但因为学校定位欠佳，与企业合作不够，导致学生培养不能达到预定目标，学校办学规模不断萎缩。由此可见，中等职业人才培养模式的定位，必须从地方经济与社会发展要求出发，如此才能真正得到社会的欢迎，形成自身的办学特色。其次，中等职业学校的特色建设还必须从学校现有办学条件出发。中等职业学校的特色不是一次形成的，它与学校的传统和文化密切相关。例如，南京金陵职业大学（现更名为南京科技学院），始终坚持从南京城市发展要求出发，以培养第三产业人才为主要任务，多年来建设了一支结构合理、素质优良、具有市场竞争意识的教师队伍，同时，也有较强的社会实践基地，探索出多种与专业人才培养要求相适应的人才培养模式。

中等职业人才培养模式是一个不断发展的概念，其评价的最终标准，主要体现为毕业生适应社会的能力和对社会的贡献。建设人才培养模式的途径，有多个入口，而且不可能是零起点，当前应该努力探索科学合理、能不断适应市场变化的，具有一定弹性的中等职业教育人才培养模式。

（三）中等职业人才培养模式的改革创新

1. 转变教育观念

教育观念的转变对推动人才培养模式的研究与改革具有重要的先导作用。我们需要以全新的观念来指导教学改革，将学科教育本位的教学转变为以职业岗位群能力为中心的教学；将重知识传授的教学转变为突出技术应用能力的教学；将单纯的专业技术岗位训练转变为重视学生素质教育、加强学生综合素质的培养。

2. 开展中等职业学制研究与改革

对不同类型的职业岗位与不同的生源（高中生源、中职生源）可有不同的学制要求。例如，可以设置 2~3 年的专科的技术教育层次，并注意中等职业与高一级学力的衔接，这样不仅有助于与国际相应的教育层次的学制接轨，还能更经济、有效地利用教学资源。

3. 通过教学改革推动人才培养模式的改革

通过专业群建设、课程建设、教材建设等基础性工作来推动教学基本建设，改善教学条件，建立符合中等职业教育特点的理论教学与实践教学体系，为人才培养模式的创建提供良好的物质基础与理论基础。

4. 要体现"以人为本"的教育理念

在注意共性教育的同时，也要注重个性教育，要引入学分制的教学管理制度，发挥学生的学习自主性和创造性；要多开设选修课与讲座，使学生的学习有更大的选择余地，为他们的个性化学习创造更大的空间。此外，要注意做到学习上严格要求，生活上主动关心，为学生成才创造一个良好的环境。

第三节　中等职业学校财经商贸专业群人才培养模式的探析

一、中等职业学校财经商贸专业群人才培养模式的问题解析

1. 培养目标缺乏准确定位

会计是一种集技术性、理论性于一身的特殊职业，要求从业人员具备较高的素质和较高的职业技能。学校在培养财经商贸专业人员时，首先应该确立培养目标，并根据这些目标决定培养会计人才的类型和方向。因此，中等

职业学校制定准确的培养目标是非常重要的。

目前，我国中等职业学校的培养目标不明确，主要存在两种错误倾向：一种是过分强调中等职业学校的特殊性，只重视实践能力的培养，过分关注学生对于会计业务的操作技能，而忽略了理论知识的学习。这样造成的直接后果是限制了学生择业的广度与未来职业的发展。另一种是照搬普通本科教育的培养目标，过分强调基础理论教学，一味地注重学生的学习成绩，忽视了中等职业教育的特殊性，然而这种特殊性才是中等职业学校最重要的特征。后果就是造成学生缺乏基本操作技能，会计职业能力和职业态度的培养和形成受到阻碍，不能满足就业岗位的实际需要，给用人单位增加了再培训成本。

造成中等职业学校培养目标定位不明确的另外一个原因是生源基础差。在高校招生中，中等职业的录取在本科之后，一些省份为了不浪费资源，将中等职业录取分数线定得很低，于是很多家长和学生认为上中等职业学校不是在接受中等教育，这种观念严重影响了中等职业教育的发展。

2. 课程体系设置不合理

目前，我国大部分中等职业学校财经商贸专业仍在使用传统学科课程体系，重理论而轻视学生的能力，与专业培养教育目标存在偏离。

我国现行中等职业人才培养模式中的财经商贸专业课程设置主要存在以下问题：首先，我国中等职业学校未能充分展现职业教育的特点，盲目地模仿普通本科教学的课程体系，没有考虑新形势下人才市场对会计从业人员的要求。许多中等职业学校的教学仍然以传统的基础课、专业基础课、专业课为主，教学形式的核心仍是教师、课本以及课堂。在这样的教学模式下，学生很难将各个学科的知识综合运用，更无法将所学知识转化为职业能力。其次，中等职业学校的财经商贸专业课程体系设置重理论而轻技能。我国大部分中等职业学校受传统教育理念的影响，继续采用重理论而轻技能的教学模式。尽管一些中等职业学校意识到了实践课程的重要性，也相应地调整了教学计划，但终究因为条件受限而无法充分付诸实践。最后，课程设置陈旧、内容缺乏创新。

除此以外，我国中等职业会计教育并不重视会计人员的综合素质培养，一部分学校只是在形式上设立了会计职业道德教育课程，却没有对此有过高的要求，使得学生并未树立会计职业道德理念，无法应对工作中的道德冲突。

3. 教学模式、教学方法单一

当前，我国的中等职业教育仍然以教师传授为主，这种教学模式已经不再适合中等职业学生的培养。除此以外，中等职业会计教学模式存在的问题还表现在：首先，现行的教学模式缺乏实践操作能力的培养，尽管一些学校已经开始重视对学生会计岗位操作能力的训练，但在实际运用过程中对岗位的工作职责仍然不明确，在教学中往往只注重会计核算环节，忽视了会计基础工作，最重要的是操作没有严格按照规范流程教学。其次，对于已经实施的实践操作教学的目的不明确，缺乏计划性、系统性和层次性。最后，在实训环节，学校所开始的环节过于笼统，没有区分各种岗位，例如，会计岗位、出纳岗位、审计岗位和税务会计岗位的操作工作是不同的，而学校没有区分，造成学生对会计岗位职责不明确，对工作内容不清楚。这也极大地影响了实训的效果。

经费紧张是影响中等职业学校教学手段改进的重要原因，很多中等职业学校在教学时没有运用现代化教学技术，如多媒体、教学电视和ERP实验室等。在会计理论教学中，仍然采用单方面传授式的教育方法，主要的方式仍然以教师传授为主。这样的学习环境会导致学生无法透彻地学习理论知识，基础知识薄弱，直接影响了实际操作能力的提高。此外，这种单一传授的教学方式只重视理论知识，不能在学习过程中调动学生的主动性和积极性，影响了学生独立思考问题与创新能力的培养。

4. 实训、实践环节基础薄弱

许多中等职业学校已经认识到实践教学的重要性，并开始开展会计实践操作训练，但是仍然存在很多问题，主要包括：第一，学校与教师对会计实践教学培养的目标认识不足；第二，会计实践教学缺乏系统性和连续性；第三，会计实训的教学方法与手段不够灵活；第四，校企合作过于形式化，开展不够深入。

一些中等职业学校对财经商贸专业学生的培养目标定位存在误区，他们错误地认为只需培养学生的动手能力及操作能力，忽视了对学生的职业素质的培养，这对于会计从业人员来说是最重要的。

中等职业学校对学生会计技能及职业素养的培养应该是一个连续的、不断加强的过程。然而，目前很多中等职业学校却做不到这一点，通常只是针对所开设的课程进行相应的实践教学，不同课程间的实践教学缺乏连续性，不能体现整体会计工作流程，不能使学生将所学课程联系起来，形成完整的会计知识体系。这种情况极大地限制了财经商贸专业学生的综合能力的提升。

财经商贸专业学生在校期间的会计模拟实习往往只有半个月左右的时间，而真正能参与社会实践，与企业接触的机会只有几天，在这短暂的时间里，实现对学生独立思考能力、实际动手能力、创新能力的培养是很难的，这也极大地影响了实践教学的效果。此外，由于条件限制，我国大部分中等职业学校尚未建立校外实训基地，只有少部分学校建立了实训基地，但条件很简陋，无法做到模拟企业实训，更不能让学生做到真正的顶岗实习，使财经商贸专业的实习成为一种形式，学生的实践能力、综合能力无法得到真正的锻炼和提高。

很多中等职业学校为了培养学生的实践能力，与企业合作，安排学生在校期间到企业顶岗实习，这个出发点是很好的，但实际情况并不理想。很多学生在毕业前被安排到企业培训，但由于会计工作的特殊性，企业不能将重要的工作分配给这些学生，他们也只能做一些最基础的工作，因此校企合作也往往流于形式，并没有带来预计的效果。

5. 具有实践经验的师资严重不足

"双师型"教师队伍建设是提高中等职业教育教学质量的关键，这个观点是毋庸置疑的。教师队伍是学校实践教学中非常重要的一个因素。"双师型"财经商贸专业教师的缺乏已经严重影响到各学校对财经商贸专业学生的培养。

"双师型"财经商贸专业教师是指既有理论知识，能够系统地传授理论知识，又具有丰富实践经验的财经商贸专业教师。中等职业学校财经商贸专业的师资大部分来自普通高等学校的毕业生，他们刚刚从学校毕业，只有足够的理论知识，却不能独立完成企业财务核算，有的甚至不知道如何记账。一些学校所谓的"双师型"教师也只不过是部分教师在拥有高校教师资格证书、拥有讲师或副教授职称的同时，通过考试获取会计师，中级会计师或高级会计师等资格证书。他们也没有到企业进行专门的实践经历，是不具有相应的职业能力的，这种教师也不是真正意义上的"双师型"教师，中等职业学校的大多数任课教师的教学任务繁重，同时还要完成学校规定的科研任务，所以没有时间进行实践锻炼，这种情况导致教师与社会需求脱钩，不符合新形势的变化，极大地影响了学生的培养质量。因此，中等职业教育急需真正"双师型"教师，没有"双师型"教师，中等职业学校财经商贸专业群就不能培养出社会所需要的实践性人才。

二、国外中等职业教育人才培养模式的借鉴

（一）德国"双元制"教育人才培养模式借鉴

1. 德国"双元制"教育的概念

"双元制"教育指的是青少年既要在企业的培训中心接受与职业技能相关的专业知识培训，又要在职业学校接受职业专业理论和普通文化知识教育，这是一种将企业与学校、理论知识和实践技能紧密结合，以培养高水平的专业技术工人为目标的职业教育制度。

德国是非常重视职业学校的发展的，中等职业学校是德国最重要的一类学校，其任务是培养具有实践技能的高素质人才，不仅传授与职业有关的基础知识和专业知识，还注重未来职业的实践技能的培养。普通文化课与专业课占到其教学内容的40%，如数学、语文、英语等课程与专业课程结合学习。在德国，凡在"双元制"模式教育的职业学校上学的学生，都会签订合同，合同规定了双方的责任与合作程序。"双元制"职业教育一般是三年或是两年的学习时间，其中有60%的时间在企业实习，锻炼实践操作能力，剩余40%的时间在学校进行理论学习，中等职业学校与合作企业的共同努力保证了"双元制"人才培养模式的顺利实施。

2. 德国"双元制"教育的体系结构

"双元制"教育有着非常复杂的结构体系（见图4-1）。就学校而言，它与州教育部长和州学校发展研究所属一个系统。学校培训计划是由州教育部长委托属于州文化厅领导的州学校发展研究所制定后由州教育部长确定的。就企业而言，它与州经济部长、联邦职业教育研究所和联邦教育科学部同属一个系统。企业的培训计划是由联邦教育科学部委托由各行业人员组成的联邦职业教育研究所来完成，在取得联邦教育科学部长同意后，由州经济部长确认签字并颁布。学校和企业两个培训计划的衔接则是通过各州的文化部长委员会进行的。

3. 德国"双元制"教育对我国会计人才培养模式的借鉴

根据我国的实际情况，可以将"双元制"教育有效地借鉴到我国中等职业会计教育中来，取其精华，构建出适合我国国情的中等职业会计人才培养模式。

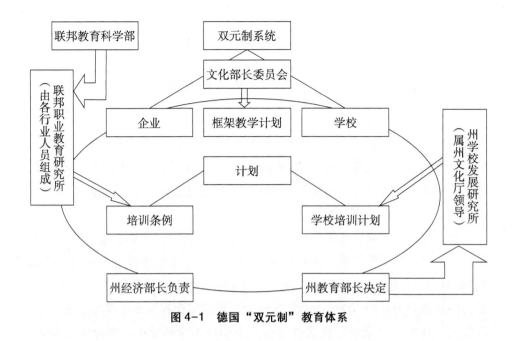

图 4-1　德国"双元制"教育体系

（1）培养目标的借鉴。"双元制"人才培养模式采用以职业能力为本位的培养目标，这是建立人才培养模式的基础。因此，首先要使学生在掌握基础理论知识和专业实践技能的同时，成为优秀的应用型人才。这个培养目标是以职业能力为根本的，这也是由现代化教育所提出的要求以及当今人才市场的需求而决定的。

具体的"以职业能力为本位"包括：学生综合能力的培养，既包括学习能力也包括沟通能力、工作能力等；关键能力的培养，除了具备相关的专业知识水平以及技能水平，还需要有作为劳动者所必备的关键能力。

一般而言，关键能力是指工作中所需的能力，它与基础知识、专业知识没有直接联系，而是指在不同工作场所面对不同工作环境时所能培养的判断能力与适应环境的能力。关键能力还可以理解为跨专业的知识技能。在德国的双元制教育体系中，关键能力的培养是最为重要的。

（2）课程体系和教学内容的借鉴。"双元制"教育中课程的设置占据着重要的位置，因为要实现培养目标，就必须有严密的课程设置。"双元制"教育同样是以职业活动为核心设置课程体系的，完整的设计才能培养出有知识、有技能、有能力的中等职业学生。在"双元制"教学体系中，存在一种阶梯式课程结构，这种结构有着完整的综合课程体系，它以职业能力为核心，以理论教学为前提，覆盖广泛的知识面，具有很强的综合性，有利于培养中等职业学生的综合分析能力以及解决问题的能力。

（3）中等职业教育师资培养的借鉴。中等职业教育除了需要明确培养目标和完整的课程体系，还需要拥有既懂得理论知识又具备丰富经验的师资力量。德国职业学校的"双元"教师队伍，他们有着扎实的理论知识基础，又有着丰富的企业实践经验，是具有"教师"与"会计师"双重身份的"双师型"教师。德国除拥有一批"双师型"教师外，还有一支兼职教师队伍，他们通常是一线的生产工人，具有丰富的工作经验，同时也是具有专业资格的"会计师"。他们弥补了专职教师无法长时间在企业积累工作经验的缺点，优化了教师队伍。

（二）俄罗斯中等教育培养模式借鉴

俄罗斯的职业教育经历了数次变革，职业教育取得了显著进步。有以下几点值得我们借鉴。

1. 培养目标的借鉴

俄罗斯的培养目标经历了从单一到多元的变化，俄国最早的一批职业学校建立在彼得大帝时期，那个时候根据当时的社会形势，职业学校的培养目标是培养出优秀人才，把俄国建设成为发达的工业大国。之后由于社会动乱，职业教育一度消失，一直到苏维埃政权建立以后才恢复职业教育的发展，这个时期职业教育的目标是培养有知识、能用自己的劳动和技能为新社会建设贡献力量的人才。随着社会的进步，俄罗斯的职业教育也发生了重大的改革。2000年，俄罗斯出台了重要的教育改革政策，其中包括职业教育的改革，并指出培养目标是培养高级专门人才，培养学生的综合性的实用技能与技巧。

2002年，俄罗斯教育部发布了《2010年前俄罗斯教育现代化构想》，其中，中等职业教育的培养目标是培养具有高水平专业技能，在人才市场上具有竞争力、专业知识与责任心，具备专业和职业应变能力的工作者。如今，俄罗斯的中等职业教育已经有了自己系统的体系，其培养目标主要包括以下三个方面。

（1）知识。这是对培养对象基本素质的要求，包括文化基础知识、理论知识、专业知识等。

（2）技能。是对中等职业学生能力素质的要求，包括专业技能、工作能力、解决问题的能力等。

(3) 素质。即学生毕业后的工作态度、责任心、应对困难的心理素质等。

这三个方面共同构成了中等职业学校培养目标的整体要求。

2. 教学内容和课程设置的借鉴

随着时代的发展，劳动力市场对进入工作岗位的入职者提出了新的要求，人才的定义也发生了变化，相应地要求课程设置与教学内容也做出调整，例如，将课程分为必修课与选修课，必修课又分为教学必修课和实践必修课，而选修课根据学校特点开设了很多辅助教学的课程，这一点也被现在很多国家的学校采用。

职业学校在设置课程时还开设了职业资格课程，该课程不仅培养了学生的专业职业能力，还培养了学生广泛的职业或专业所需要的一般理解力与技能。这样既能激励学生的学习积极性，又能增强学生的综合能力。这一点也是值得我国借鉴的。

综上所述，可以借鉴德国"双元制"教育以及俄罗斯职业教育的办学优势，从而构建一种能适应我国国情的中等职业会计人才培养模式。

三、中等职业会计人才培养模式设计

（一）会计人才市场需求分析

1. 需求量分析

随着经济发展和产业结构的变化，地方性中小企业需要很大数量的中等职业会计毕业生从事一线会计工作，中等职业生到基层、生产第一线从事技术工作和技术转化工作是非常必要的。所以，中等职业专科会计人才将会成为中小型企业以及私营企业需求的主体。

2. 学历需求分析

在人才市场上，学历已经成了很多企业在招聘人才时必须考虑的因素。过去，企业在招聘人才时往往盲目追求人才效应，过分强调学校的名气，这导致许多中等职业毕业生找不到工作，还有的企业甚至明确要求只招聘"985"和"211"学校的毕业生，其他学校的一律不予考虑。此外，一部分企业片面地追求高学历，在招聘时明确指出只招收研究生，但是实际上，名校高学历就一定代表着高能力吗？答案当然是否定的。

现在，随着实践的证明，很多企业认识到中等职业学校财经商贸专业毕业生可以胜任基础的会计核算工作。用人单位也不再单纯看重学历，对人才的选择逐渐理性化，这样，中等职业学校毕业生就有了更多的就业选择，因此，我们首先要改革中等职业学校自身的不足，建立新的培养模式，为培养优秀的会计人才做准备，这样才能在竞争日益激烈的就业环境里，为中等职业学校毕业生找到一席之地。中等职业学校毕业生也要加强自身能力的培养，除学习专业知识外，还要努力提高自己的综合职业能力。这样，才能突出中等职业学生的优势。

3. 职称结构分析

目前，从我国会计人才市场从整体上看，中、高级会计人员一直是各行业争抢的对象，如会计主管、财务经理等职位。但是优秀的一线会计人员也是非常稀缺的，改革开放以后，很多外国企业在中国建立公司，尤其是在中国加入世界贸易组织后，在华企业变得越来越多，这就需要大量熟悉国际会计准则的一线财务人员。另外，在中小企业，从事基层会计工作的人员基本素质普遍不高，非财经商贸专业的从业人员比例接近半数，他们只掌握最基础的会计知识，而且更新知识动力不足，不能适应新的经济形势对会计工作提出的要求。因此，我国不仅需要高端财经商贸专业的人才，还需要一批操作能力强、知识更新快的一线会计人员。

以上现象说明了我国会计行业的需求结构存在着严重的不平衡，中高级财务管理人才短缺，但普通的财务人员业务能力又相对较差。尽管中等职业学校培养的会计人才数量逐年增加，但就业率在逐年下降。由此可见，中等职业学校培养的财经商贸专业毕业生与实际需求有较大的差距。中等职业教育的培养模式已经不适应人才市场的需求，必须转变中等职业教育的工作思路，建立新的人才培养模式。中等职业学校财经商贸专业的学生应在新的培养模式下，珍惜在校学习机会，取得相应的职业资格证书，积累实践经验，同时加强继续教育，不断提高自身的素质，具备良好的职业道德，一定能够在工作中发挥自己的优势。

(二)"四环节渐进式"人才培养模式的提出

随着我国对中等职业学校发展的重视，中等职业学校进行了一系列积极的探索和有效的尝试。中等职业学校坚持以就业为导向，以服务为宗旨，以能力为本位，在这种背景下，我国中等职业学校正在探索前进，会计人才培养模式的改革已取得了很大进步。根据中等职业教育的培养目标，构建了以职业能力培养为核心的高素质人才培养模式，这是中等职业教育会计人才培养模式设计的关键。"四环节渐进式"人才培养模式也在这样的背景下提出的，适合我国中等职业学校的实际情况。

"四环节渐进式"人才培养模式就是指会计学习与实践由浅入深、分层次进行，形成立体式的教学体系。我们把财经商贸专业的教学体系分为专业课程的基础课程学习、单项同步实训、综合模拟实训和企业顶岗实习四个层次，充分体现了"四环节渐进式"人才培养模式的特点。

（三）"四环节渐进式"人才培养模式的具体内容介绍

学习知识是一个循序渐进的过程，会计学习更是如此，需要一个由浅入深的学习过程。"四环节渐进式"人才培养模式按照"基础课程学习""单项同步实训""综合模拟实训""企业顶岗实习"这四个阶段逐层递进地对财经商贸专业的学生进行培养，依次锻炼学生的基本技能、实践技能和综合技能，学生将逐步提高会计职业能力和职业素质。

1. 第一阶段：基础课程学习

目前，很多中等职业学校都认识到实践教学的重要性，并在积极努力地开展实践教学。然而，我们不能忽视基础课程的学习，学习基础课程的关键是建立一套完整的专业课程体系，这也是"四环节渐进式"人才培养模式能够实施的前提。中等职业财经商贸专业课程设置必须紧扣专业的培养目标，以综合职业能力培养为主线，以培养财经商贸专业技术应用能力为主要目标安排课程体系，结合就业方向、行业分类，确定不同的课程模块，并从思想政治文化、基础知识、专业课程三个方面进行设置。

我国可以借鉴德国与俄罗斯人才培养模式的优势，学校除了通过正常的教学手段进行授课，也可以组织学生通过参观不同类型的企业，让他们了解各类企业的生产经营特点、工作流程、资金循环、企业组织结构和内部制度等，增加学生对基础课程的理解，为后续专业技能课程的学习打下坚实的基础。除了传统的教学方法，学校还可以增设选修课，聘请一些企业专家进行授课，例如，会计师事务所的注册会计师、企业的财务总监等，分享他们的专业知识和经验。

除此以外，学生还可以通过一系列的实践性活动，从不同角度了解会计，形成对会计职业的初步认识。通过采用多种教学方式让学生全面了解会计主体、会计活动、会计工作等内容，巩固专业知识，为下一阶段的单向同步实训奠定理论基础。

2. 第二阶段：单项同步实训

单项同步实训是在基础课程学习之后的重要步骤，它不是完全独立的过程，而是穿插在整个基础课程教学过程中的，是针对企业所需要的不同岗位，在不同课程教学过程中根据岗位需要的技能进行的基本能力训练。这就是我们所说的要将理论教学与实践教学同步进行，从而可以实现课堂与岗位的一体化教学。

"基础会计""财务会计""成本会计""会计电算化"等主要的课程，可依据不同岗位的职业能力需求实施单向同步实训。即在传授理论知识的同时，也传授相关岗位的实践能力，并安排学生进行单向实战演练，争取做到教、学、做一体化。

这一阶段的目标是对学生所学理论知识的强化，它贯穿中等职业教育前四个学期各门专业理论课程的课堂教学之中，与理论实践相依相托，让学生更好地掌握各门学科的知识，熟悉不同岗位所需的基本技能和岗位技能，最重要的是为下一步综合模拟实训奠定基础。

3. 第三阶段：综合模拟实训

综合模拟实训是在校期间的最后一次大规模实训，也是最重要的一次能力训练。这一过程通常安排在大三第一学期，学生在完成全部专业技能课程与基础知识的学习后，进行为期 4 个月的综合训练。这也是在校期间学校所能提供的最核心也是最真实、系统的实践教学。学校为学生建立了专门的模拟实训室，与企业财务部门的所有配置都相同，力争营造逼真的职业环境，让学生置身于一个真实的财务工作环境中，提高中等职业学生的职业综合能力。综合模拟实训主要的内容分为三部分：第一部分为一人一岗实践；第二部分为一人多岗实践；第三部分为 ERP 沙盘模拟训练。

一人一岗实践也就是会计分岗实练，通过构建一个虚构的大型企业，将会计工作分为若干岗位，一岗一人或者几个人一个岗位，把学生分为几个工作团队，进行分工协作，可以就此培养团队协作精神。分组完成以后进行分岗，由于会计必须遵守不相容岗位分离原则以及内部控制原则，因此要把会计岗位分为总会计师、出纳、会计、审计，税务申报等岗位。我们也可根据学生人数的多少将已分好的岗位进一步细分，如会计岗位可细分为记账会计、制单会计等。学生要在自己的岗位上训练一周左右的时间，然后进行岗位轮换，确保每个学生都能体验到会计的不同岗位，并掌握不同岗位所需要的技能。通过这项训练可以培养学生的团队精神与职业判断能力，从而树立他们爱岗敬业的品质。

第二个步骤就是一人多岗实践，即混合岗位实践，模拟中小型企业的会计工作环境。在这类企业中，财务部门往往不会细分很多岗位，而是由一人兼任多个职责。在培训过程中，每名学生都要独立完成一套实训资料，这不仅是对第一步骤的巩固，还能锻炼学生的综合素质。随着科技的发展，很多企业都运用电算化管理会计工作，因此，会计混岗分为两阶段：首先是手工实训，如同第一阶段，让学生掌握所有岗位的基本技能，对企业所有的账单进行汇总，并学会填制银行存款日记账、现金日记账、总账等所有账目，做到日清月结。除此以外，还需学会年末的核算与结转工作，最终完成所有账目的编制。其次是会计电算化实训，这就需要学校有专门的电算化实验室，并且安装电算化系统。用一周的时间让学生熟悉软件，使学生掌握从系统管理的设置、初始化处理、会计凭证处理、账簿处理、报表处理到账证表查询、打印的全部电算化处理流程，为将来从事会计工作打下坚实的基础。

完成上述两个步骤后，学生的操作技能已基本培养完成。最后，ERP沙盘模拟实训就是对整个会计行业整体宏观环境的模拟，它不仅能模拟真实企业，还能够反映真实的企业运营情况，还可以直观地提供企业资金运行状况，这样的环境更加真实，更加具体。这一阶段的培训为期两周左右，依然将学生分为几个组，各个组的每个成员都代表了不同的职位，如公司总裁、财务总监、营销总监、运营总监等各种管理角色，每个团队的目标是确保公司的资金充足并且运营良好，假设公司连续经营了多年，最后要用会计报表结算反映公司的经营成果，每个人都要各司其职，最终使公司盈利。通过ERP沙盘模拟实训，让学生有了参与感，训练了他们把握全局的财务决策能力，进而培养综合决策能力与分析能力。

4. 第四阶段：企业顶岗实习

企业顶岗实习一般安排在中等职业三年制课程的最后一个学期，即学生毕业之前。这一阶段让学生到企业中进行实战演练，这需要学校与企业进行深入合作，而不是只将合作流于形式。学校应尽可能地请企业会计人员讲解企业发生的各项业务，学生再结合之前在实训室里进行的模拟练习，可以将所学到的知识运用到实际工作中，在实践中掌握理论，并用理论指导实践。为学生提供这样的实习机会，不仅可以使学生所学的理论知识得到检验，还可以让企业了解学生的能力，争取可以为企业输送更多的优秀会计人才，使学校和企业达到双赢的效果。

四、中等职业会计人才培养的具体实施计划

《国家中长期教育改革和发展规划纲要（2010—2020 年）》（以下简称《教育规划纲要》）提出"更新人才培养观念"，"树立多样化人才观念，尊重个人选择，鼓励个性发展，不拘一格培养人才。"

为了创新人才培养模式，《教育规划纲要》提出："注重学思结合。倡导启发式、探究式、讨论式、参与式教学，帮助学生学会学习""注重知行统一。坚持教育教学与生产劳动、社会实践相结合""注重因材施教。关注学生不同特点和个性差异，发展每一个学生的优势潜能"。进入 21 世纪以来，旧有的无差别教育已经不适应市场需求，既不能满足企业人才需求，也不能良好的解决学生就业问题，所以加速推进中等职业教育迫在眉睫。职业素养教育、职业能力培养、社会服务能力的培养、创新创业能力培养等已成为教育改革重要的新内容，新一轮的中等职业教育课程改革已覆盖全国所有中等职业学校。相关学校应该根据培养目标和人才理念，建立科学、多样的评价标准，做好学生成长记录，完善综合素质评价，强化人才选拔使用中对实践能力的考察，满足社会用人的多样化需求。

目前，学生创新能力和实践能力的缺乏也是中等职业教育教学改革面临的突出问题。对此，《教育规划纲要》在中等职业教育的改革措施中着重提出："探索发现和培养创新人才的途径""支持学生参与科学研究，强化实践教学环节"。

下面以广西物资学校为例，阐述财经商贸专业群人才培养的具体实施。

随着近年来经济的快速发展，我国产业结构也发生相应变化，地方性中小型企业需要大量的会计毕业生从事一线的会计核算工作，中等职业学校培养的会计人才已经成为中小企业、私营企业需求的主要群体。然而，广西物资学校财经商贸专业毕业生却无法完全适应人才市场的需求，究其原因主要有以下几点。

（1）财经商贸专业人才培养模式的培养目标定位不准确。

（2）财经商贸专业课教材无法体现职业学校的特点。

（3）财经商贸专业教学手段相对落后。

（4）课程设置不合理，没有真正掌握企业的需求。

（5）缺乏"双师型"教师。

这些问题已经直接导致学生素质较低，限制了该院财经商贸专业的进一步发展。为此，广西物资学校针对财经商贸专业进行专业群建设改革，创建"四方联动，就业导向，校企双轨，理实合一"相结合的人才培养模式。旨在培养"重诚信、善沟通、会核算、能管理"的良好职业素养、创新精神与实践能力并重的高素质技能型财经商贸专业人才。

（一）建设基础

广西财经商贸专业的设置虽然时间短，起步晚，但在省政府、省教育厅和本校多方支持下，通过一线教师齐心努力，为社会输送了大批会计人才，其中不乏优秀技能型会计专门人才，获得用人单位好评。近几年，通过不断优化专业结构，坚持开放办学、校企合作办学，突出职业道德和专业核算能力的培养。

（二）建设目标与思路

1. 建设思路

以《教育部关于进一步深化中等职业教育教学改革的若干意见》为纲领，进行人才培养模式的改革，形成具有中等职业特色、学校特色的财经商贸专业人才培养模式。该模式以加强校企合作，培养学生的职业能力、职业素养，提高技能实践能力，提升社会服务能力和激发创新创业能力为出发点，以满足用人单位需求为切入点，以学校、企业、学生三方共赢为立足点，创建"四方联动，就业导向，校企双轨，理实合一"相结合人才培养模式。该培养模式着重体现以学生职业能力和综合素质为主体，实现学校培养与企业需求的"零距离"接轨，培养出更多的高素质应用型创新人才。

2. 建设目标

为了更好地实现专业发展目标，围绕"专业改革创新、校企合作共建、突显办学特色、提高教学质量"的发展思路，立足于广西，服务于地方区域经济中小型企业会计（税务）人才的需要，推进校企对接，积极进行人才培养模式的改革。在构建"四方联动，就业导向，校企双轨，理实合一"相结合会计人才培养模式中，把专业群建设和课程建设改革落到实处，坚持以工学结合为切入点，以实践教学为主线，改革课程教学体系；坚持任务驱动、项目导向，改革教学模式，为中小型企业培养"重诚信、善沟通、强核算、会管理"的高素质技能型会计人才。

（三）建设内容

1. 创新人才培养模式，优化人才培养方案

广西物资学校会计专业自成立之初，该专业的人才培养模式是模仿本科学历教育的模式。尽管现有的人才培养模式虽然在不断地优化，课程设置中强化操作技能类的实训课程，并加入校企合作，建立了财务信息化实训基地，但是随着教育改革的发展和企业对会计人员不断提出新的要求，现有模式已不能适应新时期多方要求，急需建立更符合市场需求的培养模式，重新定位培养目标。

满足市场对会计人员的需求，实现学校与企业的"零距离"接轨，是人才培养模式改革的目的所在。需要深入学校和企业学习、了解岗位人才需求和工作标准，明确专业面向岗位职责，明确会计相关岗位的核心职业能力和职业素养，以学习国内先进学校为主，借鉴国外职业教育的成功经验为辅，强化校企合作，通过一线教师与合作企业，校外实训基地和中小型企业共同制定专业人才标准为主线，确立人才培养目标和规格，完善人才培养方案。

2. 深化课程改革，建立以能力培养为核心，融知识、能力、素质三位一体的财经商贸专业"12345"课程体系

为了实现既定的培养目标和规格的整个教育过程优化，必须改革核心课程群，整合优质教学资源，适应对学生能力培养目标的设定。以"职业能力培养"为主线，构建独特的课程体系；在理论教学改革的同时，强化实践能力教学，将实践教学课堂化、系统化、刚性化，实现"理论、实践二元结构"；针对不同课程的特点，采取"综合训练、单项训练、技能考证"三种不同的训练方式进行工学结合；全力发展学生的"基本能力、专业能力、职业能力、创业能力"。构建"基本素质模块、专业素质拓展模块、专业方向核心能力模块、创新创业教育模块、专业群公共技术模块"五大模块（或平台），进行实践教学内涵建设、课程建设规划、教材建设、专业资料建设、优质教学资源建设与共享。

3. 创建具有专业特色的实践教学体系及其教学平台

中等职业学校的培养目标是培养高素质的技能型人才，为确保专业人才培养目标的实现，财经商贸专业首先根据该专业所对应的岗位工作过程，归纳典型工作任务，继而设计课程及实践教学体系目标，从而达到优化实训教学平台，并建立和完善一整套管理和评估制度。

为了进行深层次的校企合作，我们针对现有校内外的实训基地进行大规模改造，并新建了财税一体化综合实训中心，1 所示范性实训基地和 6 所校外实训基地。学校加大不同行业企业、事务所等中介机构的多类型校内外实训基地的建设，促进校企深度合作。通过校内外实训基地建设，提高实训基地对学生的专业技能和综合素质的培养，从而提升学生的职业能力。同时，健全校内外实训基地绩效管理和考核办法，进一步加强管理建设，提高实训室利用效率和运行管理水平。ERP 是一种实用性强的教学手段。ERP 实践教学体系主要由 ERP 沙盘模拟和 ERP 软件培训两部分组成。通过 ERP 教学手段的实施，能够让更多有志于创业的大学生在培训的过程中加深创业意识，增强创业理念，提高创业的积极性。最终达到通过 ERP 实验室，培养大学生创新创业能力。

4. 与之相匹配的科学的教学方式、教学方法和教学手段的改革和创新

探讨教学方法的改革是当前职业教育面临的问题，教学方法改革势在必行。这要求教师的思维方式发生变革，学生学习方法也需要改变，从根本上提高教学质量，以达到改革会计教学的目的。目前理论教学和实践环节比例不协调，教师的教学方法单一，学生缺乏积极性，难以激发其创新精神。这种状况培养出的只能是理论不深、实践不精的教条型人才，很难适应经济的发展需求。为了改变这一现状，我们必须坚持理论与实践相结合，培养学生的创新精神和实践能力，使学生掌握必要的专业知识和职业技能，具有适应职业变化的能力，转变学生学习方式与教师教学方式。一是全面推进素质教育，以学生所需的文化知识与专业知识为基础，重点培养学生的创新精神和实践能力。二是突出职业教育特色，使职业教育会计教学更好地适应经济建设、社会发展和劳动就业的需求。三是以理论教学为基础，采用模拟教学法培养学生的动手能力。

借鉴国外职业教育的成功经验，如澳大利亚职业教育的专业设置和课程选择遵循"行业引导教学"的理念，以满足经济发展和社会需求为目的，依靠国家和行业组织，制定体现行业需求的全国通行的"培训包"，即将职业资格标准、能力标准、评估标准打包，一并向社会推行，在此框架标准内，再由行业机构组织专家设计课程体系，按"模块"编写内容，按"模块"组织教学，实行学分制，完成一定模块就能获得一定学分。以国外教育模式为参照，结合我国教育改革的政策法规与实际情况，开发出适合本专业实际的教

学方法。

首先，引进企业一线的会计人员参与专业岗位能力分析，确定岗位知识范围和基本技能，根据对高素质技能型会计专门人才职业能力的分析，确立与职业要求相适应的教学标准，共同制定基于岗位工作任务的实践课程标准，使其项目化，规范化。其次，让教师走出去，定期到企业实践，了解企业工作具体内容和操作方式，引入企业项目培训的方法，加大实际案例分析教学、课堂示范等教学方法的比重，开展职业团队意识养成训练等，增强教学效果的操作性和趣味性，不断创新教学方法。最后，结合校内外的实训基地建设，加强实践能力教学。结合专业技能教学，渗透实践教学内容，将实践教学课堂化。构建实践教学体系，将实践教学系统化；加强实践教学管理，丰富实践教学内容，将实践教学刚性化。

广泛使用网络教学平台扩展教学空间，以精品课程建设为龙头，全面带动优质核心课程建设，并同时形成理论与实践教材相配套工学结合的多元化教材体系；建立综合考核评价体系，跟踪、评价学生职业综合能力。

建设精品课程，共建财经商贸专业教学资源库，开发优质网络课程和优质教材。搭建资源共享平台，推动教学工作信息化，构建信息化教学大赛平台，以赛促教。

创新教学方法，构建财经商贸专业教学方法体系，在教学中注重教学模式的转化、教学方法的创新、考核方式的多样及教学体系的推进。

5. 教师队伍建设改革是人才培养模式实施的重要保障

成立教师发展中心，加强教师队伍建设。培养教学名师、专业带头人、骨干教师，加强师资队伍建设，提高学历层次；完善教师定期到企业实践制度，通过在企业建立专业教师实践基地，让教师参与企业生产实践，从而提高教师的专业能力与教学水平，充实"双师型"教师队伍。成立开展教师培训，进行教学竞赛，完善优秀教学团队。完善专兼结合、能力互补的高素质教学团队。建立一支专职兼职教师比例合理，年富力强，学历职称与学科专业结构优化，既有深厚的理论基础，又有较强的实践指导能力的高素质、复合型教学团队，为财经商贸专业综合改革提供师资保障。

总之，希望通过新的人才培养模式的实施，能够提高学生的职业能力和综合职业素质，实现学校培养和企业需求的"零距离"接轨，培养出更多的高素质应用型创新人才。

第五章 中等职业学校财经商贸专业群中行动导向教学模式应用研究

第一节 行动导向教学模式概述

一、概述

1. 教学模式

"模式"又可称为"模型""范例""典型"等，指某种事物的标准形式或样式。在西方学术界，模式通常被理解为经验与理论之间的一种知识系统。它一般是指介于经验与理论之间，把二者沟通起来的一种具有可操作性的典型体系和简约化的知识范型。最早的教学模式可以追溯到赫尔巴特的"四阶段法"教学模式（1806），虽然教学模式的思想早已存在，但作为教育学中的一个独立概念，它的确立是在 20 世纪 70 年代，由美国哥伦比亚大学的乔伊斯和韦尔将"模式"理论引入教学领域，开创了教学研究的新篇章。在 1972 年出版的《教学模式》一书中，乔伊斯和韦尔提出，教学模式旨在系统地探讨教育目的、教学策略、课程设计和教材，以及社会和心理理论之间的相互影响、以寻求一系列能够使教师行为模式化的选择类型。换句话说，教学模式是一种体现教学思想的工具，它是教学思想在教学活动流程中的精练表达。在国内，学者们对教学模式有着不同的定义。例如，甄德山（1984）认为，在一定教学思想指导下建立起来的与完成所提出教学任务的比较稳固的教学程序及其实施方法的策略体系。杨小微（1998）认为，在教学实践的基础上建立起来的一整套组织、设计和调控教学活动的方法论体系。钟海青（2006）认为，开展教学活动的一整套方法论体系，是在一定的教学思想或教学理论指导下建立起来的教学活动策略体系和基本框架。有人认为是一种教学范式，如李秉德（1991）认为，教学模式是在一定的教学思想指导下围绕着教学活动中的某一主题，形成相对稳定的、系统化和理论化的教学范型。也有人认为教学模式是一种动态的系统，如白成华（1989）认为，教学模式是教师根据教学目的和教学任务在不同的教学阶段、协调应用各种教学方法过程中形成的动态系统。还有人认为教学模式是一种活动进程结构形式，如冯克诚（1994）认为，教学模式是在一定教学思想、教学理论和学习理论的指导下，在某种教学环境和资源的支持下，教与学活动中各要素之间稳定的关系和活动进程结构形式。尽管人们对教学模式的概念界定不一，但对教学模式结构的认识基本趋向一致，通常包括五个要素。

（1）理论依据。

（2）教学目标。

（3）操作程序。

（4）实现条件（手段和策略）。

（5）教学评价。

本章的行动导向教学模式也是从这五个要素着手展开研究（见图5-1）。

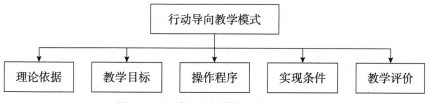

图5-1　行动导向教学模式的五个要素

2. 德国"双元制""关键能力"与"行动导向"

德国的职业教育体制在世界各个国家中是比较先进和完善的，在过去多年的职业教育实践中形成了大量先进理念，积累了许多可借鉴的经验。而德国职业教育中最具特色的就是"双元制"职业教育模式，它也是德国职业教育中的核心和支柱，被称为德国经济腾飞的"秘密武器"。

"双元制"职业教育指的是学生一方面在企业里接受职业技能的培训，以提高实践操作能力；另一方面在职业学校中学习专业理论和文化知识，以提升理论素养。这种教育模式将企业实践与学校教育、理论知识与实践技能紧密结合，目的是培养具有高水平专业能力的人才。"双元制"中的"一元"指企业，另"一元"指职业学校。这"双元"互相依存，相辅相成，缺一不可。职业学校是"双元制"中重要的一元，主要传授与职业相关的基础知识和专业技能，特别注重从事未来职业的实践技能。

行动导向教学的出发点和目标是培养"关键能力"，即综合职业能力。随着科学技术的快速发展和现代化进程的推进，劳动力市场发生了显著变化，传统的劳动力知识结构已不适应工业化社会的需求，现代化的发展要求劳动力必须具备从事多种职业的知识和技能。在这样的背景下，关键能力的概念逐渐兴起。这一概念最早由德国社会教育学家梅腾斯在《关键能力——现代社会的教育使命》中提出。他指出，关键能力是那些与一定的专业实际技能不直接相关的知识、能力和技能，它更是在各种不同场合和职责情况下做出判断选择的能力。

随着梅腾斯关键能力概念的提出，各国研究者对关键能力的外延和内涵进行了不同程度的发展，至今已产生出 300 多种关键能力的概念，虽然概念很多，但并没有形成一个统一的概念标准。国外学者对关键能力的解释和研究也是众说纷纭，如英国学者认为关键能力至少应包括六个方面：交流能力、解决问题能力、个人认知能力、计算能力、信息技术应用能力、现代语言运用能力。德国学者雷茨认为关键能力包括三个方面的内容：一是事物意义上的行动能力（做事能力和智力成熟度，对应任务能力，如解决问题、做出决定、开发方案等）；二是社会意义上的行动能力（社会能力和社会成熟度，对应社会的能力，如合作能力、解决冲突、协商能力等）；三是价值意义上的行动能力（个性能力和道德成熟度，对应个人特征基本能力，如道德观和价值取向、积极进取精神、创新精神、学习自觉性等）。对于关键能力内涵的界定，国内外研究学者尚未形成统一的认识。总体而言，目前国内外研究者较为认同梅腾斯的观点，将关键能力的内涵界定在一种独立于具体的专业能力以外的能力，与纯粹的专业职业技能和知识没有直接联系，是劳动者对不同职业的适应能力以及不断自我发展的能力。吴雪萍（2000）认为，在职业教育领域，关键能力是指对劳动者从事任何一种职业都必不可少的跨职业的基本能力。刘京辉、唐以志（2000）认为，关键能力指劳动者在现代化社会中的综合素质。卢晓春（2008）认为，关键能力包括学生交流表达能力、与人合作的能力、自我学习的能力、问题解决能力、信息处理能力、追踪和掌握新技术的能力共六个方面。以姜大源为代表的中国学者借鉴德国职业教育的有关理论，提出了两层次三因素的观点。这种观点从个体的能力结构体系出发，把关键能力的性质和内容相结合，从个体职业能力内容的角度，即纵向视角，将职业能力分为专业能力、方法能力和社会能力；从个体职业能力性质的角度，即横向视角，将职业能力分为基本职业能力和关键能力。

本研究借鉴了学者姜大源的分类，将中等职业学校财经商贸专业群行动导向教学模式的教学目标定为培养学生的综合职业能力，它包括专业胜任能力和关键能力。其中，专业胜任能力是指学生习得的财经商贸理论知识与实践技能；关键能力则是指基于财经商贸专业能力之外的能力，亦即学生在习得一技之长以外，还应培养的社会方法能力和个人发展能力。

自梅腾斯提出对职业教育的"关键能力"培养的要求以来，德国的职教界经过激烈的学术争论和探索，将关键能力的培养从理想和概念转化为职业教育教学实践。关键能力的具体实现形式就是"行动导向教学"。关键能力与行动导向是密切相关的两个概念，可以说，关键能力是指导行动导向教学的核心，而行动导向则是将抽象的关键能力具体化地表现出来。

"行动导向"起源于20世纪30年代的美国"行动研究"，但在20世纪50年代才形成研究规模。20世纪的70~80年代，是这一理论的发展壮大时期，围绕这一理论的研究成果不断涌现。最先将"行动导向"应用于职业教育领域是德国。经过德国教育学家的研究尝试，"行动导向"这一教学思想符合德国的职业教育情况和制造业发展状况。"行动导向"是德国职业教育自20世纪80年代以来逐步形成和发展的职业教育理念和教学模式及方法，是德国职业教育教学领域改革的核心内容，它代表了当前国际上职业教育领域内一种先进的教学理念。20世纪80年代，德国职业教育界中对关键能力的讨论逐渐演变为对职业行动能力的讨论。在关键能力讨论、演化的背景下，"行动导向"的概念作为职业教育教学现代化的标志被确立，并形成了"行动导向"的教育思想和教学方法。整个80年代，德国的职业教育教学改革文章几乎是言必谈"行动导向"，此后，"行动导向"确立了其在德国职业教育教学中的主导作用。

20世纪80年代初，德国通过对职业教育进行改革，行动导向的职业教育教学范式逐渐形成并确立下来，成为迄今为止德国职业教育教学的主导性思想。德国各州文教部长联席会议于1997年颁布了新的职业学校"框架教学计划"。该计划指出，为了实现职业教育的目标，职业学校要强调实施"行动导向"教学，以使青年人在其未来的职业活动中能独立地制订计划、独立地实施计划、独立地评价计划。同时该框架教学计划还对行动导向的教学给出了具有范式意义的解释：行动导向的教学要以对职业活动具有重要意义的情境为教学的参照系，要遵循"为行动而学习"的原则；行动构成学习的起点，并尽可能地由学习者自我实施并进行自我反思；行动必须尽可能地由学生自己独立计划、独立实施、独立检查、独立修正和独立评价；行动应该促进学生对职业实施的整体性把握，包括对技术的、安全的、经济的、法律的、生态的、社会的等多种因素的考虑；行动必须与学生的经验整合并反思其社会效果；行动应该与社会进程，如利益取向、冲突化解等紧密结合。国外学者对于行动导向理论的研究如表5-1所示。

表5-1　　　　　　　　　国外学者对于行动导向理论的研究

代表人物	行动导向
塞德	归纳了进行"行动导向学习"的三个理由：学习理论角度；劳动组织角度；教育经济角度
沃普	提出行动导向教学的标准：兴趣和需求导向；结合学习者主观经验；产品导向
凯瑟和绥腾福斯	从学习心理学角度归纳行动导向教学方案的基本原则：学习理解过程中的行动优先原则；行动和学习与兴趣相关原则；社会和合作式教学组织原则；目标指向原则；日常知识和科学知识结合原则

"行动导向"最初引入我国时，被我国的职教工作者译为"行为导向"。由于这一译法容易与斯金纳为代表的以"刺激-反应"理论为基础的"行为理论"和"行为主义"混淆，从而产生误解，后经我国职教学者姜大源教授的提议，改译为"行动导向"。姜大源教授（2007）认为，行动导向的基本含义对于教学过程来说，是强调学生是学习过程的中心，教师是学习过程的组织者与协调人，教师遵循"资讯—计划—决策—实施—检查—评估"这一过程序列（见图5-2），在教学中与学生互动，让学生通过"独立地获取信息、独立地制订计划、独立地实施计划、独立地评估计划"，使学生在自己"做"的实践中，掌握职业技能、习得专业知识，从而构建自己的经验和知识体系。

由姜大源教授主持的教育部重点课题《当代德国职业教育主流思想研究》对德国职业教育中主流教育思想和教育理念进行了科学的梳理和分析，在介绍学习德国职教思想的著作中具有相当的权威性和可靠性。其中，对于行动导向教学进行研究的主要是时任我国教育部职业技术教育中心研究所比较教育与国际合作研究室副研究员吴全全、刘邦祥博士和徐朔教授。吴全全、刘

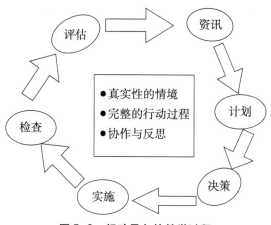

图 5-2　行动导向的教学过程

邦祥（2006）认为，无论以何种形式组织行动导向的教学活动，在教学过程中，学生始终处于核心、主导地位，始终是积极、主动的活动者。教师处于咨询、辅助的地位。他们强调职教学生参加完整行动过程是很有必要的，同时教师必须提醒和指导学生进行行动反思研究，要求学生在演习过程中有目的、有意识地根据进展中的学习行动调动已有的经验和知识，检查、验证新获得的经验。徐朔（2007）认为，行动导向教学可从不同层面来理解。从宏观层面看，它的目的是在职业教育中实现关键能力的培养，因而它是一种教育思想和教育理念。从中观层面看，它以将关键能力的培养渗透在专业教学中为原则，实施所谓的"完整性教学"，因此它是一种教学模式。在微观层面，它集成了多种可以开发关键能力的教学方法，因而体现为一整套教学方法。根据他的分类，本章所要研究的行动导向教学界定在中观层面上，即行动导向教学模式，按照教学模式的五个要素展开研究。本章将探讨如何将中等职业学校财经商贸专业群学生综合职业能力的培养渗透于行动导向教学过程的六个方面。本章的实验案例也将按照这六个方面，借助于微观层面的行动导向教学方法循序展开。另外，徐朔教授还归纳了行动导向教学原则及教学特征的十个方面，分别是：学习理解过程中的行动优先；教学过程中的学生中心；行动和学习与兴趣相关；学习中的目标指向；完整性学习；社会和合作式教学组织；经验和情境相关；发现式解决问题；反思；产品指向。

行动导向教学模式尽管可以通过采用各种不同的教学方法和教学组织形式来实现，但其基本原则是"行动导向"，即针对与专业紧密相关的职业"行动领域"的工作过程，按照"资讯—计划—决策—实施—检查—评估"完整的"行动"过程来进行教学，使学生自主、有目的地参与到学习中来，促进其身、心、手并用，不仅让学生通过学习获得相应的专业能力，而且让学生"学会学习"，获得分析问题和解决问题的能力，同时还使学生"学会交往""学会创新"，培养其社会能力和个人发展能力，使学生的综合职业能力得到提高。

3. 行动导向教学模式内涵

所谓行动导向教学模式，就是课堂教学将学生认知过程与职业活动结合在一起，"为了行动而学习"和"通过行动来学习"，让学生通过"独立地获取信息、独立地制订计划、独立地实施计划、独立地评估计划"，在自己"动手"的实践中，掌握职业技能，习得专业知识，从而构建属于自己的经验和知识体系的一种教学模式。让学生在职业性的教学过程中参与学习，体验学习，最终学会学习，提高学习能力的同时也提高了学生的综合职业能力。它以培养学生的综合职业能力为宗旨，通过对教学活动基本规律的探讨，借助一定的教学方法，以行动导向的教学实现其培养目标。此模式的主要教学方法包括：项目教学法、引导文教学法、模拟教学法、案例教学法、头脑风暴教学法等。

二、理论依据

1. 建构主义理论

建构主义是学习理论中行为主义发展到认知主义以后的进一步发展。建构主义教学观认为，学习是通过与外部世界的相互作用，在主体已有的经验基础上建构新的知识经验的过程。它强调知识是主体与客体在相互作用过程中主动建构和内部生成的。建构主义学习理论认为，知识和经验不是教师传授的，而是学习主体在一定情境下，在已有知识和经验的基础上进行的有意义的建构，从而生成新的知识和经验。建构主义的核心理论包括四个方面：一是知识不是被动积累的，而是个体积极组织的结果；二是认知是一个适应过程，它使个体能在特定环境中更好地生存，更好地适应环境；三是认知对个体的经验起组织作用，并使之具有意义，而不是一个精确地表征现实的过程；四是认知既有生物的、神经的结构基础，又有来源于社会的、文化的和实践为手段的相互作用。

建构主义强调学生是学习的中心，处于主体的地位，同时又肯定教师的主导地位，认为教师是组织者和协调者。行动导向教学模式主张学生通过"独立地获取信息、独立地制订计划、独立地实施计划、独立地评估计划"，在自己"动手"的实践中，掌握职业技能，习得专业知识，从而构建属于自己的经验和知识体系。它还强调学生是学习过程的中心，教师是学习过程的组织者与协调者。由此可见，行动导向教学模式充分体现了建构主义的学习观与教学观。

2. 多元智力理论

多元智力理论是由美国著名发展心理学家、美国哈佛大学著名教授加德纳于1983年出版的专著《智力的结构》中首次提出的。加德纳认为，智力是在某种社会或文化环境的价值标准下，个体用以解决自己遇到的真正难题或生产及创造出有效产品所需要的能力。他认为，人的智力并非是一种单一的核心能力，而是一组以独立形式存在的同等重要的能力构成。他指出，每个人至少拥有七种智能，即语言智能、数理逻辑智能、视觉空间智能、音乐智能、身体运动智能、人际交往智能和自我认识智能。

从总体上看，我们可将智能类型大致分为两类：一类是抽象思维，另一类是形象思维（见图5-3）。教育的根本任务在于根据人的智能结构和智能类型，采取适合的培养模式，发展人的人性。

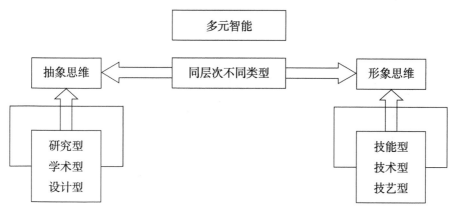

图5-3 智力类型与人才类型

中等职业教育培养的是技术型、技能型人才，中等职业也多是形象思维为主的学生。在这样的培养目标和具体生源的情况下，应寻求适合中等职业学校财经商贸专业群学生的培养模式，而行动导向教学模式的研究，无疑是基于多元智能理论下对中等职业学校财经商贸专业群培养模式的一种探索。

3. 终身教育、终身学习理念

终身教育的理论始于 20 世纪 60 年代。1965 年，法国著名教育学家保罗·郎格朗提出了终身教育思想。1972 年，联合国教科文组织在报告《学会生存——教育世界的今天和明天》中对"终身教育"进行了深入的阐述。终身教育否定了传统教育将人的一生划分为"学习期"和"劳动期"两个阶段的做法，主张教育应贯穿于人的一生，并强调人接受教育的主动性和持续性。

终身教育的提出与现代化工业大生产的发展密切相关，随着科学技术的日新月异和现代社会信息的爆炸式增长，对劳动者提出了越来越高的要求。传统教育中从学校所学的知识受用一生的模式早已不适应现代化工业的发展，在这样的大背景下，终身教育思潮应运而生。它强调教育应贯穿人的一生，所以对于学习者来说，具备自我学习的能力是非常重要的。中等职业教育的学生由于理论性知识的欠缺，所以培养学生具备这种自我学习的能力更是重要。行动导向教学模式正是基于终身教育理论培养学生的综合职业能力，不仅包括其专业胜任能力，还包括社会能力和自我发展的能力，使中等职业学校财经商贸专业群的学生能够提高其自身的竞争力。

4. 人本主义教育思想

人本主义的思想源远流长，早在古希腊和罗马时期，苏格拉底、柏拉图等思想家就体现出了人本主义思想。现代人本主义教育思想是 20 世纪 60 年代在美国兴起的，代表人物有马斯洛和罗杰斯。人本主义教育思想强调人的自我实现、强调学生的地位和尊严，主张教育应以学生为中心，关注学生人格的发展和潜能的发掘，关注学生身心情感的全面协调发展。

人本主义教育理论认为，学生在教学过程中处于主体地位，教师是教学过程中的参与者与促进者，学生在教师的引领和指点下，主动地进行思考和学习。行动导向教学模式既注重学生学习对于教学目标的实现情况，又注重学生社会能力和自我发展能力的培养，旨在培养具备关键能力的高素质人才，充分体现了人本主义的教育思想。

三、行动导向教学模式的目标及原则

1. 中等职业学校财经商贸专业群行动导向教学模式的目标

培养目标是指根据一定的教育目的和约束条件，对教育活动的预期结果即学生的预期发展状态所作的规定。中等职业教育是职业教育的高级形式，以培养中等技术应用型人才为根本任务。例如，会计的培养目标取决于社会和市场对会计人员的需要，而会计的培养目标决定着财经商贸专业的教学目标，会计的教学目标又决定着会计教学的内容和方法，内容和方法最终影响会计教学目标的实际质量。

中等职业教育的目标不应在于教给学生多少知识，而是应注重对于学生综合职业能力的培养，使他们形成一种终身学习的意识。因此，终生独立自学能力就成为财经商贸专业人员生存与成功的必备条件。

我国中等职业教育培养的是技能型人才，结合到财经商贸专业，可以将中等职业学校财经商贸专业群的培养目标定位为：培养拥护党的基本路线，德、智、体、美全面发展，具备扎实的理论基础和较强的操作能力，具有继续学习的能力，良好的人际交往和团队合作能力，拥有健全的人格和良好的会计职业道德以及创新精神等综合职业能力的技能型人才。如前所述，行动导向教学模式的培养目标是学生的综合职业能力，基于这样的培养目标，本研究将中等职业学校财经商贸专业群行动导向教学的教学目标细分为以下几个部分（见图5-4）。

具体说来，中等职业学校财经商贸专业群的综合职业能力应包括以下两种。

（1）专业胜任能力。例如，经济业务的处理、会计核算、成本核算、财务分析决策、会计电算化等。

（2）关键能力。中等职业学校财经商贸专业群学生需要具备的关键能力应包括社会方法能力和个人发展能力。

2. 中等职业学校财经商贸专业群行动导向教学模式的原则

（1）科学性原则。

（2）以学生为中心原则。

（3）情境性原则。

（4）目标明确原则。

（5）合作学习原则。

（6）反思性原则。

（7）人本主义原则。

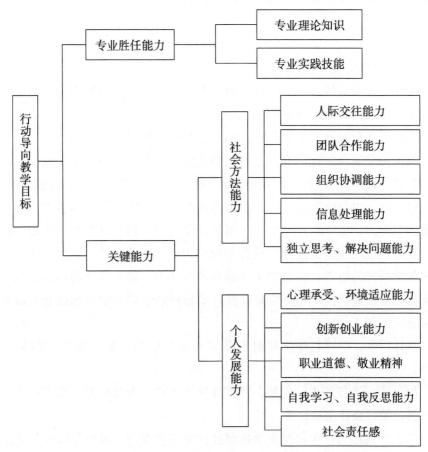

图5-4 中等职业学校财经商贸专业群行动导向教学的教学目标

四、行动导向教学模式主要教学方法介绍

本研究聚焦于中等职业学校财经商贸专业群的行动导向教学模式，从五个教学要素进行研究和论述。同时，考虑到任何教学模式都要通过相关的教学方法运用于课堂教学，故本节内容简要介绍几种行动导向的教学方法。

赵志群（2003）从企业内职业培训出发，将行动导向教学方法划分为三个类型，并列举了10种具体教学方法。

（1）目标单一的知识传授与技能培训法，包括四阶段教学法（准备—教师示范—学生模仿—练习总结）、六阶段教学法（激励—遭遇困难—寻找解决办法—试验—记忆与掌握—运用）、张贴板教学法、头脑风暴教学法。

（2）综合能力的培养方法，包括项目教学法、引导文教学法。

（3）现代工作岗位的培训法，包括分散式培训、工学整合式培训、户外培训。

本研究选取几种适合中等职业学校财经商贸专业群的行动导向教学方法进行介绍，旨在推广行动导向教学模式在该专业群中的应用。

1. 项目教学法

项目教学法是师生以团队的形式共同实施一个完整的项目工作而进行的教学活动，其基础和出发点是一个完整的单元项目，如独立编制一份财务报表、独立设计和制造一个新的产品等。

项目教学法起源于美国，在美国教育家凯兹和加拿大教育家查熏合著的《项目教学法》中最早出现了"项目教学法"这一理念。它最初的含义是知识可以在一定的条件下自主建构获得；学习是信息与知识、技能与行为、态度与价值观等方面的长进；教育是满足长进需要的有意识、有系统、有组织的持续交流活动。项目教学法在德国尤为盛行，2003 年 7 月德国联邦政府教育部制定了以行动为导向的项目教学标准。它是一种以建构主义为理论依据的教学方法，它强调学习者自身对于知识经验的学习和把握，教师在教学过程中起到组织与协调的作用。学生通过信息的采集、筛选，方案的设计、实施及评价，独立处理目标项目，从而掌握直接知识和经验，培养特定目标能力。

以中等职业学校财经商贸专业群"基础会计"中现金和银行存款日记账的学习为例，遵循上述步骤，利用项目教学法展开教学。

（1）教师确定项目并收集相关资料。

（2）学生分组，制订计划。

（3）各小组讨论项目的实施，并做出决策。

（4）完成项目的实施。

（5）检查项目的完成情况。

（6）评价总结。

教师的评价至关重要，因为学生从项目活动中获得的直接经验有很多，且是多种多样的，这时需要教师对于学生得出的各种经验给予正确的引导。教师还应对于学生在活动期间的各种表现给予适当的引导。教师在评价的过程中，应注意多种评价方式相结合，以鼓励学生为主，尊重学生的劳动成果，肯定学生的成绩。项目教学法的实施步骤如图 5-5 所示。

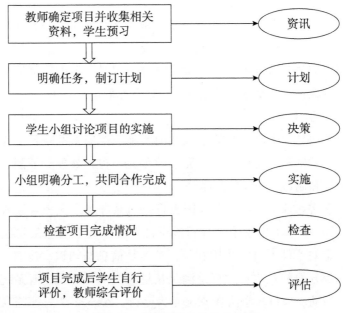

图 5-5　项目教学法的实施步骤

2. 引导文教学法

引导文教学法是借助引导文等教学文件，引导学生独立学习和工作的教学方法。引导文教学法强调学生为主体，教师为主导，帮助学生掌握正确的学习方法，并将理论知识应用于实践。注重学生的"个性化学习"，有助于培养和提高学生的思维能力、自学能力、分析解决问题能力、对环境的心理承受和适应能力等。引导文教学法的基础和中心在于引导文。引导文是指导学生完成某一教学项目（或单元）的重要教学文件，具有目标性、准确性、连续性和方向性，所以引导文在此种方法的运用中显得非常重要。一个引导文包括以下内容。

（1）学生目标：通过该教学项目，学生应完成什么工作，应掌握哪些知识和技能。

（2）引导问题：学生在引导问题的指引下主动、独立学习，制订出可行的工作计划，并对该工作计划实施并评估。

（3）信息获取渠道：提示学生获取有关信息的来源，培养学生获取、加工、处理信息的能力。

在整个教学过程中，应以个人独立或小组为单位完成教学任务，由学生独立制订计划、独立实施计划、独立评估计划并评价自己的成果。老师在教学过程中的重点是如何开发好的引导文、教学前的准备工作及收尾工作。引导文教学法的教学过程如图 5-6 所示。

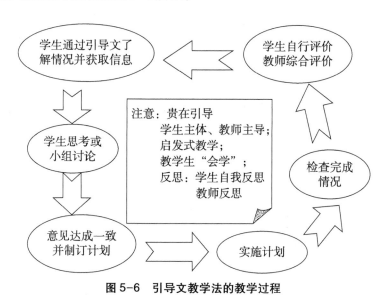

图 5-6　引导文教学法的教学过程

3. 模拟教学法

模拟教学法是指在一种人造环境或虚拟的情况下进行教育活动。模拟教学分为模拟设备教学与模拟情境教学两大类。

模拟设备教学主要是靠模拟设备作为教学的支撑，而模拟情境教学则是根据专业学习的要求，模拟出多个社会场景，这些场景中具有与实际相同的功能及工作过程，只有活动是模拟的。例如，20 世纪 50 年代起源于德国的"模拟公司"就可以被视为一种针对经济类专业的学生进行的模拟情境教学。根据中等职业学校财经商贸专业群的特点，主要考虑模拟情境教学。财经商贸专业应用该模式主要根据职业岗位模拟某个社会场景，如银行、财务办公室、公司等，最好配合学生的角色扮演进行教学。这样做的目的是让学生在一个贴近真实的环境中全面具体地理解所要学习的内容以及未来所要从事的岗位等，有助于提高学生的综合职业素质。应注意的是，虽然模拟是虚拟的，但教学过程的重点还是应集中表现在强调行动的完整性，应是基于行动导向的一个教学过程。

4. 案例教学法

案例教学起源于美国哈佛大学商学院，被誉为商学院的传家宝，也是世界闻名的哈佛模式。案例教学法是指在教学中根据一定的教学目标，将收集到的真实案例进行典型化处理，形成特定的教学案例，学生对案例进行思考、分析、讨论并做出判断得出结论的一种教学方法。这种教学方法能够拓展学生的思维空间，提高其分析问题和解决问题的能力。

应注意的是，案例教学的宗旨不是传授最终真理，而是通过具体案例的讨论和思考，培养学生的发散性思维，激发学生的创造潜能。学生既要从教师的引导中加深对问题的认识并提高其解决问题的能力，又要与同学交流，在讨论中提高对问题的洞察力。学生通过参与案例研究，培养分析、解决问题的能力和独立判断、决策的能力。

以成本会计为例，在成本会计中有关费用的归集与分配方法、成本的核算方法、成本计划与成本报表的编制、成本分析方法等内容，可以尝试采用案例教学法进行教学。传统的教学方式是将每个内容分开讲授，而采用案例教学法，可以将费用的归依与分配和成本的核算方法用一个例子来贯穿。学生可以运用已学的知识自己动手操作，编制记账凭证等，教师在一边指导、提示、核对。

5. 头脑风暴法

头脑风暴法，又称智力激励法。1939 年由美国创造学家奥斯本首次提出，它是指通过一种小型会议的组织形式，在畅所欲言的氛围中，让参与者自由地交换想法，以此激发参与者的创造灵感，激起头脑风暴。这种方法鼓励同学对某一件事物发表各自的想法，而不进行讨论和评价，旨在通过发表意见的过程中，学生之间受到不同意见和想法的启发，而产生新的灵感，激发自己的创造性思维，逐步得出正确性的结论。这样的过程中，由于没有各种规则的限制，学生们可以自由思考，各种想法灵感的碰撞，很容易产生新思维的火花，从而使学生思维和教学效果进入一个全新的领域。

以成本计算内容的教学为例，头脑风暴法教学可大致分为以下步骤。

（1）确定课题及课前准备。

（2）学生阅读材料并独立思考。

（3）学生意见发表。

（4）检查评价阶段。

五、行动导向教学模式与传统教学的区别及其优势

传统教学主要是指以教师讲授为主的教学方式。它注重知识的系统性，主要传授实际存在的显性知识，即陈述性知识。经过多年的发展，传统教学已形成一套相当成熟的理论与模式。传统教学重视知识传递的系统性，强调知识的理论性，重视治学的严谨性。这些对于普通中等教育人才的培养是必不可少的，有利于学生系统地掌握所学的学科知识。

中等职业的财经商贸专业具有其学科的特殊性，对学生的实践性和实务性要求比较高，同时也相当重视学生个人价值观、人生观以及职业操守的培养。中等职业学校财经商贸专业群的培养目标是要求学生除了具备财经商贸专业理论基础，还要求其具备较强的账务处理能力、良好的人际交往和团队合作能力、拥有健全的人格和良好的会计职业道德等综合职业能力。相对来说，中等职业学校并不特别强调学生所学知识的理论性、系统性，相反，尤其重视学生的实践性和对所学知识的应用性。所以，传统理论知识灌输的教学方法应用于中等职业学校财经商贸专业群中存在诸多弊端。而行动导向教学模式，其宗旨是培养学生的综合职业能力，使其除具备专业知识外，还重视培养学生的社会能力和个人发展能力，对于中等职业学校财经商贸专业群来说，这样的一种教学模式相对于传统的教学模式来说有许多优势。

（1）中等职业的生源多是在高中时期成绩中等的学生，他们思想活跃，动手参与的积极性高，但同时也存在一些诸如学习目标不明确、自我控制能力较差的特点。在中等职业学校财经商贸专业群中运用行动导向的教学模式既能发挥他们的优势，又能修正他们的不足。因为行动导向的教学要求学生独立思考、独立地完成任务，这对于培养学生的自我控制、自我学习能力很有帮助；行动导向的教学多以小组合作的教学方式出现，中等职业生源参与活动的积极性很高，小组式的学习也比较适合提高他们的团队合作和人际交往能力。

（2）传统教学比较重视学生对于所学知识点的单纯记忆，而行动导向教学模式的目标是培养学生的综合职业能力，包括人际交往、团队合作、自我学习等在内的多种能力。相比之下，这样的培养目标更能适应当前的社会背景下中等职业会计学生的能力培养。

（3）传统教学的主要内容是对理论知识的讲授，即以间接知识为主，实

训课所占的比重很小。行动导向的教学模式多是小组合作式学习，强调学生独立地获取信息、独立地完成任务，学生在完成任务的过程中获取直接经验，这种直接经验与间接知识的结合，加深了学生对于所学知识的理解与掌握。

（4）传统的教学方式以教师讲授为主，忽视了学生的主观能动性。行动导向的教学模式强调以学生为中心，积极发挥学生的主观能动性，培养其人际交往、团队合作、自我学习等多方面的能力，这对于学生毕业后的发展很有帮助。

（5）传统的教学评价以笔试为主，重视分数，多数是总结性评价。行动导向教学模式的教学评价强调综合性、过程性评价，不单纯重视学生分数，而是注重评价的多元化。

传统教学与行动导向教学的比较如表 5-2 所示。

表 5-2 传统教学与行动导向教学的比较

	传统教学	行动导向教学
培养目标	学生认知能力	学生综合职业能力
教学内容	主要传授间接知识，直接知识的获取也是为了验证间接知识的正确性	间接知识与直接知识并举，通过间接知识的学习加深对直接知识的掌握
教学形式	教师讲授为主，以教师为中心	学生实践活动为主，学生独立地完成。以学生为中心，教师是组织者和协调者
操作程序（教学过程）	教学目标—知识讲授—课后测验—达到目标	资讯—计划—决策—实施—检查—评估
实现条件（手段和策略）	黑板、粉笔和教材；多媒体教室	多功能的一体化专业教室，即兼有理论教学、小组讨论、实验验证和实际操作的教学地点转换
教学评价	以笔试为主，强调分数，注重理论知识的记忆，评价方式单一	综合性、过程性评价，注重评价的多元化

第二节　中等职业学校财经商贸专业群行动导向教学模式应用现状分析

财经商贸专业具有较强的实务性和操作性，对学生的实践能力要求较高，同时也比较注重职业道德等学生个人价值取向的形成。而中等职业教育培养的是技能型、技术型人才，对于中等职业学校财经商贸专业群的学生来说，会计理论知识的掌握比普通本科学校的要求较低，更加注重的是学生的实践能力。同时，虽降低了理论知识的要求，但对会计职业道德等其他方面的要求仍然相当重要。行动导向教学的宗旨就是培养综合职业能力，包括专业胜任能力、社会能力和个人发展能力；同时，其教学方法及教学过程都具有较强的实践性。因此，行动导向教学模式运用于中等职业学校的会计专业教学中具有一定的可行性，有助于优化并完善中等职业学校财经商贸专业群的教学模式。

为了解当前中等职业学校财经商贸专业群关于行动导向的教学现状，笔者对浙江省及广西的部分中等职业学校财经商贸专业的任教老师进行了问卷调查，以期反映出当前中等职业学校财经商贸专业行动导向教学的实施现状。

一、调查说明

1. 调查对象及工具

本次调查是以浙江省和广西壮族自治区部分中等职业学校财经商贸专业的任课教师作为调查对象，共发放问卷 98 份，收回 94 份，有效回收率 95.92%，问卷采用无记名的方式进行。

2. 调查问卷的设计

本书的研究以作者自行设计的《职业教育会计专业行动导向教学模式应用调查问卷》（见附录 H）为例。问卷的题目设计参考了有关行动导向教学模式的几个关键程序，包括教学目标、操作程序、实现条件和教学评价等方面，并结合中等职业学校财经商贸专业的特殊性。笔者就问卷中的问题是否能反映本研究的内容，语言表达是否准确合适等问题进行了反复推敲，力求准确简洁的表达本文研究的问题。问卷在设计的过程中向有关教育学院的教师及会计教师做了咨询和指导，具有较高的信度。

二、应用现状分析

1. 中等职业学校财经商贸专业群教师基本情况介绍

本次问卷调查的对象为浙江省和广西壮族自治区的部分中等职业学校财经商贸专业的教师。从收回的调查问卷来看，参与本研究的中等职业学校财经商贸专业群教师学历分布为：专科学历占 4.2%，本科学历占 36.17%，硕士学历占 52.13%，博士学历占 7.44%；教龄分布为：教龄 0~5 年的占 68.1%，教龄 5~10 年的占 18.9%。教龄大于 10 年的占 13%。整体来看，中等职业学校财经商贸专业群教师队伍学历正逐步提高，本科、硕士所占比重较大；教师队伍也呈现出年轻化的趋势，这有利于教师接受新事物，有利于教师整体素质的提高。

2. 调查结果分析

（1）对行动导向教学模式的认知及教学目标的确定。问卷第 4、5、6、7 题调查的是中等职业学校财经商贸专业群教师对行动导向教学模式的认知及教学目标确定的问题。调查结果显示：仅有 9.57% 的教师对行动导向教学模式有过研究并且尝试运用，15.96% 的教师对行动导向教学模式有所了解但并未运用，42.57% 的教师仅仅听说过行动导向教学的相关概念，而有 31.90% 的教师并未听说过行动导向的教学模式。通过对第 4 题的调查显示，对职业教育相关理论进行认真学习的教师仅占 13.82%，36.17% 的教师仅了解职业教育相关理论及前沿动态，40.43% 的教师只听说过有关职业教育的理论，而有 9.58% 的教师对职教理论未加关注。从这一点可以看出，在中等职业学校财经商贸专业的教师中，对于职教理论的学习并未引起足够的重视，而对于本文所研究的行动导向教学模式更是仅有不到一成的教师有过研究并尝试运用，将近八成的教师仅是听说过甚至从未听说过行动导向的教学。第 6 题的调查结果显示，中等职业学校财经商贸专业群的教师了解行动导向的渠道多是网络和期刊，分别占 23.63% 和 18.24%，几乎没有教师选择教学培训和理论书籍，这说明行动导向教学模式的研究还未普及，还需在中等职业学校财经商贸专业群的教师的后续培训中加以重视。至于行动导向教学模式在中等职业学校财经商贸专业群中运用的情况如何，将在后续的分析中进一步探讨。

中等职业学校财经商贸专业的教师在确定教学目标时所考虑的因素也是多种多样的。根据本问卷第 7 题的调查显示，所有教师都考虑到学生对财经商贸专业理论知识的掌握占比达到 100%，财经商贸专业实践技能掌握占62.13%，其他各因素所占比重分别为：人际交往能力占 8.51%，团队合作能力占 28.73%，组织协调能力占 14.90%，信息处理能力占 13.22%，独立思考、解决问题的能力占 19.63%，心理承受、环境适应能力占 11.71%，创新创业能力占 14.05%，会计职业道德、敬业精神占 56.17%，自我学习、自我反思的能力占 18.09%，社会责任感占 12.54%，其他因素的考虑占 12.77%，其他因素主要为：语言表达能力、法律认知能力及逻辑思维能力等。

（2）对行动导向教学模式的操作程序的调查结果分析。问卷第 8、9、10题对行动导向教学模式的教学方法和操作程序进行了调查。行动导向教学模式的操作程序分为"资讯—计划—决策—实施—检查—评估"这几个环节。教师按照这几个环节引导学生进行行动导向的学习，在教与学的过程中培养了学生的综合职业能力。调查结果显示，大多数教师在教学过程中较多地运用了问卷中提及的教学方法。其中，运用项目教学法的教师占 34.05%，运用引导文教学法的教师占 39.37%，运用模拟教学法的教师占 68.09%，运用案例教学法的教师人数最多，达到 93.62%，运用头脑风暴教学法的教师占21.28%。这说明在教学过程中教师运用最多的教学方法是案例教学法，这和财经商贸专业的特殊性与实务性有关，在教学中需要列举较多的实务案例或设计案例使学生加深对所学知识的理解（见表 5-3）。

表 5-3　　　　　　　　行动导向各种教学法的运用情况

选项	比例
项目教学法	34.05%
引导文教学法	39.37%
模拟教学法	68.09%
案例教学法	93.62%
头脑风暴教学法	21.28%

但是，教师在运用各种教学法的时候是否按照行动导向的教学理念和操作程序开展教学的情况却不容乐观。问卷第 9 题对教师是否按照行动导向的操作程序进行教学的情况进行了调查，结果显示，仅有 7.45% 的教师遵循了行动导向教学模式的操作程序的几个环节，有 26.6% 的教师并未完全遵循这

几个环节，而高达 65.95% 的教师完全没有按照这几个环节进行教学的。第 10 题的调查结果显示，教师运用这些教学方法时多是简单的小组讨论，或是作为理论课的补充。这说明，虽然行动导向教学模式中所提到的几种教学法在中等职业学校财经商贸专业群的教学中已有或多或少的运用，但教师对于行动导向的教学理念及教学程序等方面并不是非常了解，以致这几种教学方法只是在形式上的运用，偏离了行动导向教学模式所倡导的教学操作程序以及教学目标等。

（3）教师队伍、学校设施等因素对行动导向教学模式的影响。中等职业学校财经商贸专业群教师的知识储备多为财经商贸专业的理论知识，以确保满足中等职业学校财经商贸专业群课程教学的需要，对教学法、课程设置、科学研究方法等教育理论相关的知识并未引起足够的重视，这不利于行动导向教学模式的学习与开展（见表5-4）。

表5-4　　　中等职业学校财经商贸专业群教师培训或自修内容调查

培训或自修内容	比例
新会计准则	87.24%
最新会计前沿动态	36.17%
会计教学法	13.83%
会计课程设置	15.96%
科学研究方法	8.51%
信息技术与网络	14.9%
其他：教材新增内容、新企业所得税法、青少年心理健康等	21.28%

（4）问卷最后一题收集了被试老师对于完善中等职业学校财经商贸专业群教学模式的建议，包括：注重学生各种能力的培养，使学校培养出的学生能够更好地与用人单位的要求接轨；学校应重视并组织系统化的培训，及时宣传职教理论及最新动态；老师应注重自身的可持续发展，提高教学能力和实务操作能力。

3. 中等职业学校财经商贸专业群行动导向教学模式应用调查结论

（1）教学目标单一。

（2）中等职业学校财经商贸专业的硬件设施不能与教学较好的结合利用。

（3）教师自身素质及知识背景的欠缺。

（4）中等职业学校管理层认识不足，对开展行动导向教学模式的支持力度不够。

（5）财经商贸专业所用教材不太适合中等职业学生。

（6）教学评价还停留在传统评价层面。

虽然目前行动导向教学模式在中等职业学校财经商贸专业群的应用过程中还存在着一些不足之处，但在中等职业学校财经商贸专业群中开展行动导向教学模式的优势和广阔前景毋庸置疑。所以，笔者在文献研究和个人思考的基础上，结合问卷调查所得的相关数据资料，总结出推行和开展中等职业学校财经商贸专业群行动导向教学模式的几点建议。

第三节　推行行动导向教学模式的策略

一、多角度审视中等职业学校财经商贸专业群的教学目标

培养目标决定着教学目标，而教学目标又决定着教学的内容和方法，传统的灌输式教学主要基于对知识点记忆的教学目标。然而，在当前社会快速变化的背景下，从学校里获得的知识已不足以支持一个人的整个职业生涯。中等职业学校财经商贸专业群不仅要教学生具备一技之长，还要让学生学会如何在以后的人生中自我学习、自我生存和发展，能够适应不断变化着的社会和市场。现代企业不仅要求员工的专业能力和技能外，还特别注重员工的职业道德和职业态度，如诚信度、忠诚度，创新能力等。这样的大环境要求中等职业学校财经商贸专业群应将培养学生的综合职业能力纳入其教学目标之中。

（1）学校和教师都应跳出传统教学目标的局限，拓宽视野，更新观念，了解当前社会和劳动力市场的用人需求，并进行岗位分析，明确财经商贸专业的学生所需培养的综合职业能力。

（2）分析综合职业能力中各个目标的影响因素，了解培养这些目标所需的知识储备，并有针对性地对教师进行教学培训。例如，培养学生的心理承受能力和环境适应能力需要教师具备心理学的知识，关注学生的心理成长；职业道德的培养需要教师在教学过程中不断地渗透和灌输，让学生将职业操守内化为自身素质一部分；团队合作等能力的培养要求教师在教学过程中以

学生为主体，让学生在学习过程中揣摩和尝试，同时教师就需要修正的地方进行指点。

（3）教师应将学生综合职业能力的培养贯穿教学的全过程，创造平等、和谐的师生关系和课堂氛围，尊重学生，激发学生的创造性思维，培养学生自主学习的意识、创新意识，加强学生的会计职业道德，使学生学会学习、学会生存、学会做人。

二、改进学校硬件设施

1. 建立多功能一体化教室

姜大源认为，实施行动导向的职业教育教学应建设有利于行动导向教学方法开展的主客观条件，如建立多功能一体化教室，将传统的单功能专业教室，即描述性、报告性的理论课堂，转换为兼有理论教学、小组讨论、实验验证和实际操作的一体化教室。

建立多功能一体化教室是实施行动导向教学的基本条件之一。中等职业学校财经商贸专业群不同于其他理工科类的专业，不需要多种实验器械，但财经商贸专业的特殊性也要求学校必须具备相关的硬件设施。多功能一体化教室要求教室内不仅具备基本的教学工具，如黑板、粉笔、讲桌等，还应具备多媒体教学仪器，满足教师的教学要求，同时还方便师生进行相关资料的查询。多功能一体化教室应打破会计教室与会计实验室的界限，将课桌与实验仪器放置于同一个教室，这样既能进行理论授课，又能满足学生动手操作的要求。由于行动导向教学过程中，对于某一项目或任务的学习，不仅要求学生之间进行讨论思考，还可能需要进行实验操作，将会计模拟实验仪器放置于一体化教室中，可以满足师生的要求。

目前，中等职业学校一般都配备模拟实验室，但由于现在多以传统教学为主，实验室的利用目的仍是以辅助传统教学中对理论知识的验证为主，利用率也不高。运用行动导向教学模式，并不需要学校对硬件设施的引进投入大笔的资金，只需在现有设备的基础上进行资源优化整合。会计专业一体化教室的设想如图5-7所示。

2. 加强校企合作基地的建设

行动导向教学模式的一个突出特点就是培养学生的实践能力，强调在教学过程和实践过程中学生实践经验的获得。德国的"双元制"将企业列为其

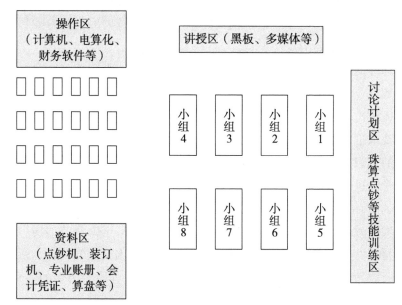

图 5-7　会计专业一体化教室的设想

中的"一元"，可见企业实践学习对于提高学生的综合职业能力来说有着相当重要的意义。加强校企合作基地的建设，在学校与企业之间建立长期稳定的合作关系，让学生在企业中以职工的角色进行实训，既能克服学校实验室软件更新不及时的弊端，又能使学生在行动导向的教学过程中获得的经验与结论在实训中得到加强与深化，能够更好地巩固所建立的知识结构。学生可在校企基地接触到最前沿、最主流的财务软件及设备，毕业后可较快地融入工作中去。同时，在实训过程中，能够提高学生会计职业道德、责任意识、团队合作与人际交往等方面的能力，也有助于综合职业能力的培养。

三、加强教师队伍培养

《教育部关于进一步深化中等职业教育教学改革的若干意见》中指出，要注重教师队伍的"双师型"结构，改革人事分配和管理制度，加强专兼结合的专业教学团队建设，中等职业学校教师队伍建设要适应人才培养模式改革的需要。提高中等职业教育的办学水平和质量，关键在教师。没有一支高素质的教师队伍，就不可能有高水平的职业教育。美国学者鲍里奇在著作《有效教学方法》中指出，清晰授课、教学的多样化、教师任务导向、引导学生积极投入学习、确保学生成功率是有效教学至关重要的五种教学行为。这五种教学行为对应用行动导向教学模式的中等职业学校财经商贸专业群的教师来说也有着非常重要的意义。

行动导向的教学模式对教师提出了更高的要求。教师不仅应具备丰富的财经商贸专业理论知识，还要具备对于多媒体设备的操作应用能力，同时，教师还应跳出传统教学的框架，根据教学目标对所学内容按照行动导向教学模式的要求进行整合。同时，教师也要具备熟练的实务操作能力、教育学和心理学的知识，具备行动导向的教学能力，例如，若采用行动导向教学中的项目教学法进行教学，要完成整个教学过程，教师必须具备完成一个项目所能涉及的所有专业理论知识和专业技能，还要寻找合适的、可用于教学的项目，能够对教材的内容进行有机地整合，将某几章甚至跨章节的内容整合为一个项目，并且要求教师对于项目的制订和实施要围绕教学目标，所以教师在备课时要做大量的准备工作，以应对教学中学生可能会出现的各种问题，这样才能使项目的进行在引导学生独立思考的同时，还能使学生的行为在教师可以控制的范围之内。因此，教师队伍的培养是顺利开展行动导向教学模式的当务之急。

首先，教师必须创新观念，转变角色，真正做到以学生为中心，尊重学生。教师的教育观念很大程度上决定其教学态度和对学生的态度。我们强调教师在教学过程中应以学生为主体，放手让学生进行独立思考、独立决策、独立行动。同时，教师也要强调小组合作的重要性，注重学生团队意识的培养等等。

其次，教师应加强财经商贸专业的理论知识学习，深入研究教学方向，开发新的教学案例，不断更新课程内容、整合课程知识，设定新的教学项目或任务。

再次，中等职业学校财经商贸专业群的教师还应补充教育学、心理学知识，在教学过程中充分考虑学生的认知水平和已有的知识、技能、经验以及他们的兴趣，分析学生的普遍性需要和特殊性需要，有针对性地选择教学内容和教学方法。

最后，教师应在课后总结经验，改进不足，不断提高自身的教学水平。同进，教师也应提醒学生在相关项目或任务完成后进行自我反思，通过自己独立思考分析出自身的利弊，从而不断地完善自己。中等职业学校财经商贸专业群的教师自身还必须提高其动手实践的能力，加强与行业企业的合作，拓展操作技能，真正地转变为教学活动的策划者、指导者和协调者。

四、提高学校管理层重视

学校除了需要具备相关的硬件设施，相应的软环境建设同样是必不可少的。这里的软环境主要指的是学校领导对行动导向教学模式的认识与重视、学校管理评价机制的相应转变等。

行动导向教学模式也对学校领导提出了更高的要求。实施行动导向教学，需要对学校现有的硬件资源或教师资源进行优化整合，同时还要投入一定的资金引入教学设备或师资。这就要求学校领导对于该教学模式有正确的认识和足够的重视，提倡和鼓励教师开展行动导向的教学，并在资金和政策上给予支持和便利。另外，还要改革学校现有的管理评价机制，以适应行动导向教学模式的实施。例如，现在的高校比较重视教师的学术科研成果，而较忽略教师的课堂教学水平，这使得教师课堂教学的积极性不高，行动导向的教学模式要求教师应重点关注教学内容的编排和设置、学生在教学过程中的表现等等方面，这就要求学校的教师职称评定等方面要引进教师的教学水平的评比，重视行动导向教学的开展情况。

五、优化教材的编制

教育部 2000 年起就组建中等职业专科公共课程教学指导委员会，具体负责各类基础课程和专业课程的教材建设工作。虽然目前各地已出版了一批中等职业专科的会计教材，但从总体上来看，真正适合中等职业学校财经商贸专业群的教材并不多。现有的中等职业教材多是借用本科或中职的会计教材，质量参差不齐。本科教材注重知识的系统性和理论性，这与其培养目标紧密相关。而中职的会计教材知识较之于中等职业会计教学的需要来说也略显浅薄。另外，由于不少中等职业学校对教材的选用质量重视不足，造成目前中等职业学校财经商贸专业群教材并不尽如人意的情况。

行动导向教学法的实施对会计教材的要求较高。行动导向教学强调小组对项目或任务的学习，有的项目或任务有可能跨越几个小节甚至几个章节，因此在行动导向教学模式的实施过程中，教材的编写和选择是至关重要的一环。

在教材的编写方面，可以借鉴德国职教的教材建设，开发出具有中国特色的中等职业会计教材，促进教学质量的不断提高。德国职教在其教材建设方面十分严谨，并且注重实用性。在编制教材前，德国职教会先对职业岗位进行全面、系统的分析，以确定职业岗位所需的基本知识和专业实践技能，再围绕这些知识和技能，在教材中大量设计实践环节，每个实践环节都可以作为一个完整的项目或任务。学生通过这些项目或任务的实际动手操作，在掌握知识和技能的同时，逐步具备独立计划、实施与自我评价的能力。

在借鉴德国职教教材建设的同时，还要注意结合中国的实际情况。教材的编制应体现知识和技术实用够用的原则，强调学生关键能力的培养，并体现项目或任务驱动的教学模式。通过教材的编制，整合中等职业学校财经商贸专业群所需的知识与实践技能，使新教材能更好地适应行动导向教学模式的开展。

六、转变教学评价

教学评价是依据一定的教学目标和标准，对教学活动结果进行价值判断，从而为教学提供决策服务的活动。教学评价应涵盖教学目标、教学过程、教学方法、教师授课质量、学生学习情况和其智能、品德发展等领域。然而，传统的教学评价存在局限性，如大多的教学评价都是以教师为中心，评价主体单一，忽视了学生的主体地位；教师以智育的评价代替学生全面发展的评价，只重视智力特性而忽略其他特性的评价；以考试的分数这一单一的评价标准来衡量学生理论知识的记忆情况，忽视学生个体的丰富性、复杂性；注重总结性的静态评价，而忽略学习过程中学生的过程性评价等等。可见，传统的教学评价过于量化，很难衡量出教师"教"的效果与学生"学"的收获。

行动导向教学模式对中等职业学校财经商贸专业群的评价模式提出了更高的要求。一方面，由于行动导向教学模式在培养目标上与传统教学模式存在显著差异，我们在探索如何更好地开展行动导向教学的同时，还必须改革相应的学生评价体系，使新的评价体系能够与行动导向教学模式相匹配，起到促进作用。另一方面，由于行动导向教学模式中的项目教学法、引导文教学法、案例教学法等教学方法都是基于建构主义的思想下发展起来的，而建构主义思想的一个重要特点就是小组合作学习，所以说目前这种单一的评价模式也难以体现出小组合作学习中每个学习者的情况。另外，对于行动导向教学的评价，要求立足于整个教学过程，从整体的角度把握学生个体经验的获得，个体的成长与发展，目前这种静态的评价模式也不适应行动导向动态的教学过程。具体来说，应从以下三个方面进行保障。

1. 形成性评价与表现性评价

形成性评价是指在进行教育活动时，即学生知识、技能与态度"形成"的过程中，对学生的学习情况进行监控与评价，为教师与学生提供反馈，并将评价中收集到的信息用于调整教学以满足学生的要求及提高教学质量。形成性评价是对学生在学习过程中所表现出的能力、学习态度和策略方法、发展潜能等方面进行全面的综合性的评价。形成性评价注重学习者在学习过程中的自我评估判断，强调学生的自我评价，使学生在自我评价中不断地反思并取得进步。根据形成性评价的结果，教师在制订教学计划时可以有全面的参考，了解学生的学习状况和个体差异，根据学生的学习兴趣选择学习材料或活动项目。

美国教育评定技术处将表现性评定定义为通过学生自己给出的问题答案和展示的作品来判断学生所获得的知识和技能。表现性评价通过记录学生在项目或问题解决过程中的操作、演示、口头陈述等外显行为或者设计方案、操作报告等成果来评价学生的能力。表现性评价强调在评价过程中学生自己也参与评价、成为评价的主体，让学生意识到评价是发现问题、自我提高的方式。

在行动导向教学过程中，学生完成项目或任务的过程是非常重要的一部分，教师应重视在这个过程中学生表现出的能力、态度和学习的策略等内容，运用形成性评价，使评价不断地激励学生的进步，激发学生的潜能。同时，行动导向教学过程的"评价"环节强调学生的自我评价和反思与教师的评价相结合。表现性评价主张学生参与评价，让学生自我评价、自我反思、自我提高。

2. 静态评价与动态评价

传统的评价一般只要求学生得出问题的答案，而对学生得出答案的过程漠不关心。这种缺乏对学生学习过程的评价会导致教师和学生都只重视结果，而忽略了中间过程。而行动导向教学模式主要采取小组合作的学习方式，并且注重学生在学习过程中知识的获得和经验的积累，强调教师重视学生学习、合作、探究的过程，可见传统的只重视结果的静态的评价模式存在很多的弊端。动态的评价是指关注学生求知过程的评价，它更多地关注学生的求知过程、探究过程和学习过程，关注学生各个时期的进步状况，只有这样，才能帮助学生形成积极的学习态度、科学的探究精神，才能注重学生在学习过程中的情感体验，实现"知识和技能""过程和方法""情感态度和价值观"的全面协调发展。同时，动态的评价除了应考查学生的整体知识水平，更要重视考查学生解决问题的能力和利用知识进行推理的能力，以及考查学生的创造性思维水平。学生的发展是一个动态的、不断变化的过程，评价应贯穿学生学习的全过程。

3. 以学生为本，注重评价过程中的人文化

建构主义认为，教学是学生通过学习，在已有知识经验的基础上积极主动地建构新的知识和经验的过程。因此，课堂的中心应该是学生而不是教师。行动导向教学模式也认为学生是学习过程的中心，教师是学习过程的引导者和协调者。因此，教学评价应向"以学生为中心"转变，建立以学生发展为本的教学评价模式。人文教育是我国教育改革中备受关注的话题，在中等职业学校财经商贸专业群实施行动导向教学模式时，其教学评价应该彰显人文性。建立平等、尊重的新型师生关系，加强教学过程中教师与学生的协调配合，充分发挥学生的创造性和主动性。在这样的教学评价中，更多的关注学生的发展，以学生发展为本，使评价过程更具人文关怀，建立起一种人文化的评价过程模式。

第六章 中等职业学校财经商贸专业群教师队伍建设

教师是履行教育教学职责的专业人员，肩负着教书育人，培养社会主义事业建设者和接班人，提高民族素质的使命。教育具有不同的层次和类型，而不同层次、不同类型的教育根据不同的人才培养目标对教师有特定的要求。中等职业教育的特色在于其人才培养的职业型、应用型、大众型，在于其牢牢抓住职业教育为经济建设和企业发展服务这一主线，突出理论与实践的结合，实现学校与企业的良好对接。因此，要开展"良好职业技术教育"和"良好的职业培训"，必须有一支素质精良的职业教育教师队伍。"双师型"教师队伍建设是提高中等职业教育教学质量的关键。

培养和引进高素质"双师型"专业带头人和骨干教师，同时聘请企业行业技术骨干与能工巧匠，实现专兼结合的专业教师队伍建设。教育部对中等职业学校教师队伍有具体要求，即要求优秀学校专业基础课和专业课中"双师型"教师的比例要达到70%以上，合格学校要达到50%以上。可以这样理解，"双师型"教师是胜任职业教育专业课教学任务的基本条件。换句话说，"双师型"教师是担任职业教育专业课教师的最低标准，如果教师不是"双师型"教师，那么他就不能胜任这个教学工作，就不具备担任职业教育专业课教师的资格。

《国家中长期教育改革和发展规划纲要（2010—2020年）》指出："以服务为宗旨，以就业为导向，推进教育教学改革。实行工学结合、校企合作、顶岗实习的人才培养模式。坚持学校教育与职业培训并举，全日制与非全日制并重。制定职业学校基本办学标准。加强'双师型'教师队伍和实训基地建设，提升职业教育基础能力。"

第一节　"双师型"教师的内涵及其界定

一、"双师型"教师的内涵

教育部中等职业教育的培养目标表述为："适应生产、服务、管理等第一线需要，德智体美诸方面全面发展的中等技术应用型人才，学生应在具有必备的基础理论和专业知识的基础上，重点掌握从事本专业领域实际工作的基本能力和基本技能，并具备良好的职业道德。"这就要求中等职业教师要熟悉与自己专业相关的生产领域的情况，有丰富的工作经验，最好曾是现场的技术人员，或曾经有过在现场工作的经历。中等职业教师既是知识的传播者，又是实践技能的示范者，是理论与实践并重的具有双重职称的教师。

2014 国务院颁布的《国务院关于加快发展现代职业教育的决定》指出："完善教师资格标准，实施教师专业标准。健全教师专业技术职务（职称）评聘办法，探索在职业学校设置正高级教师职务（职称）。加强校长培训，实行五年一周期的教师全员培训制度。落实教师企业实践制度。政府要支持学校按照有关规定自主聘请兼职教师。完善企业工程技术人员、高技能人才到职业学校担任专兼职教师的相关政策，兼职教师任教情况应作为其业绩考核评价的重要内容。加强职业技术师范学校建设。推进高水平学校和大中型企业共建"双师型"教师培养培训基地。地方政府要比照普通高中和中等学校，根据职业教育特点核定公办职业学校教职工编制。加强职业教育科研教研队伍建设，提高科研能力和教学研究水平。"

"双师型"教师的基本内涵有两点：一是既能从事理论教学，也能从事实践教学；二是既能担任教师，也能担任相近的专业技术职务。因此，"双师型"教师既具备理论教学能力，又具备指导技术操作能力；既具备专业知识，又具备教育学知识；既具备面对学生、处理师生关系的素质，又具备面对企业、社会处理人际关系和与人共事的素质的双职业素质。在"双师型"教师的认定中，既要重形式，也要重实质。那些既具有一定理论知识，又有相应的专业实践技能；既可胜任理论教学，又可胜任实训教学，虽然没有双职业资格证书，但已经具备了"双师型"素质和能力要求的教师也属于"双师型"教师。

"双师型"教师既具有中等学校教学的专业技术职务，如讲师、副教授，同时又具有与从事专业教学相一致的技术职称，如工程师、会计师、经济师、高级技师等。但在目前的中等职业学校中，同时具备上述两种相关专业技术职务的教师数量并不多。在两种相关专业技术职务的融合尚有困难的情况下，我们把那些尚未取得技术职务，但有较长实际工作经验（一般在两年以上），且具备较强的专业技术水平的教师，或已具有中级以上专业技术职务，经学校考核已具备基本素质的教师，也称为"双师型"教师。

"双师型"教师在提高学生就业竞争力方面起着十分重要的作用，是提高学生就业竞争力的示范者和引领者。中等职业教育的培养对象是面向生产、建设、管理、服务第一线的技能应用型人才。学生在学校学习期间对职业能力的认识和培养主要是通过教师的示范和引导。因此，教师的职业能力，尤其是实践动手能力的高低直接影响学生职业能力的高低，仅侧重学科型、理论型的教师无法培养出职业能力强的学生；相反，没有相应的理论知识，仅靠传授技能和经验，那只能称为师傅带徒弟，对学生职业能力的全面培养同样不利。因此，"双师型"教师是学生的职业能力提升的关键因素。

二、"双师型"教师的界定

何为"双师型"教师？一种理解是以教师是否持有"双证"（教师资格证书、技术等级证书）为判断标准。这虽然从形式上强调了"双师型"教师重视实践的特点，但有人担心，在职业资格证书制度还不健全、不完善的今天，资格证书与实际能力是否等值？另一种解释是："双师型"教师等同于教师和工程师。这突出了"双师型"教师的教育教学能力和实践能力。需要明确的是，"双师型"教师不是教师与工程师的简单叠加，而是两者在知识、能力和态度等方面的有机融合，其必须将生产、管理、服务的知识和能力吸收内化，并能有效地再现、传授给学生。当然，教师的专业理论水平和专业实践能力应根据教师的层次和具体需要来确定。根据教育部提出的"双师型"教师应符合的条件，并结合国内各中等职业学校在"双师型"教师资格认定方式上的普遍做法，其具体条件可归纳为：一是要求教师具有与本专业同系列的技术职称或岗位资格（技能）证书；二是教师虽没有取得实际工作领域的专业技术职务，但应具有实际专业技术领域的技术人员的素质；三是已具有中级以上专业技术职务的人员到校任教且获得了教师资格证书。以上三种情况都可以称为"双师型"教师，其本质特征就是理论联系实际。"双师型"教师是指符合下列条件之一的教师。

（1）具有两年以上基层生产、建设、服务、管理第一线本专业实际工作经历，能指导本专业实践教学，具有中级（或以上）教师职称。

（2）既有讲师或以上职称又有本专业实际工作的中级或以上的专业职称。

（3）主持（或主要参与）两项（及以上）应用性项目研究，研究成果已被社会企事业单位实际应用，具有良好的经济或社会效益。

这说明"双师型"教师不仅包括专任教师，还包括从校外企业、行业聘请的兼职教师。"双师型"教师的职业素质要求不但具有较高的教学水平和丰富的教学经验，又有较为丰富的从事本专业工程技术实际工作的经历和经验，有较强的运用专业技术理论从事技术开发、技术转移、技术咨询、技术服务、技术创新以及解决实际技术问题的能力。

三、中等职业教师队伍的构成及特点

中等职业学校教师队伍一般由三部分组成：文化课教师、专业课教师和实验实训指导教师。首先，教师的专业结构与普通学校不同，学科门类庞杂，并且随着产业结构的变化，专业设置也在不断调整，这就要求教师的专业结构也需不断调整。如专业覆盖的宽广性对教师的专业教学能力要求较宽，体现在一个教师应该胜任本专业中的多门课程；理论与实践教学相结合的要求比较宽。专业基础课或专业课教师不仅要能胜任在教室上专业课，还应能指导本专业的课程设计、毕业设计、论文撰写、科技制作等。其次，由于中等职业教育的培养目标是培养生产（工作）第一线的实用型人才，因此，教师本身应具有很强的专业应用能力。但是，对中等职业学校教师要求的这种实用性，是体现专业运用中的特色，而非个别岗位操作的特色；体现专业实施能力，而非专业理论能力。这点明显区别于技工学校和普通高校，也是中等职业师资区别于其他类型职业学校教师的特性所在。因此，随着中等职业教育的发展，中等职业教育教师队伍越来越明显地反映出这支队伍应有的素质要求：具有敬业精神；具备扎实的知识功底；具有相应的实践经验；懂得教育基本规律；具有职业课程开发能力、适应专业教学任务转移的能力、社会活动能力和技术推广能力。一般情况下，大部分中等职业学校的教师组成是部分教师来自普通中等学校，部分教师来自社会，部分教师来自企业。

第二节　中等职业学校教师应具备的素质和能力

学生就业竞争力的强弱，学生素质结构、能力结构是否合理，关键在于是否有一支高水平的、结构合理的教师队伍。各类中等职业学校要按照培养高素质实用型人才的要求，从适应社会主义市场经济发展需要的高度，充分认识全面提高教师队伍整体素质的重要性和迫切性，切实加大教师队伍建设工作的力度，力争经过五年努力，建设一支师德高尚、教育观念新、改革意识强、具有较高教学水平和较强实践能力、专兼结合的教师队伍。因此，建设高水平专兼结合专业教学团队是中等职业学校建设的主要任务之一，同时，教师所具备的素质和能力直接影响着学生的素质养成与能力提高。

一、素质

素质既指个人生来就已经具有的解剖生理特点，又指公民或某种专门人才的基本品质。在中等职业教育领域，中等职业教师的素质主要包括教师的一般素质和专业素质。

（一）中等职业教师的一般素质

思想政治素质是教师必须具备的一种特殊素质，是教师整体素质的核心，其他素质都受思想政治素质的制约。教师的政治观、人生观、价值观都会对学生产生潜移默化的影响。因此，教师必须具有一丝不苟的作风，严谨求实、刻苦顽强的学习精神，努力钻研的科学精神和热情、开朗、宽容的性格。同时，教师还要努力学习优秀的企业文化，用它来感染和教育学生，让学生一进校门就牢固树立"职业人"意识，使学生缩短社会适应期。中等职业教师要出色完成教育教学任务，除具备良好的专业素质外，还须具备良好的一般素质，即职业道德素质和身心素质。

1. 职业道德素质

一直以来，教师就被比喻成"人类灵魂的工程师"，顾名思义，教师就是通过自己的劳动，让受教育者获得更多知识，提高思想觉悟，以此来改变他们的精神面貌，塑造他们的美好心灵。这就对教师提出了更高的要求，他们不仅要具备深厚的知识功底，更要具备良好的职业道德。教师职业道德主要包括以下几个具体内容。

（1）对待教育事业的道德规范。

（2）对待学生的道德规范。

（3）对待教师集体的道德规范。

（4）对待自己的道德规范。

2. 教师的身心素质

较高的素养和良好的心理品质是教师必备的基本功，是教师形成最佳心理状态的重要条件，每个教师都应自觉培养和锻炼自己的身心素质。

（二）中等职业教师的专业素质

对于中等职业教师而言，专业素质是教师进行教育教学活动、实现人才培养目标的专业技术知识和技能，包括本专业需要的职业技能、技术知识、中等职业教育理论与方法、职业指导方面的理论与方法、教育学和心理学知识。这些构成了教师从事教育工作的基础和能力。中等职业教师的专业素质的特殊性是由中等职业教育的特殊性决定的。中等职业教育必须以市场需求为导向，针对社会职业岗位或相应技术领域的需要来设置专业。这就要求中等职业学校除了要进行文化基础教育，还要对学生进行技术技能教育；不仅要学生掌握本专业知识，还要着眼于高科技和新技术的推广与应用，培养的学生要具有较强的综合应用能力、创新能力和动手能力。中等职业教育的特殊性要求中等职业教师必须具备较强的专业素质，这样才能更好地为中等职业教育服务。

（三）中等职业教师的行业素质

中等职业学校培养一线人才，产学结合、校企合作是主要途径，其人才培养目标是使学生在校企双方的教育下获得职业岗位工作的基本能力。因此教师要具备丰富的行业背景知识和专业实践经验；了解具体行业的工艺技术、工艺装备、市场行情，掌握生产和贸易环节的操作要领；能向学生介绍和讲授相关行业的产品信息、营销策略、社交礼仪、谈判技巧等知识；能生动地讲述企业文化，指导学生通过实训实习感受和认同企业文化。

(四) 中等职业教师的个体素质

1. 必须具有强烈的事业心和责任感

中等职业教师应具有执着的敬业精神、高尚的道德和人格魅力，以自己远大的理想、宽阔的胸怀、高尚的品德、渊博的学识和精湛的教艺教育培养学生，为人师表，不愧为人类灵魂的工程师。

2. 具有现代教育理念和教育方法

中等职业教师要有先进的技能型人才培养理念，重视培养学生的创新能力、工程实践能力、解决实际问题的能力、现场指挥协调能力及动手操作能力。在教育方法上，要以学生为中心，鼓励学生提出新观点、新思路，寻求解决问题的多个选择，形成开放式的思维态势，使思维具有深刻性、广泛性和全面性。

3. 具有探索者和创新者的能力

中等职业教师应是教学目的的实现者、教学过程的组织者、教学方法的探索者和教学活动的创新者。教师具备了这些能力，才能培养出高素质的实用型人才，使他们在生产、建设、管理、服务等实践第一线成为生产技术的管理者、技术标准的执行者、技术措施的实施者、技术革新的推行者和创造者。

4. 具有较强的技术实践服务能力

中等职业教师必须具备广博的专业基础理论知识，并具有丰富的实践经验，既能承担学生的理论课教学，又能成为学生实践课的指导者，具有足够的实践技能。

5. 具有运用现代化教学手段的能力

中等职业教师应具备运用多媒体教学的能力，成为多媒体教学设施和教学软件的使用者和设计者，要熟悉掌握制作电子教案、网页、CAI（计算机辅助教学）课件，以及进行网上教学的基本施教技能。

二、能力

中等职业学校教师应该符合职业技术学校教师的一般标准，例如，具有良好的职业道德、敬业精神和终身学习的意识与能力等。同时，中等职业学校教师与普通高校教师的最大区别是具备"双师型"教师素质。实践操作能力是"双师型"教师必备的能力。由于职业的性质不同，能力要求也存在很大差异，但技能操作能力是最基本、最核心的能力。

（一）教育教学能力

教学能力是指从事教师职业都应该具备的基础性职业能力，主要包括：教学基本技能（表达能力、书写能力、电教能力）、运用先进教学方法的能力、教学组织和管理能力。基本教学能力是职业教师的基础能力，是有效传递知识，培养高素质人才的基本条件。教师必须具备扎实的理论功底、专业理论基础和行业知识背景，能够运用现代教学技术进行教学；具备系统化的教学设计能力，从学生的需求与特点出发，充分发挥学习者的主动性，综合运用合作学习、问题解决等教学策略，培养学生的团队精神、解决问题能力和创新能力；具备较好的教学管理和监控能力，善于调动学生的主观因素，善于控制自己，善于协调师生关系，对教学进行全面的监控。

作为中等职业学校教师，其教学能力还要求教师要能根据市场调查分析及职业岗位群的分析结果，调整课程内容，制定相应的培养目标；具有胜任本专业两门以上课程的教学和相关的实验、实习、实训、课程设计、毕业设计的指导，以及主编所任课程的教学大纲的能力；能够在国际计算机网络环境下创造性地开展教学工作，合理使用信息资源，及时将新理论、新技术、新工艺传递给学生，使教学设计和实验具有前瞻性。

（二）专业技术能力

专业技术能力是指专业教师培养学生技术（含管理）能力和方法能力的教育能力。对专业教师来说，职业技术教学能力主要包括专业课程（理论课程、实训课程与实践课程）的开发能力、专业理论教学能力和技能教学能力。专业技术能力在职业技术教学能力中处于核心地位，是培养高素质人才的关键。

现代职业技术教育必须反映生产技术的要求，了解生产实际，跟踪技术的发展。作为中等职业学校教师，应掌握所教专业科目的高新技术知识和本专业领域内的一些传统和高新设备的维护与操作技能。进一步可将这种能力细分为四个方面：一是具备一定的工艺能力、设计能力和技术开发与技术服务能力；二是具备中级工以上的生产操作能力；三是具备胜任专业工作的能力，以及一定的专业实践经验与工艺实验能力；四是具备演示、指导能力，教师能以自己准确、熟练的示范操作进行演示，并能根据学生不同的操作实际给予明确、有效的指导。

（三）实践指导能力

实现专业设置与社会需求"零距离"，课程与岗位"零距离"。这种培养模式要求教师具有全面的综合素质，既能从事理论教学，又能胜任与专业相关的实训、实习、就业的组织与指导工作。教师需指导学生进行语言沟通能力训练、核心技能操作训练、行业技能操作训练；指导学生参加行业或技能的职业资格证书考试；指导学生进行毕业实习，使学生更快更好地融入所从事的行业。一是实验能力。实验通常作为一种教学方式，有助于培养学生严谨、认真的工作态度，形成实践学习的意识，掌握使用实验仪器、设备的技巧技能。二是技能操作能力。技能操作能力是中等职业学校教师必须具备的最主要的能力。中等职业学校的培养目标最终要落实到熟练的实践操作技能上，作为专业教师必须具备与培养目标相称的能力结构。三是工艺分析能力。工艺分析，简单说就是设计产品的加工程序。正确地进行工艺分析，对降低生产成本、提高产品质量和劳动效率都起着关键作用。四是仪器设备及其工具维修能力。仪器设备及其工具是进行实践教学的基本条件，也是今后工作的必要手段，而且往往与专业知识和实践技能结合在一起。所以，仪器设备及其工具维修能力的高低，也是工作经验丰富与否的集中表现，具备这种能力不仅能保证正常的教学秩序，而且能节约大量维修经费。

（四）技术创新能力

技术创新能力是指专业教师培养学生应用新技术、新工艺、新设备、新的管理方法，以及改进旧工艺、旧设备，以适应社会生产发展需要的能力。行业和职业界的快速变化要求中等职业学校教师必须善于不断接受新信息、新知识、新观念，分析新情况、新现象，解决新问题，不断更新自身的知识体系和能力结构。教师要培养出有创新意识的学生，必须具备良好的创新精神、创新意识，善于组织、指导学生开展创造性活动。教师获得技术创新教育能力，关键是要提高教师课程开发能力：一方面，通过参与课程开发，教师能够将创新理论、新方法、新工艺等运用到技术教育活动中；另一方面，通过课程开发，专业教师参加职业技术科研活动，熟悉职业技术创新的规律和方法，并将职业技术科研活动经验转化为教学内容，从而提高教师技术创新教育能力。

（五）研究开发能力

中等职业学校教师还应该扮演的一个角色就是研究员。中等职业学校教师应具有调查能力、成果表达能力、开发应用性科研项目的能力。中等职业学校的科研活动与普通高校的科研活动出发点是不一样的。中等职业教育的科研开发主要是集中在应用性课题研究上，重要的是体现从"做"到"精益求精地做"这条主线，使教与学与之紧密结合。另外，科研开发能力还体现在：教师应能根据市场需求及时提出调整专业设置的论证研究；教师要具备以培养学生的职业技能为主线，构建有特色的课程模式、课程体系和教学内容的能力；教师应具备综合课程开发与编写相关课程材料的能力；教师应积极探索中等职业教育教学规律，进行教育教学改革，具有建设中等职业特色专业的能力；教师应具有较高的学术水平，能撰写高质量的学术论文，指导专业群建设和解决教学实际问题的能力。

（六）自主创业能力

中等职业技术教育面临的是招生和就业两个联动的市场。只有把劳动力资源的开发和劳动力安置结合起来，中等职业技术教育才能保持活力。因此，中等职业学校除了要做好就业指导工作，还要对学生大力开展创业教育。这就要求教师具备强烈的创业意识、健康的创业心理和较强的创业能力，以便培养出具备创业精神的人才。

（七）组织协调能力

教师既是理论课的施教者，也是实验实习课的指导者，还是校内外产学结合的研发者、学校管理的参与者。因此，他们需要掌握教学行政管理、教学设施使用管理、技术开发管理的程序，并能在实际工作中加以运用。在整个人才培养过程中，教师要进行校园内的交流与协调，要与企业工作人员进行沟通，参与新产品开发、研制及课题的申报和论证，组织学生开展社会调查、社会实践，指导学生参与各种社会活动、实习等。这些活动要求教师具有广泛的接触面和较大的活动范围，因此，教师需要具备较强的交往和组织协调能力。

三、中等职业学校教师队伍建设的国际比较研究

联合国教科文组织在 1996 年发表的关于教师地位的建议书中提到："教师应被视为一种专门职业，它是一种公众服务的形态，它需要教师的专业知识以及特殊技能，这些都经过持续的努力与研究，才能获得并维持。"欧洲国家经济技术比较发达，职业技术教育历史较长，欧洲国家，尤其是德国职业技术学院的教师必须具备的条件是博士学位，至少有 5 年以上博士后工作经验，还要有 3 年以上校外实际工作经验。

（一）国外中等职业教师综述

目前，发达国家或地区的中等职业教育师资具有"进门难、要求高、待遇高、兼职多"的特点，尤其是对从事中等职业教育的教师，除了学历上有一定要求，还特别强调其实践经验。为保证职业教育质量，各国对职业教育师资的资格都有严格要求：一是必须受过中等教育或相当于中等教育水平的专门教育；二是在接受过相应专业技术教育的同时，还必须掌握教育理论与教育实践课程，能够指导学生实习；三是在所教专业方面具有实际工作经验；四是具有必需的职业修养和育人品格。

关于师资培养，国外的做法有两个主要的特点：一是重视教育学科的理论学习与技能训练，既有广泛的内容又占较大的比例，并且方式方法随教育价值观的转变而变革；二是对教育实践环节予以创新和讲求实效。

（二）国外中等职业教师特征

德国实施中等职业技术教育的机构主要是中等专科学校和职业学院；美国实施中等职业技术教育的机构主要是社区学院；澳大利亚实施中等职业技术教育的机构主要是技术和继续教育学院。这些中等教育的实施机构，对本国乃至世界经济和社会发展都做出自己的贡献。它们有一个共同的优势，即教师队伍具有较高的专业化水平，主要表现在以下几个方面。

1. 学历高

德国中等职业学校的教师只有一个职务档次——教授。具备教授资格的人，只有在学校出现教授位置空缺时才能成为教授。教授任职资格要求包括：拥有博士学位（如不具备博士学位，须在科研上有突出贡献）；必须有 5 年以

上工作经历，而且至少在所教授专业的企业岗位工作 3 年以上。他们很注重应聘者的专业能力、教育教学能力以及人品等方面的素质。美国社区学院要求教师一般要达到研究生水平，专职教师需要硕士以上学位，兼职教师原则上也要有硕士以上学位，并具备一定的教学工作经验。可以说，世界发达国家或地区的中等职业学校的教师高学历化特征越来越明显。

2. 兼职教师占主体

兼职教师是国外中等职业教育师资的主要组成部分，这是国外中等职业教育教师队伍建设的一个重要特征。在德国中等专科学校中，专职教师通常只占 20%~40%，而兼职教师占到 60%~80%；美国社区学院兼职教师占 60% 以上；而在加拿大社区学院，兼职教师的比例竟高达 90%。兼职教师占主体极大地改变了中等职业学校教师的学缘结构。大量聘用兼职教师，可以把生产中的最新技术引入教学内容；还可以与企业加强联系，协助解决生产实习、毕业设计及毕业生就业等方面的问题，很好地体现了职业教育培养实用型人才的特点。

3. 教师的主要任务是教学

德国中等职业教师的主要任务是从事教学，与大学教授相比，中等职业教师的教学工作量较重，一般每周 18 学时，但科研任务相对较轻。美国社区学院教师的科研工作量较少，对他们来说，最重要的工作就是教学。据美国教育统计中心统计，1993 年社区学院中专职教师用于教学的工作时间为 67.9%，用于专业发展方面的为 6.0%，用于科研的只占 4.7%；1998 年用于教学的时间为 71.9%，用于研究方面的时间占 3.8%。其兼职教师用于科研的时间更少，他们更多的是从事教学，时间达 95.2%。为了保证教学质量，学院对教师的教学评价非常严格。

4. 特别重视专业继续教育

为了提高教师的学术和教学水平，国外许多中等职业学校都设有自己的教师培训和进修机构，并且以法律文件的形式予以保证。德国中等专科学校的相关法律规定，专职教师必须参加继续教育和专业发展培训。美国社区学院每年划拨一定的经费，供教师进修和培训，还向教师提供短期或长期国外访学的机会，教师可以参加教学研讨会（如专业发展会议）或课程进修及其他培训，并可报销相关费用。有的社区学院还建立了教与学的团体或组织，教师之间可以相互帮助，共同提高教学能力。

（三）美国的个案介绍

美国的职业教育主张教育的最终目标是要发挥最大的效率，学校不仅要训练学生适应社会文化，更要训练学生在工作领域中有效地适应和发展。美国俄亥俄州立大学的职业教育中心把职业教育教师的能力归纳为十个方面：学校的规划、发展与评鉴能力；制订教学计划能力；实施教学的能力；实施教学评价的能力；教师的管理能力；辅导的能力；协调学校与社区发展的能力；协助学生建立职业观念的能力；胜任专业角色与发展的能力；协调产教合作的能力。在具体实施中，美国的职业教育师资来源是多渠道的，有些是从正统的师资培训机构学成的，有些是从工商业界转行的。

近年来，在教育改革运动的推动下，师资授权标准的制度一直是美国各州职业教育改革的重点工作之一。其职业师资授证的特点包括：一是职教教学的效果和教师曾在产业界应用的技能、经验和知识的多少成正比。因此，美国的职业教育授证标准强调工作经验，初任教师要有 2 年至 6 年的全时职业经验，学历可以是专科毕业或大学毕业，学历越低，越要有丰富的工作经验，才能从事教学。二是基本学术能力和职业教育能力的评鉴。职业教育教师需要有任职资格与执业资格，这是职业教育发展的趋势。三是来自工商界的教师需不断参加研习课程，研习教学法等专业，并且不同授证的层次与升级的途径，在各个阶段的进修与审核过程均有明确的标准，确保了职业教育师资的培养质量。

（四）国外职教师资建设的经验

1. 确立职教教师培养可持续发展理念

当前，以美国为代表的国外职教师资建设坚持可持续发展理念。中等职业教师的可持续发展是一种着眼于未来的发展、一种综合性的发展、一种和谐的发展和一种以人为本的发展，其内涵具体表现在如下几个方面。

（1）在职教师资发展方面，具体体现在满足职业教育发展对职教师资在数量上的要求，具体体现在职教师资规模的扩展与比例的合理化等方面。

（2）在以职教师资为本发展方面，具体表现为满足职教师资的发展需求，满足职教师资在个体与在整体方面的发展需求。职教师资的教师，作为个体，其职业生涯能够不断发展；作为整体，其整体素质能够不断提高。

（3）在职教师资未来发展方面，表现为满足职教师资的未来发展需求。

主要体现为着眼于未来发展，职教师资作为个体与作为整体都应有发展的潜力。

（4）在职教师资综合性发展方面，职教教师的可持续发展不仅要考虑职教教师自身的发展，还要考虑职教教师发展所涉及的社会、政治、经济、生态、技术等方面的因素，综合考虑职教师资发展所涉及的各方面内容。

（5）在职教师资的和谐发展方面，职教师资的发展应与普通教育教师的和中等教育教师的发展相辅相成，其间不应存在任何矛盾或不协调之处。

"职教师资可持续发展"是职教师资发展的新概念。它超越了传统范畴，强调职教师资发展与其他教师、与社会发展的相互关系及其影响；它突破了职教教师发展在时间上的局限性，强调职教教师现实发展与未来发展相结合。

2. 提供证书课程，拓展职教教师来源渠道

欧美的一些国家在教师培训中心或大学提供了教师证书培训课程，向全社会开放。提供职教教师证书课程是国外一些国家保证职教教师来源的成功经验。例如，美国俄勒冈州于 1998 年秋天开设了职业技术教师教育和许可证课程（PTE），课程的培训对象包括还没有参加工作的学生、行业领域的专家。他们年龄不同，工作年限不同，教育背景不同，所以，课程持续时间也不同。课程设计的内容主要包括学生与学习、课程开发、教学方法与评估、测量与评估、学校/社区和职业文化、实习等。每个内容都分别设有不同课程，并赋予课程以不同的学分。职教教师证书培训课程，能够在更大范围内解决职教教师的来源问题，使职教教师有充足的来源渠道，不断增加职教教师的总体数量，使职教教师在数量上能够满足职业教育发展的需求。

3. 建立灵活的职业教师证书制度

实施职教师资准入与认证制度，保证职教教师队伍规模、控制职教教师质量，使社会了解职教教师的要求与职业内涵。不同国家对职业教育教师一般都有教育背景、专业能力以及相关工作经历等方面的要求，这种要求在不同的国家，甚至同一个国家都有不同，具体体现在职教教师证书及其认证等方面。美国职教师资职业资格证书有 4 种，分别为终身证书、普通证书、临时证书和特殊证书。那些具有硕士学位、9 年教龄的人员，可获得终身职教教师证书。那些具有一定教学经验、具有硕士学位以下副学士以上学历并学习过有关职业教育体系课程的人员，可以获得普通教师证书，这种证书的有效期为 6 年。临时教师证书的有效期为 2 年，持有者可以担任兼职或全职教师。特殊证书是对于那些没有完成社区学院学习的人员，有效期为 2 年，对于那

些完成了社区学院课程学习者，有效期为 6 年。但特殊证书的持有者只能在部分时间制的基础上进行教学。灵活的职教教师职业资格制度不仅激励了那些希望成为终身制教师的教师，也维护了职教教师队伍的中坚力量；由于它结合了普通、终身、临时、特殊证书，可以灵活地调整职教教师队伍结构，在保证职教教师队伍数量的同时，较好地解决了教师对行业企业发展不熟悉的难题。同时，教师职业资格认证制度的实施，使社会能够更好地了解职教教师职业，有助于形成良好的职业可持续发展氛围。

4. 明确职教教师应具备的能力

教授应具备评估能力、在职业生涯决定方面指导学生的能力、学习能力、人力资源开发能力、社会发展（小组工作和合作技术）能力、管理多种生活角色能力、形成自己的合作协议并与不同的社会方面达成合作能力。每一能力又细化为不同的内容。例如，要具有第一方面能力，教师应该具有在真实问题的基础上设计有意义的教学任务的能力、跟上变化的能力、将学术与职业教育相结合的能力、学校和工作场所学习的协调能力、将中学与中学后教育相衔接的能力、模仿工作场所环境的能力、判断生涯通道的能力、了解劳动力市场需求的能力等。例如，合作能力又能够细化为小组能力、领导能力、与来自不同背景的人们一同工作的能力、与商业及其他产业合作的能力、与同事合作的能力、应付能力等。明确职教教师能力，是职教教师就职与职教教师职业发展的前提条件。

5. 改进职教教师培养培训的课程内容

教师在教学时应将相关的环境、社会、经济等方面的内容加入课程之中，如环境保护、社会平等与扶贫、职业教育与经济发展等，使教师树立比较完整的职教教师职业对社会影响的完整概念，形成比较全面、完善的行为能力，从而为社会的可持续性发展，为职教教师队伍的可持续性发展做出自己的贡献。

综上所述，为促进我国职教师的资建设与发展，我国应该采取灵活、多样的职教教师职业资格证书制度，向社会提供职教教师职业资格课程，基于职教教师能力基础上的任用、晋级制度，以及将有关社会、环境、经济发展问题补充进职教教师课程培养培训课程内容之中等措施，促进我国职教师资队伍的可持续发展。

第三节　中等职业学校财经商贸专业群教师队伍建设

中等职业学校的教师不仅要完成教学工作，还肩负科研、专业群建设、实验实训建设、教材建设、特色专业创建等任务。因此，教师队伍的建设是学院的重点与核心工作。教师队伍建设包括教师的选拔、任用、培养、使用与管理等方面。目前，中等职业学校普遍缺乏生产实习指导教师，特别是高级实习指导教师，所以要建设一支既掌握专业理论知识，又具备较强的实践操作技能的复合型教师队伍，以优化教师队伍结构。中等职业学校教师队伍建设必须首先将立足点放在自主培养上，学校可以根据实际情况，拨出专项经费，用以鼓励教师通过多种渠道提高学历层次和实践水平。其次是引进和聘请人才。学校必须出台一些优惠政策，聘请、调进企业高技能人才，经过教师培训，取得任教资格，作为师资力量的补充。最后是加强校外培训基地建设，加强与企业的联合，促进校企合作，鼓励教师到相关专业的企事业单位熟悉技术的应用，要求技术专业课教师到相关专业的企事业单位承接课题，搞科研和技术开发，把行业和技术领域中的最新成果不断引入课堂，提高教师实践能力。此外，要正确引导教师的兼职活动，允许专业教师在完成好本职工作的基础上到校外兼职，学习最新的理论和提高自身的实践能力。学院要为教师的成长提供一切必要条件，要经过不懈的努力，培养出"双师型"教师队伍。

一、指导思想

中等职业学校教师队伍建设的指导思想是，以《中华人民共和国教育法》、《中华人民共和国教师法》、《国家中长期教育改革和发展规划纲要（2010—2020 年）》，以及 2014 国务院颁布的《国务院关于加快发展现代职业教育的决定》为指导，以培养"双师型"教师队伍为重点，通过加强人才引进、加快专业骨干队伍建设、不断改善教师队伍结构、深化人事制度改革等措施，逐步建立一支师德高尚、素质优良、业务精干、结构优化、富有创新精神和活力的，能适应中等职业教育改革和发展需要的教师队伍。当前加强"双师型"教师队伍建设，增加"双师型"教师比例，这不仅关系到职业教育职能的实施和体现，而且关系到职业学校发展的规模、速度和人才的质量。因此，加快建设一支具有教师资格和专业技术能力的"双师型"教师队伍，既是我国职业教育事业发展的客观要求，又是全面提高教学质量的关键。

中等职业教师队伍建设应以全面提高教师队伍素质为中心，以培养骨干教师为重点，建设"双师型"教师队伍，提倡一专多能，重视对实践教学教师队伍的建设，重视建立相对稳定的兼职教师队伍，走专兼结合的道路，通过深化改革、调整结构、改善待遇，逐步建立一支结构优化、师德高尚、素质优良、教育观念新、改革意识强、熟悉企事业、了解市场信息、富有动手能力、精干高效、专兼结合的教师队伍。

二、建设理念

中等职业教育的培养目标是培养适应生产、建设、管理、服务第一线需要的技能应用型人才。中等职业教育是一种职业性的中等教育，其性质和培养目标决定了教师队伍建设的特殊性。中等职业教育与普通中等教育的最大区别在于它紧密结合实际，强调产学结合。中等职业教育应该重视学生的素质和能力培养。学生的职业意识和职业道德的培养，离不开企业环境的熏陶；学生专业实践技能的提高和立业、创业思想的培养，除了依靠课内的教育和校内实践基地的锻炼，更需要在真实的企业环境中锻炼。因此，中等职业教师不仅需要具备本专业扎实的理论知识和丰富的教学经验，还必须具备从事本专业实际工作的能力，要特别重视教师的实践经验的积累、教师的技术应用和开发能力的提高，教师的产业背景应作为中等职业学校专业教师的重要任职条件。无论在美国，德国或澳大利亚，都规定职业教育专业课教师至少要有多年在相关产业工作的经验，到学校任教后，还必须通过各种活动与产业界保持密切联系。在新加坡，许多专业教师本身就是企业技术项目的负责人。

（一）树立"以人为本"的理念

学校应建立合理的教师资源配置机制，促进教师在业务能力上由单一型向全能型发展；转变师资培训观念，改变培训方式，倡导终身学习等；转变师资培训投资观念，从学校单一承担教师培训费用的模式，转变为教师个人、学校、政府共同负担培训费用的多元投资模式；转变中等职业学校教师队伍的管理机制，强调人本主义、激励机制和服务机制；转变中等职业学校教师队伍素质观念，提倡教师队伍整体素质的全面发展和教师个体素质的提高。

（二）树立合理的师资梯队理念

专业带头人是中等职业学校教师队伍中的教学骨干和学术权威，是中等职业学校教师中的领军人物，是形成中等职业特色、专业特色的关键所在。促进专业带头人队伍建设，发挥专业带头人作用，有利于建立良好的学术氛围，进一步提高教学的质量。因此，专业带头人队伍的建设和培养是当前中等职业学校教师队伍建设的重要任务，只有抓好专业带头人队伍的建设，才能促进中等职业教育更好地发展。

1. 专业带头人

专业带头人应该具有较高的学历和高级专业技术职务，具有优良的思想品德和职业道德，能遵纪守法、为人师表、教书育人、治学严谨，学术风气正派。他们学术造诣深厚，学术思想活跃，有突出的专业研究方向，进入了专业前沿领域，并取得了具有较高学术水平的教学和科研成果，能组织和带领青年教师进行专业群建设。在专业群建设、课程建设、培养青年教师等方面，专业带头人应履行相应的义务：跟踪国内外专业发展的动向和趋势，明确本专业的研究方向与主攻目标，及时提出关于专业群建设的意见和建议；主动承担教学任务，并保质保量地按时完成；努力建设本专业学术梯队，培养青年教师；积极组织或帮助开展学术活动，营造浓厚的学术氛围，个人有义务承担研究课题或科研项目，将自己的研究成果在一定级别的学术刊物上发表，充分发挥专业带头人的带头作用。当然，专业带头人在承担义务的同时，也必须享有充分的权利，如负责组织相关专业的建设，具有专业群建设上的建议权和一定的决策权，有权合理分配、使用专业群建设的经费；优先参加本专业的学术会议和活动，或与相关教学科研机构建立联系，开展学术交流；在条件成熟时可优先赴境外考察和参加对外交流活动；对申请科研项目等予以优先考虑，重点扶持，给予一定的经费保证；优先参加进修、培训，在专业技术职务晋升方面实行倾斜政策，享受相应的经济报酬等。

2. 中青年骨干教师

中青年骨干教师是教师队伍的中坚力量，他们在教学第一线发挥着重要作用，他们直接面对学生，把知识、道理传授给学生，是教师队伍中不可或缺的部分。中青年骨干教师应该具有较高的学历和中级以上专业技术职务，并且热爱教育事业，具有高尚的思想情操和职业道德，为人师表，教书育人，勇于实践，团结协作，具有改革创新意识和开拓进取精神。在本专业领域具有较扎实的理论基础和专业知识，学术思想活跃，对本专业的现状及发展趋势有一定的了解，有明确的专业研究方向，并有较深入的研究；能认真完成教学工作，独立讲授多门主干课程，教学效果良好；有较强的科研能力，并取得了一定的成果。学院应积极支持骨干教师在做好教学工作的同时申报较高级别的科研项目，优先安排中青年骨干教师参加各类培训及学术交流活动，优先推荐出国交流、考察，符合专业带头人条件的可优先推荐申报专业带头人以进一步促进中青年骨干教师各方面能力的提高。

3. 青年教师

随着中等职业学校的快速发展，很多刚从中等职业学校毕业的年轻人加入了教师队伍，有的直接承担了大量的教学任务，已经成为中等职业学校教师队伍的重要力量。他们为教师队伍注入了活力，缓解了师资紧缺的矛盾。但由于对中等职业教育的认识不足，对中等职业教育教学工作理解不够深入，对具体教学工作的要求不明确，在一定程度上影响了教学效果。因此，加强对年轻教师的培养，使他们尽快适应中等职业教育教学工作的要求，是教师队伍建设的又一重要工作。充分发挥中老年教师"传、帮、带"的作用，加快年轻教师的培养速度，是实现年轻教师"尽快进入角色，尽快成长成熟"目标的重要举措。具有先进的教育理念和创新精神，专业造诣较高，教学基本功扎实，教学经验丰富，教学效果好，教科研能力高的教师可以作为年轻教师的导师，或"师带徒"，或组成带教小组，对年轻教师进行指导，加强对年轻教师的政治思想教育和师德教育，使年轻教师热爱教育教学工作，增强他们的事业心和责任感。学校应加强年轻教师在中等职业教育教学理论方面的学习指导，使年轻教师逐步熟悉和规范教学规程，督促他们加强专业知识的学习和研究，不断提高业务素质和学术水平。有经验的教师应指导年轻教师积极开展教研、科研工作，参与技术开发与技术服务，并积极撰写、发表学术论文；督促年轻教师提高实践动手能力，经常深入基层、企业进行锻炼，不断增强实验、实训的指导能力；指导年轻教师做好班主任、辅导员等学生管理工作；帮助年轻教师完成领导布置的工作任务，积极参加各项集体活动，以增强其工作能力和社交能力。年轻教师要忠诚于党的教育事业，积极进取，严谨勤奋，主动向导师请教，虚心接受导师的指导，积极参与教学研讨活动，逐步积累教学经验；认真钻研并不断更新专业知识，提高专业实践技能；积极参加各类教育教学竞赛活动和教研、科研工作，提高教科研能力与水平，做到既教书又育人，努力成为学生的良师益友，不断提高思想政治工作水平和组织管理能力。

（三）树立"双师型"理念

中等职业教育的目标是培养适应生产、建设、管理、服务第一线需要的技术应用型人才。学生除了掌握专业理论知识，还应具有较强的实践动手能力，能适应生产第一线的需要。这就对师资提出了较高的要求。它要求教师不仅要有优良的思想品德和职业道德，较高的基础理论知识和专业理论水平以及较强的教学、科研能力，还要具备较强的专业实践和动手能力。它要求教师个体既具有较高的理论知识和水平，又具有较强的实践和动手能力；既通教学研究，又通生产科技，特别是了解最新的科技应用成果，会使用最新的设备。在目前师资数量相对不足，实验实习设备相对滞后的情况下，要教师达到这样的高要求实属不易，教师的培养成本较高。教师队伍中应包括以较高理论知识为主并辅以一定实践能力的教学型教师，以及以较强实践能力为主，辅以一定专业理论的实践型教师。

三、制度建设

中等职业学校教师队伍建设的系列制度建设，既是中等职业学校教师队伍建设工作规律的体现，也是依法治校的依据和准绳。它对于消除教师队伍建设中的随意性，保证教师队伍建设的有序性，推进中等职业学校的制度文明建设，促进中等职业学校教师队伍建设由经验管理转向制度管理有着深远的意义。因此，完善教师队伍建设的系列制度，是解决中等职业学校教师队伍建设的首要问题。中等职业学校教师队伍建设的制度建设应考虑以下几个方面。

（一）行为导向的前瞻性

教师队伍建设制度是规范领导和教师行为的准则，而中等职业学校教师是高素质的群体，他们都有自己的思想、观点和个性，要制定规范他们行为、导向他们选择空间的制度，就必须要求制度具有前瞻性。这就要求我们在制定制度时应对中等职业教育乃至社会的发展有一定的预见性，对教师个人发展目标有一定的了解。只有在这样的基础上制定的制度，才能得到教师们的认同和支持，才有可能将教师们的个人发展目标有序地导入到学院的发展目标上来，使两者的发展目标趋于一致，同时也可避免制度出台后，强制性有余而导向性不足，执行起来效果不尽人意的现象。

（二）规范管理的系统性

由于市场机制的逐步完善，中等职业学校对人才的争夺也越来越激烈，中等职业学校要从事业留人、感情留人、环境留人认识到制度留人的重要性。学校在教师队伍建设方面，加大了制度建设的力度，建立了许多制度，也取得了一定的成效，但总体上看，在实施这些制度时所耗的时间、精力、费用太多、太大。究其原因有两点：一是从横向上看，制度与制度之间缺乏配合、制约，使制度难于落实；二是从纵向上看，若干制度相对孤立，没有形成体系，难以落到实处。以教师培训制度为例，一般学校主要考虑的是年度培训计划、培训形式、培训费用等，而很少从横向上考虑它与科研、教学、考核、职评等多项教师队伍建设制度的协调配合，同时，对于从纵向上考虑制定系列制度，落实教师培训制度的目标任务也不够，致使有的培训项目流于形式。

（三）制度内容的周密性

教师队伍建设的制度涉及中等职业学校的全体教师和各职能部门的工作人员，这就要求我们在制定制度时，既要考虑学校教师队伍建设工作的方方面面，又要考虑与这些工作有关的人员。就具体的某一个制度而言，必须注意两点：一是制度的内容要广泛，不能在它规范的工作领域留下空白地带；二是制度的内容要细致，制约什么、提倡什么、奖励什么，都要具体明确，不能模棱两可，使人难以把握，更不能大话套话连篇，使人无法操作。

（四）制度制约的长效性

加强教师队伍建设是加强中等职业人才培养工作的关键环节，而稳定教师队伍，加大对原有教师队伍的培养，是中等职业学校教师队伍建设的根本任务。因此，要对在职教师有的放矢地加以培养，以提高在职教师的整体素质。特别是对青年教师要做到定方向、定目标，根据教师的情况和发展要求，及时加以调整，使之成为学院建设发展的主力军。定方向即对每个教师，尤其是青年教师确定其专业发展方向，并指定一位指导教师，发挥老教师的

"传、帮、带"作用，使其在业务水平上和实践能力上有所提高；定目标即对每个教师确定短期目标和长远规划，短期目标是指 1~4 年内应达到的量化指标，长远规划是指五年以上应达到的目标。指标包括：使用现代化教育手段情况，职业资格证书的获得情况，指导实习教学情况，编写教材、参与科研课题情况，撰写论文情况等。

四、中等职业学校财经商贸专业群教师能力提升计划

中等职业学校要树立以教师为本、以教学为中心的观念，营造尊师重教、为教师服务、为教师创造条件开展各项技术服务活动的氛围。学校对"双师型"教师队伍的建设，则应本着"缺什么，补什么"的原则，有针对性地进行培养。

（一）建设目标与标准

1. 建设总目标

学校要建设一支德才兼备、技术精湛、专兼结合、结构合理、行业领先的创新型的教学团队，服务于财经商贸专业教学和专业发展要求。

2. 具体目标与标准

（1）培养专业带头人。建设目标：培养科研能力突出、理论与实践教学能力强、了解国内外职业技术教育前沿、熟悉同类专业群建设情况，并具备职业教育领域创新能力的专业带头人。

建设标准：在本地区行业有影响力、具备高级职称、有三年以上工作经历，能够主持专业群建设规划、方案设计、专业群建设工作，能够为企业提供技术服务，能够主持省级以上教、科研项目或担任省级以上精品课程的开发。

（2）培养教学名师。建设目标：通过教学名师引领带动全体专业教师教学能力的提高，打造专业品牌。

建设标准：具有高级职称和精湛的教学能力，在专业群建设、教材建设、实验室建设等方面成绩显著；具有较高学历和较高的理论功底，承担过两门以上课程的讲授工作，坚持教学思想、教学内容和教学方法的改革、能根据学科的特点和学生特点因材施教，有着自己的教学风格和特色，有扎实的科研能力，公开出版 20 万字以上的较高水平的学术专著、公开发表多篇学术论

文的专业教师。

（3）培养专业骨干教师。建设目标：打造出一支基础理论扎实、教学实践能力突出的骨干教师队伍，能够承担财经商贸专业教学研究、教材修订、教学示范、实习指导等工作。

建设标准：在专业领域有过硬技术、具有高级职称或硕士及以上学位、有企业工作经历的高级人才，参加本专业群建设的方案设计、方案实施，培养青年教师，为企业提供技术服务，参加省级以上教、科研项目或省级以上精品课程建设。

（4）完善一支团结创新的省级优秀教学团队。建设目标：建成一支师德高尚、素质优良、专业结构合理、相对稳定、具有较高教学水平和丰富实践经验的专兼职教师团队。

建设标准：具有会计师、经济师以上职称，或是具有一定技能特长的企业业务骨干，能较好胜任实践技能课程、岗位课程部分内容的教学工作及顶岗实习指导工作。

（二）建设内容

1. 成立教师发展中心（学校）

为了适应新形势下中等职业学校财经商贸专业人才培养目标的变化及教学改革，建立以教师自身发展内因需要为主要驱动力，服务于教师自身发展需要的信息支持平台，即教师发展中心系统，是十分有益的。通过该系统，满足教师队伍管理信息化、规范化、个性化要求，进一步促进教师的专业继续教育，及时了解和掌握教师的最新动态，为教师发展提供更加全面的服务，促进教师的全面发展。

教师发展中心建设面向高校一线专兼职教师，以提升教师（特别是青年教师）业务水平和教学能力为重点，完善教师教学发展机制，推进教师培训、教学咨询、教学改革、质量评价、优质教学资源服务等工作的常态化、制度化、规范化，建设高素质教师队伍，在区域内发挥教师教学能力培训与发展的示范、辐射、引领作用。教师发展中心的主要任务如下。

（1）开展教师培训。强化交流借鉴和观摩教学等手段，激励全体教师自觉提高教学水平。强化岗前培训、教学方法培训、现代教育技术培训的有效性。促进教师更新教学理念，掌握有效的教育技术和教学技能，提高教学能力。

（2）开展教学咨询服务。面向高校全体教师，特别是面向新教师、中青年教师等，提供教学指导和咨询服务，帮助教师有针对性地提高教学水平，特别是通过和教学名师的学习和交流，满足特色化人才培养和教师个性化专业发展的需要。

（3）开展教学改革研究和交流。积极借鉴国内外先进的教育教学理念、成功经验和有效做法，用于自己的教学实践。组织教师积极研究所教授课程、特别是财经商贸专业的实践课程，包括教学内容更新、教学方法改革、教学模式创新、考试方法改革、教学手段改革等，以改进教学策略与技巧，提高教学能力。大力推动研究教学和情境学习，建设具有本专业特色的教学文化。积极推广教师的教学改革实践经验和成果，促进教学质量持续提升。将参与教学研讨活动，主持、参与各级教学研讨会并作报告情况作为院系评教的重要指标之一。

（4）开展教学质量评估。同校内有关部门，加强对教师特别是中青年教师的业务水平、教学能力、教学效果、教风等的考核、检查、评估和交流，确保教学改革卓有成效、教学质量不断提升。

（5）提供优质教学资源和服务。充分利用财经商贸专业的教学名师、骨干教师等高水平师资和优秀教学团队，同时利用国内外一流的共享教学资源，通过建设教师培训和发展专题网站等途径，为教师发展提供全方位的服务。

（6）服务区域内教师发展提高。积极承担本专业领域，同层次兄弟学校、广西各地区中等职业教师教学发展和提高的任务，做好区域内教师培训。为区域内高校开展师资培训提供优质教学资源和特色专业办学经验，发挥"中心"的示范、辐射、引领作用。

2. 完善"双师型"教师队伍建设

提高财经商贸专业教师的教学能力，加强骨干教师的培养，完善"双师型"教师队伍建设。

完善专职教师定期到企业实践的制度，在企业建立一批专业教师实践基地，通过参与企业生产实践提高教师的实践能力；建立健全校外技能型人才到校执教的教学制度，完善在校执教或担任兼职教师，提高校外技能人员的专业教学能力。

财经商贸专业是一个实际操作性很强的专业，作为中等职业教育的一部分，人才培养目标是为地方性中小企业基层财税人员和企业的基层财务岗位输送人才。学生需要具备很强的动手能力和实际操作能力。因此，教师首先需要具备丰富的实践经验和实际操作能力。目前大部分中等职业学校的专职教师虽然都取得了相应的教师证，但实践经验略显缺乏，因此要不断提升专职教师的实践能力时的学习。另外从企业聘请来的校外技能型教师由于工作单位所属的行业的原因，不能及时全面掌握新形势下财经商贸专业理论的知识的更新，以及没有教学经验等问题，纵使具有较强的实践技能也未必是一个合格的专业"教师"，因此要加强专兼职，提高教师素质，形成真正"双师型"教师队伍。

（1）推行"一师一企"制度。选派更多的教师去企业一线实践锻炼2周以上，参与企业的技术开发服务、科技咨询指导培训、学生阶段实习与毕业实习指导、实践与实训基地维护等工作，学习先进的企业管理经验与技术，提升实践能力。

（2）建立校外企业教师工作站。主动与企业合作共同培育教师，建立"小企业人才基地"，在相关事务所建立企业教师工作站。通过在站内的工作与学习，提高教师的实践操作技能。

（3）完善培养青年教师的导师制度。突出教学团队的梯队建设，发扬"传、帮、带"的作用，为青年教师配备校内导师和企业导师，指导青年教师提升教学能力和职业能力。

（4）建立兼职教师队伍。通过紧密的校企合作，建立兼职教师稳定的来源机制，聘请更多的企业管理专家、技术专家、能工巧匠主讲实践教学。对兼职教师的聘期、任课情况、学生考评结果等情况进行统一建档，实行兼职教师动态管理，根据承担的教学任务及考评结果分级考核确定报酬；加强教学方法指导，制定兼职教师定期参加教研活动、教学培训与教学竞赛活动制度，切实帮助兼职教师提高育人能力、教学能力与教学效果。努力更新、补充与扩大兼职教师队伍，实现动态管理，建立长期稳定的兼职教师来源渠道和长效机制。

（5）教师参加培训和学习。安排骨干教师到教育部教师培训基地培训，到国内知名企业和兄弟学校学习。

3. 教学名师培养计划

"只有一流的师资，才能培养高素质的人才"。名师是学校发展的支撑，是一面旗帜，对所有教育工作者都有激励作用。学校要注重教学水平，严格检查学历、学位、论文、科研等条件，有针对性地把具有名师潜力的教师纳入到名师培养范围，从教学工作量的安排、教学改革项目的承担、学位提高、学术活动安排、专业业务培训等方面为他们提供优先条件。

（1）提高教学名师的理论水平。学校可将教学名师送到对口专业的优秀中等职业学校进行后续教育，夯实理论功底。

（2）提高名师的实际工作能力。把作为名师的培养对象送到对口的单位进行能力培养与锻炼。例如，可到工业企业性质的上市公司担任会计工作。

（3）完成理论和实务锻炼后，再进行讲台艺术的培养和锻炼。最好由同仁多次听其观摩性的教学并讲评，多由学生评价，以快速提高其教学能力。

4. 专业带头人的培养

专业带头人应具备高尚的思想道德素质、较高的学术水平和对专业方向的前瞻性和把控的能力。

（1）通过国内外访学、教学实践，提高其中等职业教学管理能力和教学知识拓展能力。高校专业带头人通过国内外访学培训、企业挂职锻炼来提高实践能力，走产、学、研相结合的教学道路。中等职业学校与社会的有机结合、教学与生产的密切配合，以及教学与科研工作的紧密结合，是培养专业带头人的基本途径。中等职业学校、生产企业、科研院所三者间的紧密配合，可以充分发挥各自在人才、设备和财力方面的互补优势，是培养专业带头人的最好方式。建设校园教学、生产、科研三位一体的基地，使之成为学校的科研中心、实践教学中心和生产部门，直接为教学和社会服务。

（2）加强专业带头人教师队伍的培训工作。中等职业学校专业带头人应具有较高的综合素质，通常要求他们具有较高的学位，因此，许多中等职业学校在选拔专业带头人的过程中，一般要求具有硕士以上学位。对那些不具备规定学位，但成果突出的"双师型"教师，学校要鼓励他们在职攻读硕士学位。中等职业学校专业带头人的培训，应本着为使专业带头人不断拓宽知识面，更新和补充新知识，及时了解本专业领域学术前沿的发展状况为宗旨，由中等职业学校和有关部门聘请国内外的知名教授、专家，举办培训班和各种讲座，开展系统的培训工作。

（3）设立专业带头人教科研基金。通过竞争优选和专家确定等方式分批精选专业带头人，采取学校拨款与自筹经费相结合的办法，增强经费支持力度，以改善教师的工作条件，提高教师的教学、科研水平，促进专业带头人教师队伍建设。

（4）专业带头人通过专业群建设实践和教学科研实践提高专业水平。中等职业学校专业带头人的重要任务是指导和从事专业群建设，包括专业课设置，实验室和生产实训基地建设等，在专业群建设实践中提高专业带头人的专业水平。专业带头人应至少承担两门专业课的主讲任务，并且负责编写中等职业专业教材，充实、更新教学内容。将专业带头人组成专家组，确定研究方向，支持他们承担基础性研究、高科技研究，把资助科研和资助专业带头人的培养结合起来，让他们在带领青年教师完成课题、取得成果的过程中，提高学术水平和学术地位。将教学与科研相结合，使他们在实践中边教学、边科研，以教学促进科研，以科研促进教学，以此来提高专业带头人的理论水平。专业带头人教师队伍的建设是中等职业学校迅速发展的根本，也是树立中等职业形象的关键。只有发展壮大专业带头人教师队伍，才能建立校园的学术氛围，提高中等职业教育的教学质量。

5. 高效教学团队的建设

教学团队是指由技能互补、愿意为共同的远景目标、某个具体的教学目标或工作方法而分工合作、相互承担责任的个体所组成的正式群体。

结合专业改革要求，组建合理的教学团队使学校的财经商贸专业教师组成一个在技能、年龄、性别、学历、职称、个性特点上互补，合理搭配的团队。学校应注意引入企业的专家、技术能手加入团队，形成相对稳定的专兼职结合的教师团队。教学团队的成员在任务承担上应职责分明，相互配合；成员之间应相互尊重、相互信任，成员间的人际交往应沟通顺畅，无障碍。通过交流、学习、联谊，增进感情化解矛盾，开展主题户外活动，确保团队的每一个成员都明确共同的目标，并愿意为共同的目标承担责任，竭尽全力，奉献自己的力量。

提升教学团队的实践教学能力。一方面，加大技能型教师的引进力度，提高"双师型"教师的比例，以适应实践教学的需求；另一方面，制定政策，创造机会，鼓励教师到企业进行锻炼，考取各种职业资格证书，到公司担任主管、财务经理等，熟悉企业成本核算，掌握企业最新的发展动态，提高教师的自身素质，以适应市场和实践教学的需要。

（1）教师队伍建设的基础。教学团队建设是新时期中等职业教育体系实现教学模式与教学质量改革的一项重要举措，是全国各学校重点尝试的改革方法。中等职业学校虽是中等职业教育的重要组成部分，但在师资力量上存在不足，教学团队建设处于瓶颈。要想建设一支高质量、高素质的教学团队，必须通过改革财经商贸专业教学为具体的切入点，详细分析。目前中等职业学校的财经商贸专业在教学过程中仍遵循传统的课程教学组织模式与教师管理体系等不利于整体教学质量提升的教学方式，教学过程以枯燥的理论教学为主，不能调动起学生的学习积极性，导致学生的实践能力达不到用人单位的标准，造成人才浪费，因而，构建财经商贸专业的教师团队是改良教学模式、提升教学质量的关键。加强财经商贸专业教师团队构建，有利于为中等职业学校财经商贸专业的整体改革提供借鉴，是促进中等职业学校财经商贸专业教师、教学体系整体发展的重要举措。

（2）财经商贸专业课程教学团队建设内容。以课程群建设为平台，搭建教学团队的框架结构。课程群建设的首要任务是教师队伍建设，为教学团队的构建提供了一个天然平台。在组织结构上，应充分考虑团队的稳定与发展，使团队内教师的年龄结构、职称结构、学历结构趋于平衡，形成以中青年教师为核心、以中高级职称教师为核心、以研究生（硕士、博士）学历为主体、具有鲜明教学特色和较高学术水平的教学团队。在规模上，教学团队成员总数控制在10人左右。教学团队可设置一个首席教师岗位；各门课程均设置一名责任教师岗位，责任教师下设1~2个主讲教师岗位，主讲教师下设若干个中青年骨干教师岗位；首席教师、责任教师和主讲教师可兼任。

在团队领导上，应选择合适的团队负责人。财经商贸专业课程教学团队的负责人应该由首席教师担任。首席教师应该具备较高的学术水平，丰富的教学经验，教学效果好，威信高，善于开拓创新，有较强的号召力和组织管理能力。在运作模式上，首先是首席教师与团队中其他成员教师双向选择，使团队的结合力达到最强。团队内教师之间的相互配合就像一支球队，在教学工作中每个成员都有一个合适的位置。其次是领导权与决策权共享。首席教师的作用不是传统意义上的领导权与决策权的独享，而是在沟通、协调与尊重的基础上为团队提供组织与服务，外部激励与考核的对象是整个团队，而不是每一个教师。

以教学研究项目为抓手，创新教学团队的教育理念。中等职业学校教学既是教学性又是学术性。学术性教学是在教学中有策略地选取根植于本学科领域资源中相应的思想和例证，并有计划地对课程进行设计、开发、传授、互动和评价，以及与学术团体中的其他成员进行交流，提供教学沟通研讨的论坛和平台。在对教学的系统反思过程中，创新教育教学的理念和方法。通过承担各级各类教学研究项目，具体分析教与学的各个环节，从多角度研究教学模式、教学内容与教材、课程体系、教学方法与手段等，并将研究成果应用于教学实践。财经商贸专业课程教学团队特别需要研究会计人才培养的定位，以人才的应用性和创新性培养为目标，确定教学研究内容，把研究成果融入课程教学实践中，体现教育理念的先进性。现阶段，会计教育教学应强调两个方面：一是从以传授知识为中心的继承型教育观念，转变为培养创新精神的教育观念。传统教育以继承已有知识为目的，影响课程体系、教学内容、教学方法、评估标准、考试制度等限制了学生的独立思考和创新精神。创新型教育旨在培养学生敢于质疑、发现问题、善于综合、正确思辨、勤于实践、求真求实的能力。二是从局限于专业知识教育的观念，转变为综合化知识教育观念。由于财经商贸专业本身划分得比较窄，所以仅从知识的角度进行教学，其范围十分有限，难以满足新的经济和社会发展趋势对人才培养的要求。财经商贸专业课程教学团队要在所提供的课程资源中，拓展与本专业相关的其他专业背景，注重学科知识的交叉融合，提供给学生较多的创造性思维训练的空间。

以精品课程建设为载体，推动教学团队的教学改革。如果说课程群涉及的是"面"，那么精品课程则是"点"。按照我国教育部的界定，"精品课程是具有一流教师队伍、一流教学内容、一流教学方法、一流教材、一流教学管理等特点的示范性课程"。精品课程建设是团队在教学内容、教学方法、教学管理等方面进行改革创新的过程，也是先进的教育理念统筹实施的过程。精品课程建设直接推动了教学团队的教学改革，主要体现三个方面。

第一，促进教师的团队合作。因为精品课程建设是一种系统、持续的行为，仅凭单个教师的力量无法完成，需要团队合作，精品课程是团队成员长久的合作与积累的成果；同时，精品课程的整体性要求团队成员具有互补性，形成合理的梯队结构。因此，精品课程建设对教师提出的要求中最重要的就是团队合作互补，形成梯队。

第二，更新教学内容、课程体系与教材。改革的前提是结合当今国内外会计理论与实践的发展、满足社会对人才培养的要求以及应对兄弟学校的竞争。需协调课程群内课程内容的关系，做好课程间的衔接，避免重复；理论的演进与实践的发展密切结合；提高教学效率和效果。

第三，创新教学方法。会计教育不应仅局限于知识点的传播，更重要的是学习方法的传授，激发学生的求知欲望，培养其创造能力；"教"与"学"互动，把教学工作的重点放在学生的"学习"上，要用更加系统和学术性的方法来研究，促进学生的"有效学习"。精品课程的示范性作用会将教学团队的改革成果辐射其他相关课程和系列课程群，扩大教学团队的积极影响，促进团队发展，提高教育教学质量。

（3）以学术研究为支撑，提高教学团队的业务素质。教学过程具有很强的探索性，它不仅要传授知识，还担负着发现未知和培养学生探求新知识能力的任务。因此，中等职业学校的教学过程本身就包含教学与科研两个因素。科研可以促进教学内容的更新，可以促进教学方法的改革，是确保教学质量的重要支撑。教师必须具备较强的科研能力和教学能力。在整个教学团队中，最好采用"科研能力与教学能力互补"的模式：一方面，科学研究能力较强的教师应到教学第一线上课，把学科研究的最新成果应用到所教课程中去。注重教育科学研究，注重新教学方法的运用，并由名师指导，使他们尽快成为教学骨干力量。另一方面，对于教学能力强的教师，应安排他们结合教学内容进行科学研究，给他们搭建学术研究平台提供科研条件，提高学术研究能力。坚持以教学引导科研、以科研促进教学，将研究成果运用于课程教学之中，实现教学与科研的互动，提升教师团队的业务水平，促进教学质量的提高。

6. 名师引领计划

名师发展学校，名校造就名师。学校的发展归根结底是教师的发展，只有一流的师资才能培养高素质的人才。中等职业学校的教学名师不仅具有先进的教育思想、丰富的专业知识和教学经验，更具有极强的实践操作能力和社会服务能力。他们传授给学生的不仅是知识和技能，还包括继续学习的能力、与人沟通的能力、社会生存的能力。学生期盼有名师上课，在名师身上体现的名师风采、名师的魅力，让学生仰慕和追随。学生会以有名师上课，而感到骄傲和自豪。名师的魅力和风采还能激发起学生的求知欲，使其更加积极主动地去学习，达到事半功倍的效果，由此提高教学质量。教学名师能带动学科、科研的发展。名师是一所学校发展的支撑，是一面旗帜，具有榜样作用，对所有教育工作者都有激励作用。他们是在学校里、课堂里磨炼出来的。只有一批批教学名师成长、壮大，才能引领专业教学团队整体水平的提升，促进学科和科研的发展。名师的价值不仅在于增加个人的知名度，更重要的是被企业所认可，为社会做出更大的贡献。作为中等职业学校的教学名师不仅具有良好的教育教学能力，同时还需要掌握较高水平的生产实践能力，做到能文能武，齐头并进。近些年，有些中等职业学校把教师的社会服务能力作为教师职业发展的支点，派教师下企业锻炼、增加企业经验、了解企业行情、提高从业的技能和实操能力；把教师"下企业锻炼"的工作经历与学历进修列为同等重要位置，把教师参加社会实践取得的成果作为名师推荐的重要条件。同时，招聘企业一线具有副高级职称的专业技术人员来校任教，大大地提升了学校的社会服务能力。

7. 教学能力提升

通过上述建设措施的实施，中等职业学校财经商贸专业着力打造一支由"专业带头人掌控、名师引领、骨干带头、专长发展"的优秀教师团队。通过培训进修、下企业实践、参与课程改革、教材建设、科技服务等方式不断提升教师队伍的综合实力。增加企业财务人员来校兼职的比例，进一步优化师资结构；完善专业带头人和专业骨干教师的培养机制，培养一支勇创新、精教学、能课改、善科研的名师团队。打造一支以"名师团队、骨干团队、专长团队"为主体的"三维并举式"发展型教师团队。使教师的教学能力得到提升，将财经商贸专业群建设成为广西知名品牌专业。

第四节　教师队伍建设的政策与措施

中等职业学校要加快建设"双师型"教师队伍的步伐，以满足中等职业教育蓬勃发展的需要。政府部门要为中等职业教育的健康发展创造良好的内外部环境，不断提高全社会对中等职业教育的认识，扩大中等职业教育在社会上的影响。通过媒体和不同规格的会议，加大宣传力度，确保中等职业教育的有关政策真正落到实处，提高中等职业教师的社会地位。教育行政部门要出台政策和措施，尽快改变现有教师队伍结构，如建立若干所重点职业教育师范大学，使专业教师具有比较稳定的来源；建立中等职业师资培训基地，加大现有师资的轮训力度等。

一、改革和完善政策法规

（一）改革人事分配制度

1. 建立人才引进通道

深化中等职业教育的人事制度改革，打通企业编制与事业编制的界限；制定完善的政策法规体系，充分发挥法规与政策的宏观调控作用，引导社会改革传统的用人观念；规范用人制度，保证人才进出渠道畅通无阻。同时要建立完全市场化的人才流动大市场，使人才不局限于单位所有，增加可供选择的人才资源量。

2. 建立人才流动淘汰机制

人事制度改革的重点在于将传统的人事管理意识和观念转变为人力资源开发和人才资源的优化配置。以人为本，重视人性化管理，并以此制定和完善制度，建立有利于人才成长的管理体制。实施岗位聘任制，要形成"优才优用，优劳优酬，优胜劣汰"的竞争激励机制，形成人员能进能出、职务能上能下、待遇能高能低的富有活力的新体制，创造一个强化岗位、淡化身份、鼓励竞争、支持创新、使优秀人才尽快成长和发挥才干的环境。只有真正打破教师职务终身制，建立起合理的流动淘汰机制，才能充分调动和发挥广大教师的积极性和创造性，提高教师业务学术水平和整体综合素质。

3. 建立完善教师评价体系

在坚持能力本位观的同时，注重专业教师实际能力的考核。对实训实习课指导教师、专业技术课教师和专业理论课教师实行职业技能鉴定制度，加强操作、分析、实验及解决生产技术难题能力的培训，提高专业技能水平。同时，定期考核教师工作业绩，将考核结果与职称评定、工资收益、职务晋升等挂钩，引入末位淘汰的竞争机制，以激活教师队伍的积极性。在教师编制上要留有培训提高的空间。对获得"双师型"称号的教师，在晋升职务、评选先进、晋级等方面，同等条件下，优先推荐；对具备"双师型"条件的教师，在晋升技术职务时，若因某一项条件欠缺，给予低职高聘，鼓励教师尽快成为"双师型"教师，对按计划到企事业单位参加实践锻炼的教师，在实践锻炼期间给予适当的经济补助，对获得企业好评的教师，要给予奖励；拨出专项经费，对生产第一线技术骨干到学校任教的教师进行教学基本功培训。

（二）改革职称评审制度

1. 改进中等职业学校教师职称评审办法

目前中等职业教师资格证书制度、职称评聘制度均参照普通高校，不能很好地体现对中等职业教师特有的要求。要针对中等职业强技能的特点，改革中等职业教师职业资格制度、职称评聘制度，从而保证中等职业师资整体素质的不断提高。中等职业学校教师的职称评审应与普通中等学校教师职称的评审有一定的区别，突出对教师实践能力和技术应用能力的评价；成立独立的中等职业教师专业技术职务评审委员会，对中等职业教育教师的专业技术职务实行独立评审。

2. 制定相应的职称评定标准

基础理论课教师的职称评定可参考普通高校基础课教师的评定标准；专业理论课教师要兼顾对实际操作能力的考核；职业实践课教师可按技术等级进行职称评定，也要适当考核其教学基本功。对于教学科研成绩突出、有潜力的中青年教师，特别是对近年引进的硕士、博士等高学历的青年教师，要积极鼓励他们参加"双职称"的评定。实行两种评定标准交替进行，基础理论课和专业理论课教师以偏重于教师职称系列为主，如"教授+工程师"型；职业实践课教师以偏重于技术职称系列为主，如"高级工程师+讲师"型。在外部条件尚未成熟的情况下，学校可先考虑实行内部政策，如一个"高级工程师+讲师"型教师，与一个"教授+工程师"型教师享有同等待遇。要改革现行中等职业学校教师评聘技术职务过分强调学术成果的做法，制定有别于普通高校的评聘办法，使教师的专业职务评聘工作有利于"双师型"教师队伍建设。建立合理的分配体系，吸引大量的优秀人才从事教师工作，激励从业人员不断提升专业水平。建立起严格的职业规范，提高教师的职业权威和社会地位。要把技能考核等级作为一项重要指标，职称要实行双轨制，既要求有相应的教师职称，同时还要具备中、高级以上职业资格证书。

（三）制定职业资格标准

逐步建立"双师型"教师资格认证体系，制定中等职业学校教师任职标准和准入制度，为社会上有志于从事中等职业教育的人才提供更多选择，同时也为中等职业学校增加师资来源渠道。制定中等职业教育教师职业标准（资格），改变现有职教师资主要由普通大学培养和输送的局面。教育部已确立了一批中等职业教育师资培训基地，使中等职业教育首次有了自己的职教师资中心或大学。但现有的职教师范大学还有待成熟和提高，且数量较少，难以满足中等职业教育发展的需求。国家要制定中等职业学校"双师型"教师的认定标准，使中等职业学校有法可依。

（四）明确企业教育地位

鼓励企业主动参与到中等职业专业教学中，并逐步落实企业在中等职业教育中的主体地位。明确企业和学校的权利和义务，共同推动中等职业教育的发展。通过校企合作进行科技项目的开发与研究，不仅能产生良好的社会效益和经济效益，而且能提高教师的科研能力和实践能力。鼓励企业与中等职业学校紧密合作，并促使企业将之作为一项应尽的义务列入日常议事日程。建立由企业提供科研经费、委托中等职业学校教师按技术研发委托书开展实用技术研发机制，由专业教师带领青年教师或直接由有能力的青年教师独立承担技术研发任务，使校企密切合作实行的科技服务与开发工作走向深入；鼓励企业吸收经过培训的学生为企业员工，以此推动实训基地建设、教研教改、应用项目研究与开发、招生就业一体化，形成促进中等职业学校教学，科研全面提升，带动就业良性循环的中等职业教育办学模式。

（五）保障教师培训经费

加大"双师型"教师队伍建设的经费投入。从一定意义上说，是否重视"双师型"教师队伍建设，关键在于经费投入是否充足，政策倾斜是否保证落实。中等职业学校教师作为教师中的一个特殊群体，在人才培养过程中承担了多方面的工作任务，政府可将其作为特殊人才予以一定的补助，把支持职业教育发展的政策落到实处，还要制定并实施向中等职业教育倾斜的政策，加大投入力度。国家要履行诺言，改善中等职业教师的生存环境、生活待遇，大幅度提高他们的工资、住房等福利待遇，保护其积极性和进取、敬业精神，为中等职业学校教师队伍建设提供物质保障及强大的政策支持。

二、强化和加大培训力度

（一）加强实践能力培训

中等职业学校应制定相应的教师培训制度，在不影响整体的教学计划、教学任务的前提下，学校分期分批地选送教师，到已由国家建成的一些示范性的职业技能培训基地，定期开展为期半年的实践能力培训。学院要引导"双师型"教师在重视理论进修的同时，重视实际应用的研究，重视将科研成果转化为生产力；要发挥"双师型"教师的潜质和潜力，鼓励他们在业务熟练的条件下兼职和创业。学校要充分利用自己的教育资源、实训基地和社会影响，建立良好的"产学研"创业机制，帮助能在"产学研"中创造较好效益的教师先富起来，以稳定"双师型"教师队伍。

（二）加强工程实践锻炼

中等职业学校要制定相应的实践培训制度，定期组织教师到企业进行职业技能训练，利用校企共建的实训基地和校办产业的有利条件，加强教师的实践动手能力培养；在教师完成教学任务的前提下，为教师提供到企事业单位开展与本专业相关的技术服务和实践锻炼的机会；坚持青年教师深入企业社会一线实践，在实践中提高专业实践能力；同时要重视提高教师的职业道德水平、工作学习能力和科技开发服务能力，引导教师为企业和社区服务，实现校企合作，互利互惠的目标；积极鼓励教师深入企业与企业合作进行技术成果的开发和新产品的研制；在参与生产一线工作的过程中，让教师见习最新的生产技术水平和生产管理规范，提高自身的实践能力，并有效地把这些新内容融入教学过程中。实践证明，实行校企合作，共同开发项目、研制产品，是提高教师实践能力的一条重要途径。

（三）改革培训内容方式

在培训内容上要注重以下五个方面：一是转变教育教学思想，提高教育理论修养，改革教育观念，形成现代教育观、教师观、学生观；二是完善专业素质结构，以新知识、新技术、新思维重整教师的认知结构，革新思维方式；三是掌握现代教育技术，更新教学手段；四是以提升教师对现代教学的适应性为目标，强化综合素质的提高与技能训练，同时加强人文素养、心理品质等方面的教育，全面提高教师的素养；五是适应经济全球化发展，加强国外中等教育对中国中等职业教育的影响等方面的培训。在培训形式上，应根据中等职业学校教师队伍的特点和中等职业教育发展的需要，灵活安排，可以采取以全日制中短期培训的形式，集中到高层次综合大学或指定的教育机构，接受再教育或选送优秀教师出国留学或讲学，进行合作研究。在培训层次上坚持国家对担任基础课、专业课教学的教学科研骨干教师进行高格调、高品位、高水平的培训。

（四）拓宽培养培训渠道

从培养主体来说，研究型综合大学应承担起中等职业学校教师培养的主要任务。研究型综合大学要根据中等职业教育的特点以及经济社会发展对高素质技术应用型人才的要求，在专业构建、人才培养模式等方面进行必要的调整和改革，同时，国家应当给予这些研究型综合大学政策上的鼓励和支持；此外，研究型综合大学要从创新型人才培养、国家创新体系构建和中等职业教育质量进一步提高的标准出发，为中等职业学校培养更多专业化人才。

知识更新是为了让教师掌握最新技术的发展，跟踪科技发展的前沿，向学生传授最新的知识和技能。拓宽专业领域是为了让教师掌握多学科、多专业、多工种的知识和技能。中等职业教师，特别是专业基础课和专业课教师，每工作 3~5 年要参加一次新技术、新工艺的培训学习；有计划地安排部分专业课教师跨学科、跨专业进修，掌握两个以上专业的知识与技能，使其能及时根据社会市场变化进行专业调整与课程整合，促进专业教学改革和教学模式改革工作的顺利开展。对于理论课教师，在不断提高他们学历层次和理论水平的同时，要有计划地让他们到生产、建设、管理、服务第一线或学校的实训基地和产学研结合基地实际锻炼（或工作）一段时间，以提高他们的实践教学技能，使他们逐步成为"双师型"教师；对于实验实训课教师，在不断提高其实践能力和动手能力的同时，要加强对他们的理论培训，努力提高其学历层次和理论水平；要选派一些优秀的中青年骨干教师到国家中等职业专科师资培训基地或国内外一些大学进修和培训，以提高他们的教学能力。

三、引进和聘用兼职教师

（一）积极引进人才

中等职业学校可以通过补充优秀硕士、博士，吸引优秀留学回国人员，向社会公开招聘高水平教师来充实中等职业学校教师队伍，积极引进全国重点建设职教师资培养培训基地的硕士和优秀本科毕业生充实教师队伍。例如，天津工程师范学院、东南大学、同济大学等学校的毕业生，这些学校的学生专业思想牢固，重视实践，大多数毕业生已取得了一个以上的高级或中级职业资格证书，并拥有教师资格证书，在中等职业学校能够留得住、用得上，在工作岗位上会较快地成长为"双师型"教师。在师资引进中，要强调教师的"应用技能"，严把"能力"关。要注重从企业、产业部门引进一些专业基础扎实、有丰富实践经验或操作技能，且熟悉本地区、本单位情况，具备教师基本条件的专业技术人员和管理人员。他们一般应具有工程系列的中高级技术职称，有 8 年以上在一线从事技术工作或管理工作的经历，经过教师资格培训，取得任教资格。他们既能担任专业实践课的教师，也能传授专业理论知识，是"双师型"教师队伍的重要组成部分。但引进高学历、中等职业称的教师会花费很多的资金，在办学经费还不充裕的中等职业学校，可根据自己的实力和需要合理地引进。

（二）积极聘用人才

中等职业学校要根据专业需要，建设一支相对稳定且充满活力的"兼职教师队伍"，以弥补专职教师的不足。中等职业学校要与企事业单位建立良好且稳定的合作关系，将聘请兼职教师作为校企合作的重要内容。要树立人才"不求所有，但求所用"的观念，积极聘用相关企事业单位中有丰富实践经验和一定教学能力的工程技术人员担任兼职教师，他们可以给学校带来生产、科研第一线的新技术、新工艺及社会对从业人员素质的新要求，他们在和学校教师共同进行教学活动中，可以促进学校教师向"双师型"转化。另外，中等职业学校还可以聘用一批离退休的有丰富实践经验并有较扎实理论功底的专业人士，担任"客座"教师。这些来自不同行业的"客座"专家，不仅能带来实践部门的最新动态、成果和经验，为学校的教学带来生机和活力，而且在促进教学改革，提高教学质量的同时，还为加强教学科研提供了示范，这可以激发中青年教师提高自身教学水平和专业能力的积极性。建设一支相对稳定的"双师型"兼职教师队伍，改善中等职业教师结构，以适应人才培养和专业变化的要求，这已不是为弥补中等职业师资不足的权宜之计，而是一项必须长期坚持的建设任务。要建立"二元"师资管理模式，把兼职教师作为整个教师队伍结构的重要组成部分来建设和管理。

（三）提高教师待遇

中等职业学校可以通过修订工作量管理办法、增加课时津贴等措施，在待遇上进一步向教学一线倾斜；通过创造良好的工作环境和生活条件，形成尊师重教的浓厚氛围；完善教学、科研奖励基金制度，奖励在教学科研上有突出贡献的教师；提高教师的社会地位和经济待遇。不断改善办学条件和深化学校内部改革，建立吸引人才、培养人才、稳定人才的良性机制；多渠道筹集师资培养培训经费，调动各方面的积极性，共同支持和推动职业教育的发展；进一步完善教师职务聘任制度，加强教师聘任后的管理和考核，实行定期聘任，择优上岗；加快养老保险、医疗和失业保险等社会保险制度改革的步伐；鼓励教师参加科研活动，重视专业带头人的培养；在专业群建设、教学和科研工作过程中培养他们的创新意识，提高他们的教学水平、科研水平和学术水平，使他们具有较强的实际工作能力；制定扶植政策，为专业带头人创造良好的工作和生活条件；设立专项经费用于专业带头人和学术梯队建设；实行奖励政策，提高专业带头人的收入水平；同时对他们实行定期考核，并进行动态管理，以便让更多优秀教师脱颖而出。

第七章　中等职业学校财经商贸专业群实训基地建设

　　中等职业教育既是中等教育，又是职业技术教育；中等职业学校应以培养学生的创新能力和实际动手能力为目标。为培养和提高中等职业学生既具创新能力又具实际动手能力的综合素质，当务之急是建立一支"双师型"教师队伍，并建立满足学生实验和实训需要的实践教学基地。这个问题已经得到教育界的普遍关注。

　　《国家中长期教育改革和发展规划纲要（2010—2020 年）》（以下简称《教育纲要》）十分注重提升职业教育基础能力，关注"双师型"教师队伍和实训基地建设，为发展提供资源保障。《教育纲要》指出："支持建设一批职业教育实训基地，提升职业教育实践教学水平；完成一大批"双师型"教师培训，聘任（聘用）一大批有实践经验和技能的专兼职教师；支持一批中等职业教育改革示范校和优质特色校建设。"由此可见，政府高度重视中等职业学校实训基地的建设。

　　2014 年国务院发布的《国务院关于加快发展现代职业教育的决定》鼓励企业参与职业教育，指出要"多种形式支持企业建设兼具生产与教学功能的公共实训基地。对举办职业院校的企业，其办学符合职业教育发展规划要求的，各地可通过政府购买服务等方式给予支持。对职业院校自办的、以服务学生实习实训为主要目的的企业或经营活动，按照国家有关规定享受税收等优惠"。

第一节　实训基地的功能及意义

　　实践教学是指学生在教师指导下通过实际操作训练，将知识逐步转化为职业技能和职业素养的教学活动。实践教学的本质是教师引导学生通过实践活动将知识具体化为技能、人格化为职业素养的过程。

实践教学基地是指满足实践教学需要的场所和条件。它包括能够保证不脱离学科知识教学的实验实训场所、实验实训设备、师资力量、现实的生活活动内容和相应的组织协调机制等。实践教学基地就是上述各种要素的组合与运行机制，是实践教学赖以开展的基础。实践教学基地是实践教学活动的结构与形式，知识的转化和技能的形成是实践教学的内容。实践教学活动就是这种形式与内容的高度统一和有机结合。

中等职业学校的人才培养目标是为社会企业和行业培养急需的技术应用型人才，具有明显的实用性、职业性和时效性。加强实训基地建设是提高人才培养质量、提高毕业生的实践操作技能、实现"零距离"上岗的根本保障。

一、实训基地的内涵及任务

实训是职业技能实际训练的简称，是指在学校能控制的状态下，按照人才培养规律与目标，对学生进行职业技术应用能力训练的教学过程。

实训基地是中等职业教育中对学生实施职业技能训练和职业素质培养的主要场所，是集教学、培训、职业技能鉴定和技术服务于一体的多功能教育培训中心。当前，我国中等职业学校形成了以培养综合职业技术应用能力为主的校内、校外两种实训方式，即校内实训基地和校外实训基地。实训基地的建设要坚持以专业培养目标为核心，紧紧围绕专业培养目标中的能力要求，强调实训的实用性，根据实践教学规律提出实训基地建设要求。同时应清楚地认识到，学生实践动手能力的培养不可能在学校全部完成，许多技能的培养和职业能力的养成都需要在社会大市场中来实现，因此，校内实训基地和校外实训基地二者缺一不可，均应纳入重点建设范围。

中等职业教育的办学特点在于为区域经济和行业一线服务，为学生提供机会。要实现这一特点必须注重在校学生技能性、实践性和职业性知识能力的培养，而实践性、技能性的知识只能在实际的工作岗位上才能学到。因此，中等职业学校必须大力建设实训基地，这是中等职业教育教学工作的重要组成部分，也是培养中等技术应用型专门人才的基本条件之一。

要实现中等职业教育的培养目标，加强实训基地的建设是必不可少的。实训基地的建设应该以培养学生技术应用能力和职业素质为主旨，以行业科技和社会发展的先进水平为标准，以学校发展规划目标所设专业的实际需要为依据，充分体现规范性、先进性和实效性，与生产、建设、管理、服务第一线相一致，形成真实或仿真的职业环境，这样才能达到培养出社会急需的技能型人才的目的。在目前我国技能型人才十分缺乏的情况下，实训基地的建设已成为推动中等职业教育发展的非常重要的环节。

实训基地的主要任务是，根据中等职业教育培养目标的要求制定专业技术技能培训教学大纲，组织编写实训教材；根据教学计划的要求和专业岗位群的技术技能要求，制订实训计划和方案；按照专业岗位群的实际和教学大纲要求组织和实施模拟专业岗位技术培训；依据科学技术的发展、岗位需求的变化及新生工作岗位的定向，开发新的职业技术技能培训项目与培训内容；组织进行专业技术技能资格鉴定工作，颁发国家认可的专业技术资格证书；承担对"双师型"教师队伍的培训，逐步将实训基地发展为培养中等职业教育人才的实践教学、职业技术技能培训、鉴定考核和高新技术推广应用的重要基地。

二、实训基地的基本功能

（一）人才培养与社会服务功能

实训基地的基本功能包括对学生的培养和"双师型"教师的培训两个方面。在实训基地，可以根据教学目标较为全面地培养学生的综合职业素质和职业技能，能为学生提供模拟、仿真乃至真实的实习、实训环境，使学生在校期间就能完成上岗前的职业培训，完成学生向员工的实际能力转换，让学生能在贴近社会真实工作环境的条件下进行学习。因为实训基地是针对所学的专业和岗位群的技能培养而设立的工作环境，它让学生在一个仿真的工作环境下进行综合能力素质的训练。另外，中等职业教育师资的知识能力和专业技术操作应用能力应该不断地得到更新和加强，这是做好中等职业教学工作和提高教学质量的关键。为此，教师首先应在实训基地不断地进行自我培训，实现操作应用能力的提高。实训基地要能承担中等职业教育学历、普通中等教育学历和非学历的职业技术技能培训；对学校教师进行培训；面向其他大中专学校学生的职业培训；企业职工的在职提高、转岗培训；社会其他人员培训以及待岗人员的再就业培训。

（二）资源共享与技术交流功能

中等职业学校实训基地建设必须满足学生实践教学和技能训练的要求，因此，其建设规模和功能必须在区域内领先，各中等职业学校要根据本校主体专业的优势建设一批实训基地，这样一批具有一定辐射能力的实训基地可以发挥资源共享的作用。中等职业学校可以利用自己的实训基地为社会和其他学校服务，也可利用社会和其他学校已有的设备和条件为自己服务，从而实现资源共享。另外，中等职业学校要走校企合作、产学研联合的办学之路，这是职业学校发展和生存的必由之路，同时，中等职业学校还可以利用实训基地与社会、企业加强联系，以促进先进技术的交流，从而有针对性地加强理论教学和实践教学。

（三）产品生产与技术开发功能

实训基地是在校企合作下，以企业科技和社会发展的先进水平为标准设立的，对学生实施职业技能训练和职业素质培养的主要场所，因此它理应服务社会，服务学生，回报企业。建立产学研结合模式，以加强教学与生产、科研的联系，以生产和科研促进教学，将教学融入科技发展和生产建设，是中等职业学校实训基地可持续发展的重要保障。实训基地还应成为培训考核现有技术应用型人才，进行继续教育和职业技能鉴定的重要基地。中等职业学校还应主动为企业提供技术服务，解决技术难题，要具有职业资格鉴定功能，承担专业技术技能鉴定考核工作，凡是经过培训的人员都可以在基地进行职业资格鉴定，取得相关职业资格证书。基地应该是成熟技术的应用基地，能进行专业研究、技术开发、生产及新技术的应用推广等，为企业设备更新换代提供人才培训和技术服务。

（四）职业技术与能力培训功能

中等职业教育的实践教学强调以技术应用能力为主线，培养学生的综合职业能力，其教学计划具有很强的岗位针对性，可以体现行业当代知识、技术、观念的基本特征，并应在全方位、全时空的教学过程中加以实施。实训基地的主要功能应该是提供职业技能培训和综合素质培养，并且具备完成特定工作任务所需的完整流程和真实的工作环境，所以，校内实训基地必须具有培训受训者职业技术能力的功能、社会性功能、研发功能。职业技术能力培训功能是指为接受职业培训者在校学习期间提供理论验证性实践教学，单项技能、岗位技能、关键能力等职业能力培训的环境；社会性功能指对外提供技术服务、社会短期培训、技能考核鉴定的场所等；研发功能包括产业运作与生产功能、教科研功能等。校外实训基地则具有培训受训者综合职业能力的功能、预就业功能、产学研合作功能、信息反馈功能、参与教学方案设计功能，通过顶岗实习的方式在真实的环境中完成受训者综合职业能力，即职业岗位技能和关键能力的培养，同时在实习期间学生可以与企业进行双向的选择，做好就业准备。

总之，在中等职业教育体系中，实训基地占有重要的地位。第一，实训基地承担了大部分的实践教学任务，是实现中等职业教育培养目标的关键；中等职业教育重视实践教学，其实践教学时数占总教学时数的50%以上，其中大部分内容都在实训基地完成。第二，实训基地拥有大量的人力物力，包括具有丰富实践经验的师资、大批的实训设施与仪器设备、较大的土地面积，这些在学校各项资源中占有很大的比例。如何建设和管理好实训基地，使之更适应技能型人才的培养需要，并且盘活各项资源，发挥最大的效益，应成为中等职业学校管理者思考的问题。与普通高校相比，中等职业学校更注重实践技能的培养，对实践教学的环境、阶段、过程有更高的要求。因此，实训基地建设的教学功能就不仅仅停留在以往实验室的验证、演示及科研与模拟设计的层面上，而"应尽可能与生产、建设、管理、服务第一线相一致，形成真实或仿真的职业环境"，同时还应具备实践教学、开发生产和培训鉴定功能。

三、实训基地建设的理论依据

（一）中等职业教育重点是实践教学

中等职业教育有别于普通中等教育的最大特点在于基础理论教学要以应用为目的，以"必须、够用"为度，强化应用为教学重点；要加强针对性和实用性，要做到理论和实践、知识传授与能力培养相结合。这对教师的素质和实验、实训设备提出了更高、更全面的要求。人才培养模式改革的重点是教学过程的实践性、开放性和职业性，实验、实训、实习是三个关键环节。要重视学生校内学习与实际工作的一致性，校内成绩考核与企业实践考核相结合，探索课堂与实习地点的一体化；积极推行订单培养，探索工学交替、任务驱动、项目导向、顶岗实习等有利于增强学生能力的教学模式；引导建立企业接收中等职业学校学生实习的制度，加强学生的生产实习和社会实践，中等职业学校要保证在校生至少有半年时间到企业等用人单位顶岗实习。工学结合的本质是教育通过企业与社会需求紧密结合，中等职业学校要按照企业需要开展企业员工的职业培训，与企业合作开展应用研究和技术开发，使企业在分享学校资源优势的同时，参与学校的改革与发展，使学校在校企合作中创新人才培养模式。

（二）企业需要"零距离"上岗人才

首先，社会的需要是中等职业教育快速发展的原动力。许多用人企业已经逐步认识到"中等职业学生"具有"零距离"上岗的特点，上手快，能吃苦，岗位适应能力强，在实践技能方面"技高一筹"，这为中等职业学生开拓了良好的就业前景。其次，社会需要的人才必须有一个合理的结构，对于大多数企业而言，使用最多的应当是应用型人才。

（三）培养创新能力有赖于实训基地

培养学生的创新能力是中等职业教育的目标之一。对中等职业学生来说，创新主要体现在解决生产、建设、管理、服务第一线实际工作问题的能力，如改进工艺、更新工序、提高服务效率、提高管理水平等。实现这些创新，要求学生必须对一线工作岗位的情况非常了解和熟悉，学生只有广泛接触当前的新设备、新工艺，才能为今后的开发、研究打下基础，才会有先进的思维方式和创新能力。

（四）基地建设是学生就业的要求

加强实践教学，一方面要加强课堂教学与实践的结合，另一方面，就是要加强实训环节和实习。实训是职业教育学生技能培养的起点，是学生由书本走向实习就业的接口，是学生养成良好职业道德、严谨作风，提高素质的重要平台，学生只有经过了实践教学的全过程，才有可能完成从一名普通学生到一名有一定技能的职业学校的学生，再到具备某一项基本技能的产业人才的转变。

四、实训基地建设的现实意义

（一）有利于培养社会急需的技能型短缺人才

中等职业学校的校外实训基地大多数为校企合作、产教结合模式，这种模式的最大特点是充分利用了企业所掌握的社会最需要的实用性技术和最新的生产工艺。因此，中等职业学校应充分利用社会资源，开展校企合作，建立校外实训基地，有利于培养社会急需的技能型短缺人才，提高毕业生的就业率和社会适应能力。

（二）有利于推进学校管理体制、用人机制改革

目前，中等职业学校的校内实训基地大多数为校内实习基地的扩充与改建，在管理体制和用人机制上仍然保留学校过去的统一管理模式，基地建设与社会脱节，缺乏后劲和活力。通过引进社会资源，将校内基地建设推向市场，实行基地建设股份合作制、校企合作模式，有利于学校管理体制和用人机制改革。

（三）有利于加强校企合作，提高人才培养质量

实训基地实行校企合作、产学结合模式可使资源得到充用利用，学生从中可获得最佳的实训条件，有利于对学生实行专业技能训练和综合技能训练，更有针对性地培养学生的岗位就业能力。

第二节　实训基地建设的原则与思路

一、实训基地建设原则

实训基地建设必须满足一定时期经济社会发展对高素质人才数量和质量方面的要求，必须使学生所学的理论知识在实践中得以理解和应用，同时促进学生职业技能和综合职业素质的发展。从科学的角度上讲，中等职业教育实训基地建设的原则是指导中等职业学校实训基地建设的行动指南、依据或

准则。为实现实训基地的主要功能，达到构建目标，顺应产业需求，校内外实训基地建设必须坚持下列原则。

（一）仿真性原则

实训基地应充分体现生产现场的特点。实训基地应具有与社会上实际的生产和服务场所尽可能一致的实训工位；要按照未来专业岗位群对基本技术技能的要求，具有真实的职业环境，使学生能得到实际操作训练，帮助学生形成专业技能、技巧，培养学生的技术应用能力；要具有可供训练的反复性，能给学生创造反复训练的机会，在反复训练中不断提高技能熟练程度；对于不具备反复训练条件的工作现场，其运行过程既缺乏可视性又不允许随意操作，就需要易于直观教学的模拟示教设备和图文声像资料；要能进行主要专业课程和毕业实习的能力培养，使学生体验生产操作过程，基本完成毕业上岗前的准备和训练。

（二）先进性原则

中等职业培养的人才要适应未来职业岗位的需要，所以实训基地应具有一定的先进性，尽可能体现专业领域的新技术、新工艺、新方法，尽可能拥有最新的设备、设施，运用这些技术、工艺和设备训练学生，学生才能掌握未来从事岗位工作的真本领。学生一旦掌握最新设备的使用技术，那么毕业后就能具备一定的技术优势，这有利于学生的就业和个人发展。开发先进的实训设备，还可有效地推动课程建设，提高教师的业务水平。所以，要使实训基地具有一定的先进性，这就要求中等职业学校领导不仅要对实践教学的意义有充分的认识，而且要具有长远的眼光和抢占技术高地的意识，还要有对学生高度负责的精神。

（三）适用性原则

实训基地先进的设备要适合课堂教学，要使实训教学贴近高科技企业的实际，适应高新技术对人才的要求。对于那些不可能搬进实训室的大型流水线和重型设备，必须进行模块化、模拟化、仿真化处理，使之具备实物的一切特征，能放在实训室里作为训练对象。通过这样处理后的设备既有助于教师的讲解，又能使学生感受到以往课堂上无法感受到的那种职业氛围，使实训基地适合教学。由于这些设备是给学生训练用的，使用频率高，要求设备必须安全、方便，可靠、适用，所以就需要开发研制人员能根据实际需要开发实训设备和模块。

（四）开放性原则

开放性原则是指实践教学基地的建设从空间到时间都要向学生、社会全面开放，而不能成为学校甚至某个系部、专业的专用场所。第一，实训基地要面向学生开放，要使实践教学基地成为一个完全开放性的实践训练场所，它既能让学生在在校学习期间就接触本行业的新技术、新技能，又能让学生在这个"学习工厂"自主学习，完成实训（验）项目，实现实训教学方式的"开放性"；第二，校内实训基地要面向教师开放，为教师开展科研工作和科技开发提供条件；第三，校内实训基地要向社会开放，大力开展产学合作，为社会提供多方位的服务，包括与企业合作办学、为社会培训技术技能人才、推广新技术和直接完成某些服务项目，在产业合作中提高实践教学、技能培训；第四，在时间上要实行全天候开放，在规定的时间里，各实训室要有专人管理，只要学生有学习的意愿，随时可以到实训室进行训练。

（五）职业性原则

中等职业教育以就业和市场对人才的需求为导向。职业定位是中等职业教育生存的基础，体现职业性是中等职业教育实践教学基地的重要特征。为此，实践教学基地应努力营造现代生产、建设、服务、管理第一线真实的或仿真的职业环境，从设备、厂房建筑、工艺流程、管理水准、人员配置和要求、标准化以及质量与安全等方面模拟真实的职业环境，注意形成自身的"企业文化"氛围，重视职业素质训导，强化学生的安全、质量意识，借鉴现代企业的管理运作模式。

（六）产学研结合原则

实训基地必须加强与企业的联合、与产业的结合、与社会的融合，保证其科学先进性，使学生和受训者参与生产、管理、服务、建设等的实际运作。通过实训基地，使受训者更深刻地了解并准确地把握岗位技能要求、社会环境、市场环境、企业运作管理模式等。通过校企合作，产学结合，吸收企业工程技术人员的智慧共同建设实训基地，才能构建起以紧跟现代社会发展前沿为目标的新型实训体系。

二、实训基地建设的基本思路

实训基地建设的总体思路是"高、新、全、通"。"高"就是实践项目和内容要有高技术含量;"新"就是动态地纳入各个专业领域的新知识;"全"就是所有开办专业都有配套齐全的实验实习设备;"通"就是要充分利用资源,节约资金,尽可能增强各专业实训室和基地的通用性。

(一)教师队伍是实训基地建设的关键

教师队伍素质是影响教学质量不可忽视的因素。中等职业学校的教师不仅要有扎实的专业理论功底和丰富的教学经验,还应具有丰富的专业实践经验和熟练的操作技能。因此,"双师型"教师队伍应是中等职业学校实训基地建设的一个重要组成部分。

(二)校企合作是实训基地建设的基础

建立可持续发展的实训基地是实训基地建设的实质性内涵。只有实行校企合作,才能保证实训基地建设的先进性、适用性、职业性,才能保证学生在实训基地进行的训练和培训与企业岗位环境的要求相一致,从而达到"零距离"上岗的要求;校企合作还是解决实训基地建设资金短缺的途径,先进的生产设备特别是大型设备、流水生产线等需要大量资金,通过校企合作的方式,让利给企业,与企业互惠互利,让企业把生产线建在学校,让企业把大型加工设备放在学校加工,校企共同管理,利润分成,这样既解决了实训基地建设的资金问题,又保证了实训基地建设的先进性,企业也从中得到了利益和人才。当然,社会上的企业很多,选择与什么样的企业合作,如何建立长期有效的合作机制,发挥校企合作的优势,达到互利双赢目的,是需要我们进行深入探讨的问题。

(三)深化改革是实训基地建设的保障

实训基地建设是学校教育教学工作的重要组成部分,而且实训基地建设要求高,投入大。传统的用人制度和管理已不能适应现代实训基地建设与管理的需要。因此,中等职业学校必须积极推进体制改革和人事制度改革,采取一系列有效措施,推行全员聘任制和目标管理责任制;优化教师队伍和管理人员队伍；责权分明，奖惩分明，建立良性的激励机制；在基地建设方面，要实行经济独立、人事独立，建立切实可行的规章制度，责任明确，管理规范，为实训基地建设提供有力保证。

（四）培养人才是实训基地建设的本质

中等职业学校应转变办学理念，以市场为导向，以就业为指导，定位自己的人才培养目标。在实训基地建设方面也应有市场观念、就业观念，根据市场人才需求变化和自身优势，及时调整建设方向，发展急需项目、前沿项目，始终走在市场的前面，为社会培养适销对路的人才。中等职业教育实训基地建设是中等职业学校教育教学改革的一个重要组成部分，直接影响到学校人才培养的质量和就业率，关系到学校的生存和发展。因此，职业教育实训基地建设必须适应区域经济和社会发展的需求，培养市场急需的技能型短缺人才，为我国中等职业教育的改革发展提供保障。

三、实践教学基地建设

实践教学基地是中等职业学校开展实践教学活动的一种组织形式，是中等职业学校为使学科教育不脱离实践教学活动在学校内独立设置的实践教学单位。实践教学基地建设包括实践教学场所、实验实训设备、教师队伍建设和实践教学组织管理体系和社会服务体系的建设等内容。建设这样的基地，不仅对中等职业学校搞好实践教学本身具有重要意义，而且对中等职业学校合理选择教学模式组织教学活动，实现教学目标和更好地适应社会需要等都是十分重要的。

（一）实践教学与实践教学基地

实践教学是指学生在教师指导下在相应的实训环境中通过实际操作训练，将知识逐步转化为技能和职业素养的教学活动。实践教学更重视学生的技能训练。本质上，学科教育是培养运用知识，观察、理解客观现象，再把对客观现象的认识上升为知识这种创造性能力的过程，而实践教学则是教师引导学生通过实践活动将知识具体化为实操技能的过程。

实践教学基地是指满足实践教学需要的场所和条件。它包括能够保证不脱离学科知识教学的实验实训场所、实验实训设备、师资力量、现实的生活活动内容和相应的组织协调机制等。实践教学基地就是上述各种要素的组合与运行机制。

（二）实践教学基地建设与功能

实践教学基地建设不同于实践教学，它是实践教学活动的形式。具体来说，实践教学基地建设就是实践教学活动场所建设、实验实训设备建设、教师队伍建设、组织管理体系建设和社会服务体系建设等。此外，影响实践教学基地建设的因素还有：国家的教育和产业政策、社会职业发展状况、人力资源市场的运行机制、人才供给和人才消费状况、教育对象的发展变化以及同类和相关学校的专业设置与教学状况等。

这些因素是影响实践教学基地建设的外部因素。这种外部因素与实践教学基地建设的内部构成要素之间也是相互联系、相互影响。外部因素引导实践教学的方向，内部要素决定实践教学活动的内容、规模和层次。此外，这种外部因素是一个无序的、不断变化的开放系统，而作为一个整体运行的实践教学基地的内部要素则是一个有序的、稳定的封闭系统。封闭系统只有与开放系统保持联系与互动，才能使自身建设不断被优化。因此，实践教学基地建设必须不断地与社会发展的需要相结合，形成互动，才能使实践教学适应社会发展，促进职业教育目标的实现。由上述内外关系所决定，实践教学基地各构成要素的建设还必须符合功能的要求，才能最大限度地满足实践教学内容即知识转化过程的需要。

由于实践教学基地建设是一个具有复杂结构特征的相对稳定的封闭系统的建设活动，因此，实践教学基地各构成要素自身就必须符合相应标准的要求，这样才能使其真正满足实践教学活动内容的需要，真正促进实践教学活动的健康发展。学校要想使实践教学基地各构成要素的建设符合功能标准并符合实践教学活动的特点，就必须做到以下几点：第一，实践教学场所建设应独立设置在校内，以便根据需要组织协调实践教学和学科知识的教学活动。第二，用于实验、实训的设备和设施建设，应符合通用性、先进性要求，以最大限度地满足现有和未来的学科和专业的发展需要，而且要注意避免重复建设和因更新换代的需要而造成资源浪费。第三，教师队伍配备应注意教师的专业知识结构和实际技能及其先进性和综合性的素质要求，尽量按专业需求合理搭配。第四，在组织管理层面上，应按照功能的要求，把实践教学场所、实践教学与设施和师资力量等作为一个整体统一协调管理，使基地的运行能够既富有弹性又保持相对稳定，以便适应并能够灵活应对实践教学活动的发展变化。此外，根据关于复杂系统必须适应外部环境，才能通过自学习、自复制、自调节，最终走向成熟机制，达到最佳均衡状态的规律，实践教学基地建设的另一个要求就是把实践教学基地建设成一个综合性的生产单位，以增强对先进科学技术的引进、应用和再开发能力，并强化社会服务。只有这样，才能使实践教学基地建设真正成为实践教学与社会发展互动的桥梁。

第三节　中等职业学校财经商贸专业群实训基地建设和中职学生实践能力提升计划

　　加强实训基地建设是中等职业学校改善办学条件、彰显办学特色、提高教学质量的重点。中等职业学校要按照教育规律和市场规则，本着建设主体多元化的原则，多渠道、多形式筹措资金；要紧密联系企业，校企合作，不断改善实训基地条件；要积极探索校内生产性实训基地建设的校企组合新模式，由学校提供场地和管理，企业提供设备、技术和师资支持，以企业为主组织实训；加强和推进校外顶岗实习力度，使校内生产性实训、校外顶岗实习比例逐步加大，提高学生的实际动手能力；要充分利用现代信息技术，开发虚拟工厂、虚拟车间、虚拟工艺、虚拟实验。

一、建设基础

　　学生的实践能力已成为衡量学生质量的重要标志，并将成为中等学校培养目标的一个根本要求。实践教学是实现培养人才目标的重要环节，培养学生的实践能力是顺利传授高深知识的需要；是养成学生广泛能力的基础，也是形成学生广泛能力的组成部分；还是塑造学生良好道德和健康身心的需要。因此，学生实践能力备受社会各界的关注。世界上教育发达的国家，为了在未来的激烈竞争中处于主动，都在采取积极措施，在重视知识传授的同时，把教学的中心转向培养学生的能力。

　　专业实践能力是指学生利用自己的专业知识来解决专业领域中实际问题的能力。在学校，学生通过实践性教学环节——实验、实习、设计（论文）、科研等活动，对所学的理论知识进行验证，或对所学的理论进行综合、运用、转化、创新，逐步培养起实践能力。学生的实践能力涉及专业实践能力、创新能力、创业能力等层次，学生专业实践能力的培养是一个复杂的系统工程。

学校要充分认识参加社会实践活动在学生综合素质培养中的重要性和不可替代性，应加快专业结构和人才培养结构调整力度，把社会实践能力的培养纳入正规教学计划，树立社会实践观，多渠道拓展学生社会实践方式，使社会实践日常化。同时，应建立实践基地，使社会实践阵地化，加强队伍建设，使社会实践专业化；健全活动机制，使社会实践有效化；设置专项经费，使社会实践保障化；建立评估体系，使社会实践完善化。

二、建设目标

以《教育部关于进一步深化中等职业教育教学改革的若干意见》为纲领，进行人才培养模式的改革，形成了具有中等职业特色、学校特色的财经商贸专业人才培养模式，即以培养学生职业能力、职业素质和可持续发展能力为出发点，以"工学结合、校企结合"为切入点，以学校、企业、学生多方受益为立足点，推行"就业导向，四方联动，校企双轨，理实合一"相结合的人才培养模式。人才培养模式充分体现学生职业能力和综合素质两大要素。

三、建设内容

财经商贸专业的校内实训室和校外实训基地是保证实践教学效果，提高实践教学质量的重要物质基础。学校经过反复论证分析，按照"职业岗位对接"的指导思想，建设校内实训室和校外实训基地，从而提升学生的实践能力。

1. 提高认识，明确实践性教学环节的重大意义

深化传统的教师、学生、校外实训基地三位一体的实践教学模式，即专业基础技能训练，注重学生通用技能及专业基础技能的训练；专业综合技能训练，设置综合实训课程，充分锻炼其专业核心能力；毕业实习训练，学生顶岗实习，校内老师指导学生设计职业生涯规划，开展就业指导，校外实训基地老师为学生提供工作实务指导。

2. 衔接教育教学过程，改变教学模式，科学地构建实践教学体系

学校应在人才培养方案中增加实践教学的比例，使学生能有足够的时间

进行实际操作，并重新编写"财会模拟实训""财务软件操作""综合实训"等课程的课程培养方案，这些大纲将课程实践教学有机联系起来，按这些课程培养方案实施教学，可保证对学生综合能力的培养循序渐进，逐步深入。具体做到以下几个方面。

（1）单项实训与综合实训相结合。单项实训是根据培养目标所需岗位基本技能在不同课程教学过程中进行某一方面或某项基本技能训练，如"出纳技术"课程进行点钞和珠算等级水平训练；"基础会计"课程进行填制凭证、登记账簿等会计账务处理流程训练；"财务会计"课程教学中重点进行单证处理的训练；"成本会计"课程进行各种成本费用的归集、分配等。综合实训，是在学习几门相关课程后组织的集中实训教学，它要求综合运用相关知识、技能，完成岗位基本技能训练，以提高中等职业岗位综合运用能力。本专业开设"会计模拟实训""财务软件操作综合实训"等课程。

（2）手算和电算相结合。在实践课中，重点抓好"会计模拟实训"（手工综合实验课）、"财务软件操作综合实训"两门实践课的教学。这两门课程相互承接，构成一个使学生既能手工操作，又能运用计算机完成从填制凭证到编制报表一整套会计核算、账务处理操作的系统。

（3）独立与分工训练相结合。独立与分工实训是对实践教学的总结、提高，是培养学员应用能力和实际工作能力以及团结协作精神的重要手段。"独立与分工综合实训"方法采用的是设立模拟财务部门，学生轮流担任主管会计、出纳员、物资管理员等角色，完成特定单位会计制度的设计，建立账簿体系等任务。通过对不同角色所应具备的素质和技能进行实训，以达到提高学生综合运用所学知识的能力和培养团结协作精神的目的。

（4）课内实践与课外实践相结合。课内实践是指随堂进行的实训活动。一般在教师讲授、演示和指导下进行，它教给学生分析、解决问题的方法；而课外实践则主要发挥学生的主动性，既可由教师出题目，也可由学生自选课题独立进行实训，以培养学生解决问题的能力。

（5）校内与校外实践教学相结合。校外实践教学主要指到实训基地参观、实习，请基地有关人员现场教学。根据学生的组成情况，除了学校集中组织的实习活动，还提倡他们充分利用自身的社会关系和资源条件，进行自我实训，学院将有计划有步骤地组织教师对学生进行指导和考核。

3. 改善校内实训条件

按照"生产性、实用性、开放性、职业性、社会性"原则，建设集教学、实训、培训、经营于一体的校内生产性实训基地，为财经商贸专业及专业群提供完善的教学保障，全面提升人才培养质量。充分利用校内实训条件，学校提供场地，企业提供师资，指导学生进行校内实训，为校内实训创建真实的岗位训练、职场氛围和企业文化。

项目建设期内，新建"财税一体化综合实训中心"和"仿真会计核算实训室"满足校内实训教学的需要。

以广西物资学校为例，可建立一个可容纳 120 人的"财税一体化综合实训中心"。按照高校的办学思路和发展规划，加强校企深层次合作，以现行会计制度为基础，以企业出纳、会计、财务管理、税务等实际工作流程为依托，提供仿真的职业环境，构建一个融教学、实训、培训和轮岗工作为一体的，能满足会计、税务综合实训要求，设备先进，管理规范的中等职业教育财税一体化综合实训室，发挥示范引领作用。财税一体化实训室设置的专业训练方案包含会计实训教学、税务实训教学、银行实训教学、工商实训教学等教学模块，构成由会计技能和思维培养到税务、银行、工商等企业外部相关机构实操技能训练，提升学生财税知识的综合运用及融会贯通能力。

4. 增加校外实训基地的数量，满足学生顶岗实习的需求

按照校企共建、资源共享、互利双赢的原则，开拓思路，探索并实践多种建设方式以实现实训基地建设模式的多样化，使该专业实训基地规模进一步扩大，满足学生顶岗实习、青年教师企业锻炼的需要。

同时，建立相应的校外顶岗实习管理制度，并指派专人对各个实训基地建设与运行状况进行监控与管理，起到协调校内外工作联系、指导并管理学生校外实习的过程、管理实训基地等各项工作，将管理责任落实到人。

以广西物资学校为例，目前，学校拥有校外实训基地 4 所，有利于学生在教学实践中职业技能的提高。将在原有校外实训基地建设的基础上，加大校外实训基地扩展的步伐，丰富实训基地的企业种类，在不同层次的企业内开展实践活动。项目建设期内再建立 6 个与企业共建的实训基地，以满足学生实习实践的需要。

5. 探索新型校企合作机制

学校应选取典型企业进行合作，以真实企业为背景，开展项目实训。教师带领学生到企业调研，通过提供解决方案、咨询服务等方式，使学生在教师和企业一线人员的双重指导下，参与实际项目，促使其向职业人身份的转变。与协议企业共同录制企业现场工作过程，并在教研室、课堂进行讨论。

6. 制定《学生实习实训管理办法》，完善学生校外实习实训的安全保障措施

健全校内外实训基地绩效管理和考核办法，结合分院实际制定实训室"5S"实施方案，进一步加强管理建设，提高实训室利用效率和运行管理水平。

四、预期成果

以广西物资学校为例，按照"校企联手，双向互动"的基本思路，在现有的 6 个校内实训室和 4 个校外实训基地的基础上，以培养学生的实际操作能力为基本出发点，在强化职业技能构架的基础上，合理规划建设符合人才培养标准的仿真会计综合模拟实训室、财税一体化综合实训中心和校外教学实训基地。项目建设完成后，该院财经商贸专业校内、校外实训基地，将建设成与行业企业紧密结合，集实践教学、社会培训、技能鉴定及网络教学于一体的、具有同类学校示范意义的实训场所，成为全省财经职业教育交流与合作的窗口和平台，满足学生毕业顶岗实习和教师实践培训、专业技能研发、教学案例收集的需要。

（1）校内实训室的建设，构建了"教、学、做"一体化的能力培养平台，优化了能力培养环境，推进了校企融合，工学结合功能显著增强。

（2）校内实训基地建设达到区域领先水平，与企业融合程度加深，校外实训基地建设取得明显进展，为工学交替、顶岗实习、学生就业提供了平台，可满足学生进行生产实训和顶岗实习的需要，学生半年顶岗实习达到 40%。

（3）社会服务能力显著增强，在共享型教学资源、职业技能培训、技术服务等方面适应行业、企业的需求，能够承担为广西以及国内企业大发展培养大批技能型专门人才的重任。

第四节　广西职业教育第二批专业发展研究
基地建设方案

本节以 2019 年 6 月广西物资学校申报建设的财经商贸专业群为例。

一、专业群建设基础

(一) 产业背景与人才需求

"十三五"期间国家大力实施创新驱动战略,实施"互联网+"行动计划,积极推进大众创业、万众创新,现代信息技术与各产业深度融合,生产型制造向生产服务型制造转变;现代服务业不断发展壮大,以满足个性化、多样化消费需求的新兴服务业发展迅速;数字化会计、跨境电子商务、网络营销、智能机器人等新技术、新概念蜂拥而至。经济社会的变化给传统行业带来机遇的同时,也冲击着传统行业的发展。在"互联网+"背景下,具有系统思维和跨界思维的人才将成为产业企业对人才需求的新特征;教育部职业技术教育中心研究所研究员姜大源认为,职业教育向类型教育转型的三大特征就是"跨界、融合、重构"。作为技能型人才培养阵地的中职学校在新的人才规格要求的挑战下需要重新审视各专业的建设,把专业建设的重心转移到内涵提升上来,而内涵提升的关键就是专业群的建设。

广西提出"构建面向东盟的国际大通道、打造西南中南地区开放发展新的战略支点、形成 21 世纪海上丝绸之路与丝绸之路经济带有机衔接的重要门户"的发展目标,倡导积极融入"一带一路"建设,打造"一廊两港两会四基地"。广西还进一步提出推进互联互通合作、推进商贸物流合作、构建跨境产业链、推进跨境金融合作、密切人文交流、开展海上合作、加强生态环保合作、构建重大合作平台等八个重点合作领域等等经济建设战略规划。广西经济建设的发展,为财经商贸人才提供了就业机会,也对财经商贸人才的能力提出了更高的要求。

(二) 专业群的特色与优势

以广西区域产业合作为依托,以产教融合为支撑,以会计专业为核心,以物流服务与管理专业、国际商务专业、市场营销专业为重点,凝聚专业群各专业的力量,实现专业发展服务于产业能力的升级,建成校企共建共享、特色鲜明、省内一流、为区域经济建设提供复合型的技能人才的品牌财经商贸专业群。专业群的各专业建设水平位于全区先进水平,专业师资力量雄厚,校企育人成效突出,专业课程与资源建设完善并实现了全区多所职业学校共享，为专业群建设提供了坚实的保障。

1. 师资力量雄厚

财经商贸专业群拥有会计、物流服务与管理专业、市场营销三个国家示范专业，建立了一支具有先进的教学理念、娴熟的教学方法和丰富的实践能力的"双师型"教师队伍，教师在课题研究、课程改革、实训基地建设方面经验丰富，获得涵盖课题研究，技能比赛，论文著作的多个奖项，在广西的职业教育改革发展中处于领先地位，彰显了示范引领作用。

2. 校企育人成效突出

经过多年的建设，各专业在教育改革方面获得了丰硕的成果，校企育人成效突出。财经商贸群中各专业不断创新人才培养模式，会计专业成功构建了工学结合的"双平台，一体化"人才培养模式；物流专业依托升级的实训室与圆通速递以及南宁一叶连锁超市、百度营销大学、小麦公社、顺丰蜂巢建立基于"教学工厂"的工学结合人才培养模式；市场营销专业人才模式不断改革，以典型任务和工作流程为主线设计课程及实训室、品牌实训室、ERP模拟企业经营实训室、微营销实训室、房地产营销实训室等校内专业实训室，并搭建了北京华联综合超市、广西桂之杰汽车投资集团有限公司等多个校外实训基地。专业群的各专业都在进行现代学徒制培养试点。毕业生深受企业欢迎，毕业生双证书获取率达到80%以上，毕业生总体就业率90%以上。

3. 课程与资源建设居全区中职同类专业群前列

各专业构建了由"人文素养课程+职业能力课程+职业拓展课程"组成的课程体系。例如，会计专业构建了"基于会计工作过程系统化"的课程体系，校企合作开发以真实会计工作任务为主线特色的《企业会计核算实务》等会计专业系列教材25本。截至2019年12月，教材全国销量10万余册，受益人数10万余人。教材配套的课件、电子教案、习题库等教学资源，全部在电子工业出版社等出版社的公开网站或平台上发布，成为全国教师们的线上共享资源。

4. 实践教学资源雄厚

我校会计、物流、市场营销专业依托广西特色示范实训基地建设项目，现已经建成使用的实训室有16间，可满足会计、财务管理、市场营销、物流管理等专业的实训教学需求。广西物资学校财经商贸专业群实训室建设如表7-1所示。

表 7-1　　　　　广西物资学校财经商贸专业群实训室建设

序号	专业名称	实训室名称	地点	建设经费	功能
1	会计	会计综合实训室	一区综合楼 6 楼 601-602 室	56 万	会计综合技能实训及其他专业课程实训
2	会计	会计电算化实训室	一区综合楼 7 楼 603-604 室	57 万	电算化及其他专业课程实训
3	会计	会计分岗位实训室	一区综合楼 7 楼 605-606 室	63 万	会计分岗位及其他专业课程实训
4	会计	财务圈实训室	一区综合楼 7 楼 607-609 室	58 万	经贸实训及其他专业课程实训
5	会计	会计技能实训室	一区综合楼 7 楼 610-611 室	51 万	会计技能及收银实训
6	物流服务与管理	物流体验中心	一区综合楼 8 楼 805-806 室	40 万	物流专业介绍体验
7	物流服务与管理	物流运输实训室	一区综合楼 8 楼 807-808 室	40 万	物流信息实训
8	物流服务与管理	物流超市实训室	一区综合楼 8 楼 811-814 室	60 万	超市业务实训
9	物流服务与管理	物流实训室	二区大棚	900 万	多物流功能实训
10	市场营销	专卖店营销实训室	一区综合楼 11 楼 1109-1110 室	40 万	沙盘实训
11	市场营销	房地产营销实训室	一区综合楼 10 楼 1013-1014 室	40 万	沙盘实训
12	市场营销	ERP 企业沙盘模拟经营实训室	一区综合楼 9 楼 907-908 室	40 万	ERP 沙盘实训
13	市场营销	营销基础技能实训室	一区综合楼 8 楼 801-803 室	30 万	营销基础技能实训
14	市场营销	推销与商务洽谈实训室	一区综合楼 8 楼 804 室	20 万	商务洽谈实训

序号	专业名称	实训室名称	地点	建设经费	功能
15	市场营销	营销品牌实训室	一区综合楼8楼809-810室	25万	服装品牌实训室
16	市场营销	微营销实训室	一区经贸实训楼二楼	120万	商品经营和微营销实训

5. 学生大赛取得优异成绩

会计专业、市场营销专业和物流专业的学生先后多次在全国、全区职业学校技能大赛中获奖，并在全国全区职业能力大赛、物流技能大赛中获得奖项20多项。

（三）存在问题与不足

1. "双师型"教师队伍建设有待加强

学校的专业教师到企业兼职、定期参加实践、与企业联合培养的机制不完善；聘请企业具有实践经验的专业技术人员担任专兼职教师的数量不足，兼职教师队伍的培养与管理有待加强。

2. 人才培养模式改革有待深化

多年来，校企合作育人成效突出，但是校企合作的长效机制不够完善，行业企业在人才培养方案修订、师资培养、课程资源建设、实训条件建设、学生实习就业、企业优质资源转化为教学资源等方面，尚未全方位、全过程融入；教师社会服务能力有待提高，校企合作、共同育人的培养模式有待进一步创新和完善。

3. 实验实训条件有待改善

目前专业群内各实训室均由各专业管理与使用，资源重叠浪费，建设专业群后以供应链企业业务流程为基础、以信息系统为平台、以专业设备为依托进行实训室整合，建成现代化的财经商贸综合经营实训基地。此外，积极探索产教融合，拓展校外实训基地。

二、专业群建设指导思想

以广西职业教育第二批专业发展研究基地——广西职业教育财经商贸专

业群发展研究基地为指导，面向广西财经商贸服务业，以加强"双师型"教师队伍建设为切入点，以改革人才培养模式为着力点，以提升实训水平、构建完善的实训体系为重要保障，优化专业结构、凝练专业特色，打造专业品牌，全面提高财经商贸专业群的人才培养质量和服务区域经济发展。

三、专业群发展目标

（一）总体目标

专业群发展的总体目标适应经济发展新常态和技能人才成长成才需要，以广西区域产业合作为依托，以产教融合为支撑，以会计专业为核心，以物流服务与管理专业、国际商务专业、市场营销专业为重点，凝聚专业群各专业的力量，实现专业发展服务于产业能力的升级，建成校企共建共享、特色鲜明、省内一流、为区域经济建设提供复合型的技能人才的品牌财经商贸专业群，成为同类专业的标杆，职业教育改革发展的示范，引领广西财经商贸专业群的建设与发展。

（二）具体目标

（1）人才培养目标：培养区域经济发展所需要的初步具有系统思维和跨界思维的复合型高素质技能人才。

（2）人才培养模式改革目标：遵循"产教融合、模式各异"原则，促进财经商贸群校企"双元"育人人才培养模式的改革。

（3）教师队伍建设目标：以"校企互动，双向交流"为依托，对接行业专家能手，建成一支素质优良、结构合理的"双师型"教师队伍。

（4）实训基地建设目标：校企合作共建集教学、科研、开发、生产和实训等功能于一体的共享性"现代化实战型的财经商贸综合实训中心"，构建混合式实践模式。

（5）资源库建设目标：整合资源，建成一个内容丰富的优质教学资源库平台。

（6）专业群课程体系目标：以区域产业群为基础，以职业岗位群需求为导向，重构财经商贸群"集约化、递进式"课程体系。

四、专业群建设内容

（一）根据广西区域经济发展需要，研究构建财经商贸专业群，明确人才培养目标

学校应积极开展市场调研，在地方产业发展规划和人才需求调查的基础上建设财经商贸专业群。随着广西区域经济转型升级，财经商贸类技能型人才供不应求。学校的会计专业、物流服务与管理专业、市场营销专业与区域产业对接紧密，是广西品牌专业、特色实训基地，国家示范学校重点建设专业。因此，财经商贸专业群以区域产业合作为依托，以产教融合为支撑，以会计专业为核心，以物流服务与管理专业、国际商务专业、市场营销专业为重点，构建校企共建共享、特色鲜明、省内一流的品牌财经商贸专业群；培养特色鲜明的复合型技能人才，即在产业集群的环境下，立足于商贸流通服务业，研究培养适应广西地区经济转型升级发展需要的初步具有系统思维和跨界思维的复合型人才。

（二）遵循"产教融合、模式各异"原则，促进财经商贸群校企"双元"育人人才培养模式的改革

学校应本着"依据需求，产教融合，模式各异"的原则，健全校企合作机制，加强校企合作，输出服务于地方经济，改革完善会计专业"双导师、双平台、理实一体化"人才培养模式，改革完善市场营销专业"做中学、学中做"人才培养模式，探索和实施"校企对接、理实一体、虚实交替"的"双元"育人人才培养模式，切实提高人才培养质量，加强学生职业素质和职业技能，提升用人单位对毕业生的满意度。

（三）以区域产业群为基础，以职业岗位群需求为导向，重构财经商贸群"集约化、递进式"课程体系

财经商贸专业群以适应岗位需求为目标，以职业能力培养为核心，以提升综合素质为主线，依据行业发展对财经商贸类专业学生的市场需求定位，秉持各专业间的相互支持，构建基于工作过程的财经商贸群"集约化、递进式"课程体系，将课程划分为专业基础课程、专业核心课程、专业拓展课程，其中专业基础课程是全部专业开设，专业拓展课程作为选修课程，任由跨专业选课，从而实现专业培养的特色化。根据财经商贸专业群对应岗位群的公共知识、技能和素质要求，确定职业基本素质课程模块和职业基本能力课程模块；根据专业核心岗位的典型工作任务与要求，开发基于工作过程的职业核心能力课程模块，即专业必修模块课程；充分考虑学生的岗位适应能力和职业迁移能力，确定职业拓展能力课程模块，即专业选修模块课程，构建"集约化、递进式"课程体系。

（四）以"双师型"教师队伍建设为抓手，对接行业专家能手，建成高水平教师团队

财经商贸专业群拥有 40 多名教师，其中高级讲师占比 40% 左右，中级初级职称各占比 30% 左右。形成专业群后，在师资安排上，主动打破专业限制，以"双师型"教师队伍建设为重点，以"校企互动，双向交流"为手段，开展"专业带头人、骨干教师、能工巧匠培养工程"，积极打造专兼结合的教学团队，创建一支素质优良、结构合理的高水平的"双师型"教师队伍。为培养人才提供高素质的师资保障，同时也为社会提供技能技术培训、技术咨询服务等。

（五）以财经商贸专业实训基地建设为重点，构建特色的专业群实训基地

目前专业群内各实训室均由各专业管理与使用，资源重叠浪费，建设专业群后按照"共建、共享"的建设思路，结合各专业情况，突出重点的建设原则，以企业业务流程为基础、以信息系统为平台、以专业设备为依托，整合校内外实训资源，校企合作共建集教学、科研和实训等功能于一体的共享性"现代化实战型的财经商贸综合实训中心"，构建混合式实践模式。同时在原有合作企业的基础上，继续开发新的、有实力的知名企业，扩大校企合作的广度，加大校企合作的深度，为专业群发展提供外在条件，大力加强校外实训基地建设，以满足学校实践教学和社会服务的需要。

（六）以"共建、共享"为目的，打造优质教学资源库

整合资源，吸引企业积极参与财经商贸专业群的教学资源库建设。紧密跟踪产业发展状况，根据专业群的课程体系、课程之间彼此联系，围绕人才

培养目标，开发教材，构建专业共享课程资源库、精品课程资源库等资源库。建成一个大容量的优质教学资源库平台，满足教师、学生及培训学员自主学习的需要。

（七）创新管理机制，加强财经商贸专业群建设管理

组织保证是专业群建设成功的先决条件，建立"广西职业学校财经商贸专业群建设研究基地执行委员会"，负责专业群建设工作的统筹协调；建立专业群带头人负责制，负责开展专业群的具体工作；建立约束与激励机制，通过考核与奖励，强化专业群责任意识，调动专业群人员的积极性，实现专业群的自我管理和发展。通过建立精简高效的专业群管理机构，从制度上保证财经商贸专业群建设研究的顺利开展。

五、建设进度与预期成效分析

通过专业群项目建设，使财经商贸专业群中会计、市场营销、物流管理专业成为省内一流、国内领先、具有鲜明特色的专业。建设进度表如表7-2所示。

表7-2 建设进度表

序号	时间	完成任务
1	2018.10	项目启动的准备阶段：根据文件，确定研究方向；成立组织和管理机构；查阅文献，收集和整理有关资料；为项目的启动做好理论的准备
2	2018.11—2019.02	社会调研阶段：召开项目成员会议，分配、制定任务，开展调研，了解专业群相关岗位需求，整理、归纳和汇总相关信息
3	2019.03—2019.04	调研结果分析阶段：召开项目成员会议，对社会调研收集的信息进行整理和分析，形成调研报告；确定专业及专业群发展研究目标和研究内容
4	2019.05—2020.02	项目设计阶段：构建专业群课程体系，确定专业群各专业的人才培养模式，改造升级实训基地

序号	时间	完成任务
5	2020.03—2021.01	项目实施阶段： ①2020 年 3 月至 2021 年 1 月，将研究的初步成果运用到专业群的教学实践中，并在教学实践过程中，以"教学效果调查表"方式收集课任教师、专业学生的建议和意见。 ②2021 年 1 月，撰写中期研究报告
6	2021.02—2022.01	项目实施阶段：2021 年 3 月至 2022 年 1 月将研究成果二次运用到专业群的教学实践中并收集反馈意见
7	2022.02	项目完善阶段：根据提交的"教学效果调查表"反馈的建议和意见进行分析，完善研究成果
8	2022.03—2022.04	总结提炼建设成果，撰写项目研究报告

（一）人才培养特色鲜明

财经商贸专业群以区域产业合作为依托，以产教融合为支撑，培养特色鲜明的复合型技能人才，即在产业集群的环境下，立足于商贸流通服务业，研究培养适应广西地区经济转型升级发展需要的初步具有系统思维的复合型技能人才。

（二）专业教学资源建设成果突出

编写修订职业教育规划教材或重点教材 4 门，2~3 门教学工作页，课程建设国内中职同类专业前列。

（三）教师队伍整体水平大幅提升

学校应建立"双师育人、双向服务"的师资机制，培养教学名师（技能名师）1 名，建立由会计领域专家领衔的专业技能工作室，教学团队及领军人物在全区范围内具有较强的影响力。

（四）实验实训条件全区一流

学校应建立集教学、科研和实训等功能于一体的共享性校内实训基地，形成学生职业技能和职业精神高度融合的实训文化，建成与专业教学相配套、达到企业管理先进水平的实训条件。

六、专业群建设保障措施

（一）组织保障

1. 专业群建设工作领导小组

学校专业群建设工作领导小组由校领导及相关职能部门负责人组成，其中校长担任专业群建设工作领导小组组长，人员由主管副校长、教务处主任、教研室主任负责人组成，专业群建设提供组织保障和指导、协调工作。

2. 专业群建设工作小组

专业群工作小组由企业专家、专业群主持人、专业带头人和相关专业人员组成，具体情况如下。

（1）专业群工作小组成员10~16人，其中企业专家委员2名，校内委员成员由专业群负责人、专业带头人和专业教师组成。

（2）专业群实行专业群主持人负责制，负责主持开展专业群的建设研究和日常工作的安排。

（3）专业群工作小组成员任期为3年，在任期内如因故不能继续履行职责，经专业群建设工作领导小组同意后报学校专业群建设工作小组解聘。

（二）人员保障

学校应明确各项目责任人，全面负责项目的实施工作，对专业群建设项目人员实施统筹、协调，及时研究解决项目建设工作中遇到的困难和问题，建立项目负责人管理制度。建设项目层层分解落实，明确各项职责。最大限度地调动工作组成员的积极性与创造性，确保建设项目有计划、有步骤地稳步推进实施。

七、专业群研究基地验收标准

（一）服务能力

（1）指标1：研究产业链的重难点；验收标准；专业群对接产业链分析报告。（广西财经商贸专业群对接产业链分析报告见附录F）

（2）指标 2：引领区域优质专业的重难点研究；验收标准：本专业的全国、全区现状调研报告。（《广西职业院校财经商贸（会计）专业群建设研究》调研报告见附录 G）

（二）教改研究

（1）指标 1：专业建设研究；验收标准：专业建设解决的关键问题及措施。

（2）指标 2：专业共享性资源构建研究；验收标准：课程、师资、实训、校企合作资源优化共享研究。

（3）指标 3：专业人才培养模式研究；验收标准：专业人才培养模式研究。

（4）指标 4：专业课程体系构建研究；验收标准：1~3 门以上课程的一体化教学工作页研究。

（三）平台建设

（1）指标 1：专业内核心专业对其他专业的辐射；验收标准：核心专业辐射专业群的研究。

（2）指标 2：专业对校内其他专业的辐射；验收标准：优质专业群校内辐射的研究。

（3）指标 3：专业对全区职业学校相关专业的辐射；验收标准：全区辐射路径的研究。

（4）指标 4：专业建设的成果与特色；验收标准：可复制、可借鉴的专业建设成果。

（四）开放交流

（1）指标 1：标杆专业的借鉴比较；验收标准：标杆学校的分析。

（2）指标 2：专业资源的跨界共建共享与交流推广；验收标准：政校行企跨界的人员、信息交流分析。

（五）队伍建设

（1）指标 1：专业领军人才；验收标准：专业领军人才的成长业绩。

（2）指标 2：专业研究队伍；验收标准：专业研究队伍结构、分工、成长成效。

（六）运行管理

（1）指标1：专业建设机制创新；验收标准：政校行企参与共建的专业建设机制文本。

（2）指标2：专业建设的过程管理；验收标准：规范进行开题、中期检查、结题验收。

第五节　国外实训基地建设的做法与启示

第二次世界大战之后，一些发达国家和新兴国家中等职业教育得到了较快发展，有力地促进了各国社会经济的发展和产业结构的调整，因而各国政府纷纷制定政策和法规，并增资拨款来保证中等职业技术教育的实施和发展。在培养中等技术人才过程中，特别强调学生实践能力的培养，实训基地的建设得到了政府、行业和企业的大力支持。

企业利用资金参与职业教育，是发达国家企业参与职业教育的共同方式。这些企业资金有的是履行法律义务，有的是自愿捐助。美国企业的资金投入主要是为职业学校的实验室、实训车间提供比较先进的设备，购买电传、电话等通信设备，或直接为职业学校捐款。为鼓励企业向职业教育投资，美国采取了一些激励措施，如实行培训税、向培训青年工人的企业提供工资补助金、向提供工作岗位的公司实行税收减免优惠政策等。在德国，职业教育的经费主要是由培训企业、政府和个人共同承担的。企业为培训徒工提供经费是其义务，企业在学徒培训经费上采取义务与补偿相结合的原则，即企业除提供一般培训费以外，还付给学徒工一定的报酬，德国来自企业的教育支出的费用是国家的4倍。德国的中等专业学院十分重视校内实训室的建设，以纽伦堡中等专业学院机械与工程系为例，该系拥有20个实训室与车间。"双元制"职业学校的学生实训都是在企业进行的（学校也有实训设备，一般也只是用于全日制学生实习和让学生对理论课内容进行验证以及配合项目教学）。20世纪90年代以来，澳大利亚建立起政府、企业、行业和个人多元化的职业教育投资体制，职业教育经费总额呈逐年增长趋势。1998年，澳大利亚职业教育经费总投入为73亿澳元，其中，企业界就投入38.86亿澳元。日本、韩国、加拿大、英国、法国等国家的企业以投资的方式参与职业教育的现象也非常普遍。

一、国外实训基地建设做法

(一) 德国

在德国,职业技术教育被称为德国经济腾飞的秘密武器。2004 年 7 月,联邦政府制定《职业教育改革法》,决定将 1969 年颁布的《职业教育法》和 1981 年颁布的《职业教育促进法》合并制订新《职业教育法》。经过充分酝酿,在联邦政府和联邦议会分别制定的《职业教育法》草案的基础上,2005 年 1 月 27 日德国联邦议会、2005 年 2 月 18 日联邦参院通过了总的修订方案,2005 年 4 月 1 日,新《职业教育法》生效。德国高校总法以及各州的职业教育法中都对中等职业教育做出了专门的规定。"双元制"是一种国家立法支持、校企合作共建的办学制度。企业承担了职业教育的大部分经费,国家只承担"双元制"职业教育体系中职业学校的费用,主要包括教师的费用及学校的设备和管理费,而企业除有职业学校外,还有完善的职业培训体系。如 AWS 公司,这是一个生产机车轴承、汽车零配件、风力发电设备的公司,该公司前身为机车厂,1997 年改建。其生产设备所使用的数控系统为西门子和 MAZAK(日本)提供。该公司是一个"双元制"的基地,具有完整的培训体系,他们招收学徒工并进行培训,从传统的机械加工培训开始,一直到数控机床操作的培训,培训的有普通双元制职业学校学生,也有要考取工程硕士的学员,有专门的师傅进行指导,配套有专用的实训设备。每学期 6 周,每周两天到学校培训,其余时间在工厂培训。培训期间都穿着统一的服装,培训一个工人需要三年半的时间。培训生组成一个模拟的企业,生产的产品在本企业应用。AWS 公司拥有先进的数控加工设备,如车削中心、高速铣床、五轴联动加工中心等,具有完整的职业培训体系。再如西门子(SIEMENS)公司,专门设置了一个职业培训的工厂,制订了完整的培训计划。学生在 3 个实训年里共完成钳工(共 13 周)、普通机械加工(共 33 周,含实践和实践指导课,包括车削和铣削培训教程,每个教程完成 36 个工件的加工)以及数控编程、数控实训的培训(第 3 培训年),每个培训年都有不同的培训项目,按不同的实训教程实施教学。数控技术的培训一般是在生产现场培训的,一般是一个或两个师傅带一个学徒工，培养的针对性很强，学生毕业后不必经过实习而可以直接在生产第一线工作。

（二）美国

美国在 1963 年通过了《职业教育法案》，1968 年又通过了《职业教育法修正案》，不断强调职业教育的重要性，并增资拨款，扩大教育范围。1977年，众议院还专门通过了一个《职业前途教育五年计划》。为鼓励企业向职业教育投资，美国采取了一些激励措施，如实行培训税、向培训青年工人的企业提供工资补助金、向提供工作岗位的公司实行税收减免优惠政策等。这些企业投资有的是履行法律义务，有的是自愿捐助。企业的投资主要是向职业学校的实验室、实训车间提供比较先进的设备，或直接为职业学校捐款。美国还创办了"美国高校大学企业关系委员会"，负责协调学校、企业、学生三方面的关系。社区学院是美国中等职业技术教育的一大创举。全美大约有1200 所社区学院，在校生 1000 多万人，占美国在校大学生的 44%。社区学院积极与企业开展合作教育，双方签订合同，学生在校学习基本理论，每周有一段时间或有专门假期到企业工作或实习，企业提供劳动岗位和一定的劳动报酬，学校派教师到企业指导学生实习，并沟通学校与企业双方的要求。

（三）澳大利亚

20 世纪 90 年代以来，澳大利亚建立起政府、企业、行业和个人多元化的职业教育投资体制，职业教育经费总额逐年增长。1998 年，澳大利亚职业教育经费总投入为 73 亿澳元，其中，工商企业界投入 38.86 亿澳元。澳大利亚实施中等职业技术教育的机构是"TAFE"。"TAFE"对学生的实训教学十分重视：一是澳大利亚政府全额投资建立了许多实训基地；二是实训基地建设的水准较高，使学生通过专业技能训练适应职业岗位的要求，从而保证"TAFE"培养目标的实现。

（四）新加坡

新加坡"教学工厂"培训模式是在吸收德国经验的基础上结合本国国情推行的工艺培训方法。所谓"教学工厂"，实际上就是由某个或某些社会上的生产厂家与学校联合开办的，以教学和技能训练为目的的生产车间。生产厂家以提供或借用方式在学校装备一个完全与实际工厂一样的生产车间，供学生进行实际操作。

二、国外实训基地建设的启示

（一）用法律明确企业参与中等职业教育的权利与义务

一些发达国家和新兴国家以立法及制定政策法规来保证中等职业技术教育发展和确立中等职业技术教育的地位。在实训基地建设的经费和途径上明确企业的职责和义务。借鉴国外中等职业教育实训基地建设经验，首先要在我国中等教育法和职业教育法的基础上，尽快建立中等职业教育法规，制定强化行业、企业参与技能应用型人才培养责任的有关政策，充分调动行业、企业参与中等职业教育的积极性，重点体现企业对中等职业教育实训基地建设的积极性，如无偿为学校提供生产设备、设施、仪器等；其次，政府还要切实加大对中等职业学校的经费投入，应将中等职业学校与普通高校一视同仁，设立中等职业教育专项经费，优先用于职业教育基础设施建设，集中设立一批公共实训基地、重点实训基地。最后，政府要通过减免一定程度的税收来鼓励行业、企业对中等职业教育实训基地建设的投入，比如"对支付实习学生报酬的企业，给予相应税收优惠"。

（二）设立专门管理机构协调工学结合校企合作

职业教育管理体制改革以来，原来行业、部门办的专科、中等职业和成人高校划转地方政府管理，这对统一职业学校的规划和管理是有好处的，但行业、企业对中等职业教育的参与力度明显减弱。因此，要重视地方政府在中等职业教育规划和发展中的统筹、协调等作用，实行教育主管部门和行业主管部门以及相关企业集团等共同建设中等职业教育的管理体制，由中等职业教育主管部门牵头成立相关专门机构来指导、协调和管理校企合作事宜，保证中等职业学校实训基地建设能够得到行业的广泛参与和企业的深层次合作。

（三）积极探索中等职业学校实训基地建设的新路子

技术应用人才的培养需要先进的实验室和校内外实训基地，但中等职业学校目前的经费投入少是实训基地建设的一大"瓶颈"。中等职业学校要拓宽思路，积极探索中等职业学校实训基地建设的新路子，对内要充分挖潜，对外要积极寻求合作伙伴。首先，规模较大、设备精良的校内实训中心或基地，要对外开放，充分发挥现有实训基地的效益。中等职业学校应积极为合作办学企业免费提供生产和陈列场地，吸引企业把生产线和研发中心建在学校，使学院实训中心或基地成为企业的研发中心、产品开发工作室，或以"零租金"的方式与企业共建生产车间或加工工厂；进一步挖掘潜力，积极寻求与社会的合作，提高设备的利用率，探索"以训养训"的路子。其次，要积极构建实训基地建设多元投资结构。当前，中等职业学校除通过自身财力独立建设实训基地外，还应在政府投入模式方面、校企合作投入模式方面有大的突破和创新。

第八章　ISO9000 质量管理体系下中等职业学校财经商贸专业群教学质量评价探索

第一节　中等职业学校财经商贸专业群教学质量评价体系基本理论

一、教学质量的含义

"质量"是物理学中的术语，在质量管理学中又可以表达产品或事物优劣品质程度，如产品质量、工程质量、教学质量等。教学质量是质量的从属概念。但关于"教学质量"的含义在教育理论界至今没有一个统一的界定。因此，"教学质量"这个概念比人们在日常生活和工作中所理解的产品质量的含义要复杂、广泛得多。不同的学者对其研究角度不同，有不同的认识：张卓认为，教学质量是指按照既定教学目标，考察教与学的达到程度；黄刚则认为，教学质量是一个学校教学管理的整体表现，涉及人才培养规格的整体结构、一个持续改进的动态过程；江西九江职业技术学院在研究 ISO9000 质量管理体系在教学质量管理中的应用时提出，根据 ISO9000 质量管理体系，中等职业学校作为一种为顾客提供服务的实体，其直接顾客是学生，间接顾客是政府、社会等。教学质量即满足顾客的需求，需求的满足通过服务过程即教学过程实现。可以将教学质量理解为教学活动满足其本身的客观特性，并与教学现象需要保持着连续性的统一体。简单地说，需要教学活动的主体是人和社会，而发生教学活动的对象也是人和社会。因此，教学质量是教学活动和教学效果的映射，是教学活动的需要和期望的相互联系的概念。教学质量的含义是指在教学活动中，为达到教育价值的目的，教学输入者为满足学生、家长和社会等顾客的需求的一种程度。

二、教学质量评价的含义

"运用教育评价理论和技术对教学的整个过程及其结果是否达到一定质量要求所做的价值判断"就是教学质量评价的含义。在教学活动过程中为提高教学质量，需要评价者对评价对象的整体的动态过程做出价值判断。教学质量评价可以简称为教学评价，它是教学工作的一个基本组成部分。

现代化的教学质量评价的一项基本原则，是对评价对象进行整体和全面的动态评价，而不完全指对结果的评价。传统教学质量评价只注重结果而不注重过程，因此被淘汰。由此我们可知，教学质量评价是一个对教学工作全过程质量的评判过程。

本章研究的是中等职业学校财经商贸专业教学质量评价，首先指出教学质量评价的本质，主要体现在对中等职业学校财经商贸专业群的在教学工作方面满足教育对象和社会的发展需求的程度做出价值判断。再根据学校财经商贸专业制定的教学目标和标准，采用一系列的步骤和方法施行评价的过程。最终达到提高中等职业学校财经商贸专业群的教学质量和改进学校教学管理的目的。

三、基于 ISO9000 质量管理标准的中等职业学校财经商贸专业群教学质量评价的相关理论

ISO9000 质量管理标准的相关理论。

（1）ISO9000 质量管理标准简介。ISO（International Organization for Standardization）是国际标准化组织——"国际标准化委员会"的简称。该组织于 1947 年 2 月 23 日成立，是世界上最大的非政府性国际标准化组织，共有 2856 个技术机构，其中技术委员会有 185 个，第 176 个技术委员会——"品质保证技术委员会"是专门负责制定品质管理和品质保证技术标准的。"ISO9000"就是由这个委员会制定的标准的统称。国际标准化组织于 1987 年向世界颁布了通用的 ISO9000 质量管理标准。该标准强调以预防为导向，以客户需求为起点，把每一个流程标准化，以降低出现偏差的可能性。ISO9000 质量管理标准的引进和应用，已成为一个世界性的趋势，如今已被世界上多个国家所采用，已成为使用最广泛的国际标准之一，涉及企业、宾馆、学校等 39 类行

业。据抽样调查统计资料显示，企业经过 ISO9000 质量管理标准认证后，73.5%的企业市场占有率提高，36.7%的企业成本降低，61.2%的企业利润增长。国际标准化组织在 1994 年对 ISO9000 族系列标准进行了修订，并提出"ISO 族标准"的概念。第二次修订是在 2000 年，国际标准化组织总结了世界各国应用质量管理和质量保证的成功经验，并由各国质量管理专家经过多年的协调和努力，把质量管理标准思想和质量保证标准融为一体。ISO9000 族质量管理标准的根本性质表现为一种先进的管理理念、科学有效的管理模式，它是质量管理体系通用的要求和指导方针，能帮助各种行业组织有效实施质量管理体系，可广泛应用于各种行业和各种类型的组织，成为国际交流中一种重要的沟通桥梁。

（2）2000 版 ISO9000 族质量标准的结构。2000 版 ISO9000 族质量标准的四个核心标准如表 8-1 所示。

表 8-1　　　　2000 版 ISO9000 族质量管理标准的四个核心标准

	核心标准	
ISO9000	《质量管理体系—基本原理和术语》	该标准介绍了 8 项质量管理原则，12 项质量管理体系基础术语和定义
ISO9001	《质量管理体系—要求》	该标准规定了 QMS 要求，用于证实组织具有提供满足顾客要求和适用法律法规要求的产品的能力，目的在于增进顾客满意度
ISO9004	《质量管理体系—业绩改进指南》	该标准提供了改进 QMS 的有效性和效率的指南，目的是促进组织业绩改进和使顾客及其他相关方满意
ISO19011	《质量和环境审核指南》	该标准提供审核质量和环境管理体系的指南

总之，2000 版 ISO9000 族质量管理标准吸收全世界各企业质量管理和质量体系认证实践的成功经验，并做了更全面的修订，已达到更好地满足使用者的需求。更科学、更合理、更适用和更通用是 2000 版与 1994 版标准不同之处。

（3）2000 版 ISO9000 族质量管理标准的基本理念。八项质量管理原则是 2000 版 ISO9000 族质量标准的一个非常突出的质量管理理念（见图 8-1）。八项质量管理原则是 2000 版 ISO9000 族质量管理标准的指导思想，也是编写质量手册和支持性程序文件的基础，总之，它贯穿整个 2000 版 ISO9000 族质量管理标准中。要建立科学的中等职业学校财经商贸专业群教学质量管理体系，只有将八个质量管理原则贯穿进来，才能使中等职业学校财经商贸专业的管理有效且持续改进。

1.以顾客为关注重点

8.互利的供方关系

2.领导作用

7.以事实为依据的
决策方法

3.全员参与

6.持续改进

4.过程方法

5.管理的系统方法

图8-1　八项质量管理原则

四、教学质量评价的目的与功能

根据教学评价的一体化模式，中等职业学校财经商贸专业群教学质量的评价活动是围绕财经商贸专业教学活动展开的，是为会计教学服务的，其目的是为中等职业学校的学生、教师及整个教学系统提供财经商贸专业教学情况的信息，以确保财经商贸专业的调整和教学改进的方向，从而促进学生的全面发展。

中等职业学校财经商贸专业的教学质量评价具备导向、反馈、改进、激励、管理五个方面的功能。

1. 导向功能

教学质量评价的指标体系在一定程度上指明了教师和学生的努力方向和总体目标，在教学工作中起着主导作用。一般情况下，社会的教育理念、质量观和人才观会直接影响教育目标的确定，而教育目标又是制定教学目标的依据，所以应依据教学目标来制定教学质量的评价标准。教学质量评价就是通过社会的教育理念、质量观念、人才观念，来引导和约束被评价者的发展方向。

2. 反馈功能

反馈功能是指教师与学生通过教学质量评价的反馈信息，及时地指导与调节教学活动，从而提高教学活动的成效。通过评价活动可以对教学质量进行诊断、测定，并将分析出的信息通过一定的信息系统，准确地反馈给有关部门或教师。这样一来，可以有效地控制和监督教学过程，确保学校的最终目标得以实现。

3. 改进功能

通过中等职业学校财经商贸专业教学质量评价的"反馈"信息，可以即时的反映中等职业学校各级领导和财经商贸专业教学管理者对财经商贸专业教学的状况：专业教师能掌握本专业的教学现状，改进教学、提高教学质量；本专业的学生能掌握他们自己的学习情况并改进自己的学习行为。

4. 激励功能

激励功能是指教学质量评价具有激发被评价者行为动机、调动被评价者积极性的作用。教学质量评价的激励功能是通过客观评价刺激被评价者的心理，使其能朝积极向上的态度发展的一种结果。一是肯定性评价，这是一种对被评价者优势的肯定，使其产生成就感、自信感，从而不断提高教学质量。二是否定性评价，这种评价结果对被评价者具有刺激激励作用，只要评价指标体系、评价方法合理，则这种评价具有改进、指导等作用。由此可知，否定性的评价结果在一定程度上能刺激和激发被评价者的竞争意识，并使之奋起直追。

5. 管理功能

教学管理者的教学工作目标的实现与教师的教学质量水平的衡量都必须借助教学质量评价这把"尺子"。教学质量评价可以为教学管理者提供改进工作的信息，为教职工评级分类和奖优罚劣等人事工作提供比较可靠的依据，也为领导针对提高教学质量做出决策、改进措施提供依据。

第二节　中等职业学校财经商贸专业群教学质量评价现状及问题

一、中等职业学校财经商贸专业群教学质量评价现状及存在的问题

（一）中等职业学校教学质量评价的现状分析

提高教学质量是中等职业学校的教育主题和焦点，也是教学工作中最重

要的任务。很多中等职业学校通过诸如加强教师队伍建设、变更教学目标、外派教师学习、开展教学评价活动、加大教学经费等许多方法来提高学校的教学质量。开展教学评价活动是众多方法中非常重要的一种，它可以通过诊断、改进、调控来提高教学质量。所以，在中等职业学校的教学过程中开展教学质量评价是备受社会各界关注的一个研究问题。

对中等职业学校人才培养水平进行评估工作的都是我国各级教育行政管理部门，但大多是基于宏观层面的评价，内部具体某个专业学科这种微观层面的教学质量评价几乎没有，而关于这一方面的评价理论的研究也比较少，在教学实践中的应用也未得到有关部门和中等职业学校的充分重视。尽管政府有关部门从各方面加强了对中等职业学校的教学工作评估制度，也督促中等职业学校进行教学质量评价的研究。但从现状来看，评价理论的研究和中等职业学校评价工作的实践大多忽略了院系内部各个专业学科微观层面的个性评价。大多注重宏观层面的共性评价，比如对学校整体教学工作的评价，对学校全体教师进行全面质量评价等。因此，宏观层面的共性评价从某种程度上限制了微观层面的个性发展。

学校整体的教学质量与其所组成的各专业本身的教学质量联系密切。在实际中，不同专业学科有其专业特色，然而，我们在对中等职业学校教学质量开展评价工作时，往往对学校所有专业学科的教学质量用统一的评价指标和评价制度，且没有系统性和针对性地建立评价指标体系；评价技术单一，定性评价比定量评价多；评价结果使用不当，评价信息得不到良好的反馈，以致评价的功能都得不到良好的发挥，评价结果也就达不到预期的目的和利用的意义，并且没有结合学科的特点进行专门的教学质量评价。关于中等职业学校财经商贸专业教学质量评价的研究情况，从文献研究和调查结果显示出此方面的内容甚少，所以也就更加突出了本研究的研究价值和意义。

（二）中等职业学校财经商贸专业群教学质量评价的现状分析及存在的问题

1. 中等职业学校财经商贸专业群教学质量评价的现状分析

中等职业学校财经商贸专业群的教学质量评价，在目前主要是以学生的学习成绩、会计证过关率为基础，学院组织督导团的专家不定期听课，系部定期的安排相关专业的任课教师相互听课，教学管理部门在开始授课前和中期检查教师的教案、学生作业，期末学生参与网上评价等为主要评价形式。

近年来，向学生发放调查问卷的形式，通过学生对专业教师的主观评价来评价教师的教学质量的方法已成为各中等职业学校的主要评价方式。常用的方法是，由教学管理部门在期末向学生发放评价调查问卷进行对教师评价，或让学生登录学校建立的教务系统网进行网上评价等这些形式，以学生作为主要评价者，针对本学期的每位任课教师在评价表中的每一个项目上打分，由教学管理部门统计该教师的评价等级，最后一步，就是将评价结果归入到教学档案中。由此可知，这种方法仅为得到一个评价结果，对评价表中的具体项目的具体分值没有做进一步的分析，也不开展讨论活动，因此，信息得不到及时的反馈，评价信息得不到及时的应用。所以不能充分发挥评价的改进功能和调控功能。这种方法还会导致教师只知道自己的分数和排名，并不能知道学生对自己的具体教学评价，也就意味着，教师还是不知道哪些因素比较好，哪些因素有待改进，这样就达不到改进、调控和提高教学质量的目的。

中等职业学校对于财经商贸专业学生学习质量的评价大都以期末考试和考查为主，且主要是针对专业基础知识和技能以及分析能力进行考核，而对于学生的表达能力、操作能力、创新能力等方面的开创性能力考察的比较少。很多学校也发觉这一点，并逐步将它们加入评价的内容里。

要想使教学质量评价活动有意义，不仅要构建详细的、能说明实际情况的评价指标，还要充分利用评价结果。即除了统计质量评价数据，还要通过数据的分布规律图对数据进行详细的分解，发现问题并纠正和改进问题，才能使得评价的作用发挥到极致。那么，构建更好、更有效的教学评价体系来对教学质量评价是目前亟待解决的问题。

2. 中等职业学校财经商贸专业群教学质量评价存在的具体问题分析

从上述的现状分析以及中等职业学校多年的教学质量评价活动的开展，本研究发现教学质量的评价活动游离于形式，对提高财经商贸专业教学质量方面的作用不是很明显。为了找出原因，笔者走访了湖南省的4所中等职业学校，并对该校的财经商贸专业的部分教师及大二、大三年级的学生进行访谈和问卷调查，发现中等职业学校财经商贸专业教学质量评价在评价指标、评价标准以及评价方法等方面存在着许多问题。

（1）评价指标的局限性。中等职业学校教学质量评价往往只是针对教学态度、教学能力、教学内容、教学方法等一些固定的指标进行评价，看看这些特定的指标是否达标，如此的评价结果很难区分出评价对象的真实水平。中等职业学校对所有专业及其所有课程均采用相同的评价指标进行评价，且构建的评价指标体系涉及的评价范围只有教师的授课水平和教学效果，并没有涵盖教学质量方针和目标的合理性、教学经费的投入力度、教学信息的反馈与改进情况等方面，这些方面同样会影响财经商贸专业的整体教学质量。这样的评价结果就会不完全真实。财经商贸专业不同层次课程的理论性、难易程度差别比较大，不仅对教师的专业水平、教学能力的要求不同，而且对学生的学习基础、学习能力的要求也不相同。如果用统一的评价指标去评价不同层次课程的教学效果，结果是理论性强、不易理解和掌握的专业课程的评价结果比一般课程的评价结果要差一些，使这些课程的任课教师所付出的心血没有得到应有的肯定。

（2）师生不重视教学质量评价，主动参与的积极性较差。中等职业学校在开展评价工作的过程中，教师与学生处于一个被动的角色，他们认为教学质量评价不过就是走过场，所以热情不高，有时会产生抵触情绪。这种为评价而评价的结果，势必会改变评价的真正意义。中等职业普遍存在一种现象，就是对于专业教学工作的关注度没有科研成果的关注度高，所以人们认为学校对教学工作开展评价活动，那一定是学校管理者需要做教学方面的科研，这种片面的想法是使评价者产生抵触情绪的原因之一。再者，有些学校采用教师自评的评价方式，由于人内心有很强的自我保护意识，教师不会反思自己在教学过程中的不足，在作工作汇报时，也只是挑选自己表现好的地方，这样便会使评价工作失去了原本的目的。换一个角度来看，学生的态度也是如此。他们并不十分明确教学质量评价的意义，他们作为学校教育的直接感受者，在评价活动中带有随便性，没有意识到真实客观的评价与自身利益的密切关联性。此外，学生在进行客观真实的评价后，看不到最终的评价结果，而且发现学校在具体的教学实施过程中并没有做出明显的改进。因此，他们认为学校开展的评价工作只是形式上的评价，渐渐地他们就以消极、应付的态度来完成，有些学生对大部分教师的评价完全一样，有些学生甚至给大部分教师99分的评价，这样的评价结果失去了评价原本的意义，也是不可信的。

（3）评价结果数据与应用问题处理缺乏质性分析。众所周知，教学质量评价是一个需要考虑多因素的评价体系，找出这些影响因素是评价的目的，并对调控教学工作起到良好作用。从教学质量评价现状来看，大部分的评价只起到测定功能。在众多影响因素中，有些是不能准确地用数值描述，如学生的学习价值感、教师的教学热情等。如果只注重"学生的优秀率""毕业率""优秀教师率"等，与以学生考试成绩来评定教师教学质量的方法是没有区别的。因此，质性和量化的结合，才能得出正确的结论。

二、中等职业学校财经商贸专业群引入 ISO9000 质量管理标准的可行性

（1）从实践现状来看，ISO9000 质量管理标准适用于中等职业学校。从某种意义上看，企业的经营与中等职业学校的办学行为存在着许多的共性。可以将中等职业学校看作一个生产单位，跟企业的产品生产过程一样，中等职业的人才培养过程：招生宣传（广告）→招生（进原料）→在校教育（加工生产）→毕业考核（产品检验）→毕业分配（出产）→用人单位的使用及毕业生信息反馈（质量跟踪）。整个培养过程非常注重成本核算和办学效益，同时中等职业学校的领导将"提高办学效益"作为追求的目标。学校市场化成为一种趋势，因此，中等职业学校的教育质量管理体系引入 ISO9000 质量管理标准是现代化管理的进步。青岛远洋船员学院是我国第一所将 ISO9000 质量管理标准应用于中等职业教育与培训的学校，接下来，对外经贸大学附中、新亚中学、北京外事服务职高、齐齐哈尔职业技术学院等学校先后通过了 ISO9000 质量管理标准的国际认证。截至 2015 年，我国已有 1552 所教育机构通过 ISO9000 质量管理标准认证，并在教学质量管理方面取得显著成效。

（2）实施 ISO9000 质量管理标准有利于提高中等职业学校的管理水平和服务质量。近年来，由于中等职业学校扩招和教育市场化的逐步发展成熟，中等职业学校财经商贸专业的学生就业压力增大，他们面临如何使家长、用人单位等顾客满意的问题。中等职业学校为提高自身在教育市场的竞争力，都在积极探索提高教学质量、实施现代化教学的方法和途径。将 ISO9000 质量管理标准应用于中等职业学校教育质量管理，建立正规的文件化的质量体系，强调过程管理及过程控制，强调持续改进并形成良性循环机制，能够促进高校管理水平的不断提高。

（3）ISO9000 质量标准管理体系适用于财经商贸专业教学。ISO9000 质量管理标准，可以规范地、强制性地对中等职业会计教学质量管理的每一个环节、每一个工作流程进行标准化、过程化的管理，最大限度地满足不同层次学生的需求。由于它强调以学生顾客为关注焦点，强调全员参与，这对增强会计教师的服务意识、改善服务质量、提高会计教学的业绩和顾客的满意度

都起到了积极的作用。ISO9000 质量管理标准实施构筑现代化中等职业学校教学质量管理新方式，将有利于中等职业学校教学尤其是财经商贸专业教学未来的生存和可持续发展。

第三节　基于 ISO9000 质量管理标准的中等职业学校财经商贸专业群教学质量评价模式

一、建立中等职业学校财经商贸专业群教学质量方针与目标

中等职业学校教学质量方针是与中等教育总方针一致的，是学校教学质量的宗旨和方向，并为制定学校的质量目标提供框架。质量方针包括两个方面：第一，质量宗旨，包括对质量和质量管理的态度，通过哪些措施和方法实现对学生等相关需求者的质量保障承诺；第二，质量方向，包括质量目标及实现质量目标的原则。

教学质量目标应依据教学质量方针制定，并将其具体化。可表现为：骨干教师比率、合格率、优秀率、学生满意率、社会满意率等；比如一所新办职业学校确定的教学质量目标是在四年内达到本地区中等水平。

二、构建中等职业学校财经商贸专业群教学质量的评价体系

（一）建立教学质量评价体系的指导思想

建立教学质量评价体系的指导思想：教育事业作为一个服务行业，要求尽可能地满足教育市场的需求，因此，拥有一套符合自身专业特色的教育质量标准是必不可少的。而质量又是教育部门的核心问题，但教育质量的认证目前完全处于自发的状态，国家的教育体制需要完善，建立一套科学、规范的教育质量标准是教育界亟待解决的问题。然而，一套科学而规范的教育质量标准的首要条件就是通过教育质量评价，收集评价信息，再提出可行性建议来改进教学工作。因此，教育界建立教学质量评价体系是有必要的。中等职业学校进行教学评价的指导思想应以质量为中心，加强教学管理，提高教学质量，尽可能达到最佳的教育目标，最大程度地利用教学资源发挥教育作

用，促进教育事业的发展。"教学质量"是一个具有无形性和不确定性的模糊概念，它有制造业的特性，也兼有服务业的特性，因此，对其实施评价是一个非常复杂而广泛的工作。学校建立教学质量评价体系，可以全面综合评价本校的教学质量，客观反映本校教学工作的整体情况，一来能满足学校自身管理的需求，二来可以帮助管理层制定更完善的决策。"评价是指为达到一定目的，利用特定的指标，比照统一的标准，采用规定的方法，对事物做出价值判断的一种认识活动，它是人类认识水平发展到一定阶段的产物"。对中等职业学校教学质量进行评价，不仅要抓住主要因素，还要兼顾次要因素，因为评价不能只看结果质量（如优秀教师、科研成果等）如何，还需对教与学的过程质量进行评价，并做到有层次、有比例的分析。

培养并向社会输送高级技术型人才是中等职业学校的主要任务。在中等职业学校的培养过程中，学生的认知主要是通过教师的引导和传授。然而在此过程中，培养的质量会因为教学管理的协调和沟通，学生自己的接受和运用能力以及教师的教学信息反馈等诸多因素而高低不同。因此，教学质量评价活动主要是对中等职业学校教师、管理人员及学生在教学和学习活动中的行为和结果做出客观的评价，这些评价信息反过来可以对教职工及学生的行为做出向导和反思。所以，建立一个科学、可操作性、可行性的质量评价体系是本文的指导思想。在实施评价时，选取的评价指标应具有可比性，当然也要考虑到教学管理的共性，做到中等职业学校之间的横向可比和纵向可比，同时结合专业特色来建立评价体系，使评价发挥最大功能。

（二）建立教学质量评价体系的基本原则

1. 过程与效果相结合原则

教学过程是教学质量的重要保证，教学过程的好坏程度会直接影响整个学科的教学质量，如学术诚信、实践能力、创新意识等综合素质在教学过程中有着举足轻重的作用，那么在设计评价体系时就应得到重视。因此，要想更详细更充分地说明评价的效果，只有评价教学过程的每个基本环节、每个步骤才能做到。所以，将过程和效果相结合，可以全面、详细地反映中等职业学校的教学质量的影响因素。

2. 全面性、科学性、简易性相结合原则

在对中等职业学校财经商贸专业的教学质量状况进行全面评价时，应将专业群建设发展、教学质量、管理层领导职责等系统视为整体，对评价指标

的提取，尽量做到清晰性、主次性、可测性，并确保数据量化的科学性和可比性。再借助瞬息万变的信息，调控内部管理，做到教学情况的真实反映，引导全员不断提高教育质量。

3. 硬性指标与软性指标相结合、权重分明的原则

"教学质量"是一个模糊概念，需借助软性指标和硬性指标将其量化。这是因为，硬性评价多受统计数据的限制，而软性指标却不完全依靠统计数据，所以可以考虑更多的因素，从一个更大的角度来了解评价对象。然而，在实际工作中，对软指标的权重的确定，基本上是靠自身的办学经验，以及参考其他国家示范性职业学校的长期办学和管理的经验。硬性指标的评价有助于提高评价的客观性、科学性，但质量的特性却决定了教学质量评价不能完全量化，所以必须把硬性指标和软性指标评价结合起来，才能全面反映教学质量方面的情况。

4. 可行性原则

可行性原则要求，对各项指标进行定义时应运用可操作性的语言，并确保指标要求的信息可实地获得，并具有现实意义。评价过程要求容易理解和操作，以及评价的结果能真实地反映教学质量现状。不仅要使参与评估的人员经过努力可以达到评价结论的要求，更要使中等职业学校财经商贸专业的评价体系得到更多教育工作者的支持。

（三）中等职业学校财经商贸专业群教学质量评价指标设计

全面质量管理在理论上是以过程方法模式分析教学质量管理体系的。过程是指一个将输入转化为输出的相互关联的活动，用过程方法来表示中等职业教育。依据全面质量管理理论，中等职业学校教学质量管理体系包括教学管理职责、教学服务实现、教学资源管理和教学质量监控、分析与改进四个核心过程。教学服务的良好实现过程不但需要学校最高管理者的管理承诺、质量策划及职责和权限的支持，也需要人员和物质等教学资源的支持。教学资源能否最大作用于教学服务的实施过程，还要取决于教学管理者的职责过程。测量分析和改进过程，主要通过对教学服务实现过程的不足进行分析，并制定改进措施，再将措施作用于教学管理职责过程和教学资源管理过程。

将 ISO9001 质量管理标准与上述的全面质量管理模式相对比，并结合中等职业学校财经商贸专业的实际特点及建立教学质量评价体系的原则，本文

初步确定中等职业学校财经商贸专业教学质量评价指标，即教学管理职责，教学资源管理，教学服务过程，教学质量监控、分析和改进等 4 个维度 16 个指标，即一、二级指标，中等职业学校财经商贸专业群教学质量评价指标与ISO9001 质量管理标准要素对照表如表 8-2 所示。

表 8-2   中等职业学校财经商贸专业群教学质量评价指标与 ISO9001
质量管理标准要素对照表

一级指标	ISO9001 质量管理标准中对应的条款	二级指标	ISO9001 质量管理标准中对应的条款
教学管理职责	1. 管理职责	教学质量方针和目标	1.1 教学质量方针与目标
		教学组织与管理	1.2 教学质量管理体系策划与建立
			1.3 职责权限和沟通
			1.4 管理评审
教学资源管理	2. 资源管理	教师队伍	2.1 人力资源
		教学管理人员	
		教学设施	2.2 基础设施
		教学环境	2.3 教学环境
		教学经费	2.4 资源提供
教学服务过程	3. 产品实现	培养方案制定	3.1 教学服务实现策划
			3.2 确定人才培养要求的相关过程
		专业群建设	3.3 教学计划、大纲的设计开发
		理论教学	3.4 教学服务提供
		实践教学	
		教学管理	
		学生生源	3.5 采购

一级指标	ISO9001 质量管理标准中对应的条款	二级指标	ISO9001 质量管理标准中对应的条款
教学质量监控、分析和改进	4. 测量、分析和改进	教学质量控制	4.1 学生、家长、社会和国家满意度的测量
			4.2 不合格教学管理与服务的控制
		测量与分析	4.3 数据分析
		反馈与改进	4.4 纠正预防改进

（四）中等职业学校财经商贸专业教学质量评价指标分析

根据 2000 版 ISO9000 族质量管理标准和全面质量管理理论，为建立科学合理的中等职业学校财经商贸专业教学质量评价指标体系，需要结合中等职业会计教育的专业特性，从教学管理职责、教学资源管理、教学服务过程和教学质量监控、分析与改进四个方面来设计评价指标。

1. 教学管理职责

教学管理职责主要包括教学质量方针与目标、教学组织与管理两个方面。

（1）教学质量方针和目标。中等职业学校的教学质量方针是中等职业学校对教学质量的承诺，是中等职业学校财经商贸专业群的办学宗旨和方向，在中等职业教育中体现为教学理念。中等职业学校的教学理念是以学校价值观、世界观、发展观为核心的思想意识、道德准则和行为习惯的集中体现，是中等职业学校教育的本质特征和理论内涵的有机结合和综合表现，是在长期教学实践中形成的具有相对性、延续性和指向性的教育观念体系。教学理念是中等职业学校的指导思想，它是在长期教学过程中形成的，并具体体现在各项教学工作中，对学校开展中等职业教育具有重要意义。对于中等职业学校财经商贸专业群而言，其教学理念主要体现为财经商贸专业产学研结合理念。

质量方针的具体化就是质量目标，也是中等职业学校财经商贸专业全体师生要求达到的具体目标，在中等职业教育中体现在目标定位与办学规划上。目标定位是指根据社会、企业和用人单位发展的需要，找准学校自身在人才培养中的位置，确定学校在一定时期内的总体目标，培养人才的层次、类型和人才的主要服务方面。办学规划是目标定位的具体措施，它包括学校的发展规划、学科建设和教师队伍建设规划以及校园的发展规划等方面。

（2）教学组织与管理。作为学校的教学管理组织机构，应明确各管理层的职责、权限，才能使教学质量管理体系有效的运行。中等职业学校各系部需设立专门的教学质量管理小组，在各专业教学质量方针及目标的指导下，对其进行质量管理，并负责各专业教学工作的质量监控与评估，分析各类数据，找出质量问题，及时向教务部门汇报，并提出整改意见。对教学各环节的教学条件、环境、教风与学风情况进行考核、评估、检查和服务工作是教学质量管理小组的主要任务，小组还要准确收集汇总各专业、教研室的教学工作量和相应的教学质量考核结果，对教师的教学工作提出评估意见，为学校管理者宏观决策和调控提供依据，以此不断促进教学质量提高。

2. 教学资源管理

资源是教学过程实现的必要条件，全面质量管理理论将其分为人力资源、基础设施、教学环境和资源提供四个方面。

（1）人力资源。中等职业学校办学的主体就是人力资源，它是决定教学质量优劣的直接关键，其中教师和教学管理人员的素质和队伍结构起着主要作用。

教师队伍。"教育大计，教师为本"。中等职业会计教育质量保证的核心因素是财经商贸专业教师队伍建设。对于从事中等职业会计教育教学的教师，要求具有较高的综合素质，具有扎实、宽广的理论知识，过硬的专业技术，具有一定的创新精神和创新能力，能创造性地运用知识来解决理论和实际问题。

教学管理人员，是指在中等职业学校中从事教学管理工作的人员，有效有序地实施教学管理是他们的主要任务。由于教学人员在行政管理的同时还需兼备学术研究，因此，学校的教学管理人员也应是一支专业性很强的管理队伍。良好的管理也可以使教学资源得到合理分配，管理人员应加强业务知识的学习和办事能力，学校的人和物才能发挥出应有的效果。

（2）基础设施。先进的基础设施如教学设备、实验室等直接影响到中等职业学校的教学质量，它也是学校实现教学目标的物质保障。基础设施主要指教室、实验室、体育运动设施、教学仪器设备等。

（3）教学环境。中等职业学校教学环境包括信息环境、学术环境、自然环境和教风学风及后勤保障等，它们对教学质量有着重要影响。信息环境主要包括图书馆建设与利用、校园网络建设与运用和信息资源开发与使用。学术环境主要指学校开展学术活动，以及教师、学生对学校学术氛围的满意度。教风学风包括教师风范和学生学习风气。后勤保障的评估主要由学生对学校后勤工作服务保障的满意度来体现。自然环境从总体上规定了学校大的环境面貌，如校园建设规划、绿化，教室宿舍的卫生、噪声、温度、湿度、照明、空气流通等方面，良好的自然环境氛围使教师、学生身心愉悦，更容易投入教学之中。

（4）资源提供。本书研究的资源提供从教学投入和学费收入两个方面进行分析。教学投入直接影响到中等职业学校的生存和发展，主要来源于学校举办方投入的资金、专项资金投入和学校自筹资金，学费收入也是中等职业学校办学经费的重要来源。教学投入资金和学费收入在教学经费方面的投入比例是学校有效管理的一个重要方面，也是影响教学质量的重要因素，同时也体现一个学校对教学工作的重视程度。所以，中等职业学校须加强对学费收入在教学经费上的投入比例的监督，提倡"经费优先教学"的精神。

3. 教学服务过程

社会、用人单位等对人才的要求被中等职业学校使用教学资源实现的过程称为教学服务过程。它是影响学校教学质量高低的重要因素，也直接关系到人才培养质量的优劣。

按照 2000 版 ISO9000 族质量管理标准，我们把中等职业学校财经商贸专业教学实现过程从以下六个方面展开分析：生源控制、培养方案设计、专业群建设、理论教学、实践教学和教学管理等。

（1）生源控制。中等职业学校财经商贸专业群的学生是中等职业会计教育教学的对象：生源质量的高低对学校财经商贸专业的培养方案规划、教学方法、教学效果等方面有着直接影响。由于中等职业会计教育招收生源广，学生知识基础和能力水平参差不齐。应树立正确的质量观和质量标准，辩证分析生源的具体情况，采取针对学生的实际情况实施不同模式的因材施教。对生源质量的考察主要包括招生过程、学历基础、生源审核淘汰等三个方面。

（2）培养方案设计。培养方案的设计是学校根据社会发展以及用人单位对中等职业学校财经商贸专业群学生的实际需求，以学校的办学指导思想和原则为依据，确定财经商贸专业人才的培养目标、专业方向、职业能力训练与考核设计、素质教育设计等具体实施方案。

（3）专业群建设。中等职业会计教育培养的是技术型人才。为此，中等职业学校财经商贸专业应完善和建立适应社会和用人单位需要的专业设置和课程群。财经商贸专业群建设主要包括财经商贸专业整体建设水平、教学计划、教学改革三个方面。

（4）理论教学。理论教学是指在教师的主导下，通过专用的教材和参考资料，专有的教学设备等媒体，将前人系统整理过的知识有效地传给学生的教学过程。理论教学是中等职业人才培养过程中的重要环节，也是教学实现过程中最重要的部分之一。包括教学内容与课程体系改革教学设计、教材建设、教学方法与手段等方面。

（5）实践教学。教学实现过程的另一个重要组成部分就是实践教学，它是指在教师的指导下，将学生直接置身于实践活动中，使学生在理论教学中获得的知识与客观实际直接挂钩，培养和锻炼综合运用各种知识、技能的能力。可从实践教学内容与体系、校内实训条件、校外实训基地、职业技能鉴定等方面对实践教学进行考察。

（6）教学管理。教学管理，是指中等职业学校依据中等职业的性质、宗旨和条令条例及其相关的规章制度，为了实现教学目标，将行政管理和教育思想相结合，按照教学规律和特点，对教学过程的全面管理。提高中等职业学校整体教学质量和实现人才培养目标，需要有序的教学管理制度和科学有效的管理方法做保障。

4. 教学质量的监控、分析和改进

教学质量管理过程是一个循环过程，该循环系统的"闭环"环节就是教学质量的监控、分析和改进。控制论认为，不能"闭环"的管理体系，就不能进行控制，最后就只能自取灭亡。该指标主要通过质量控制、测量与分析和反馈与改进来实现的。

（1）质量控制。教学管理中最重要的环节之一就是教学质量控制。它包括质量标准建设、教学检查与评估、考核机制和毕业控制四个方面，这些方面的因素都是一个良好的教学质量的保障。因此，实现中等职业学校教学质量科学管理必须建立一个科学完善的教学质量监控与保障体系。

（2）测量与分析。中等职业学校的教学管理部门收集内部各专业的教学信息和统计数据进行分析。如教师的授课水平、学生的素质能力、教学管理人员的职责履行情况、教学部门对各专业的教学检查结果等统计结果的分析，称为测量与分析。

（3）反馈与改进。中等职业学校财经商贸专业群为满足学生、家长和用人单位等的要求，必须对其所提供的教育服务进行满意度测量。对于教师和在校学生的测量，可通过学生在校学习的价值感、学校氛围、教师教学效果等方面进行评价；对于用人单位满意度的测量，可通过用人单位对所招聘的学生在单位的工作表现、接受事物的能力、长处与不足等方面进行评价。学校通过这些方面的综合评估，以及毕业生和用人单位反馈的信息，找出改进教学质量的措施。

三、运用模糊综合评价方法构建评价模型

（一）模糊概念

根据数学的集合论的元素与集合的关系只有"属于"与"不属于"两种，没有其他情况。例如，对于集合 $A = \{x \mid n \leqslant x \leqslant m\}$ 来说，任意一个实数，或者属于 A 或者不属于 A，两者之间必取其一。简单地说，一般的集合论只能表示"肯定一个必然否定另一个，否定一个必然肯定另一个，没有第三种情况存在"的现象。然而在实际生活中，绝大多数人都会遇到许多含糊不清的概念，如"今天真冷""雨天""个子高矮""非常漂亮""一堆""一小撮"等，它们都没有明确的界限，也没有可以直接衡量的尺度。因此，把这些没有严格的界限划分，又不能用精确的尺度及模型刻画的概念统称为模糊概念。

（二）教学质量模糊综合评价法概述

教师教学工作的优劣在很大程度上是通过对教学质量的评价。由于教学质量评价问题涉及的评价内容多且层次多，则各评价指标会因为评价者的知识水平、理解能力和个人喜好的不同造成偏差。而且，评价指标一般都具有鲜明的模糊特征，难以定量描述，给评价工作带来一定程度上的困难。另外，评价工作需要从多个侧面开展，这就要求对各个侧面的评价指标分层次进行综合评价、综合分析，教学评价是一个分层次、多目标的模糊综合评价问题。加上各中等职业学校的财经商贸专业在教学水平、专业群建设和教学设施等方面都不统一，这样就造成了指标与指标之间的不一致性，因此，对教学质量进行的综合评价要求对多个指标进行评价。

模糊综合评判法是最常用的一种进行教学质量评价的综合评价方法。此种方法由美国自动控制专家扎德运用模糊数学的基本理论和方法，对教育学、心理学、哲学、经济学等社会科学中一些广泛存在的模糊的、不确定的复杂现象进行定量化。从而做出相对客观、正确、符合实际的评价，进而解决实际问题。例如，我们可以将以"优、良、中、及格、不及格"区分的学生学习成绩这种模糊数学的思想按一定的标准量化：$90 \leqslant 优 \leqslant 100$ 分；$80 \leqslant 良 < 90$ 分；$70 \leqslant 中 < 80$ 分；$60 \leqslant 及格 < 70$ 分和不及格 < 60 分。将模糊概念转换成一个非负实数的数值，再排序择优，使得相互矛盾、模糊不清的客观事物之间的差异通过量化得以清晰，并将被评价因素的隶属关系进行等级化，目的是使评价过程和结果更接近实际情况。本书试图将模糊数学的方法用于中等职业学校财经商贸专业教学质量评价体系中，目的是通过定性与定量相结合来解决教学质量评价工作中的定性问题。为了简单和方便比较，使中等职业学校财经商贸专业的管理层能够了解和应用，也鉴于笔者的学术研究能力有限，本书选取了模糊综合评价方法和层次分析法相结合的形式来构建评价模型。

（三）教学质量模糊综合评价模型

模糊综合评价模型不同于以往的单纯地进行平均的算法，而是运用了模糊综合评判的方法，这种方法能权衡各级因素，使信息不损失，真正使评价过程中参与的每一个人的评价信息都起到应有的作用，并做到全面评价。该模型具体分为以下步骤。

1. 建立中等职业学校财经商贸专业教学质量评价指标体系

确定教学评价目标及对目标涉及的因素进行分析，以确定影响总体评价目标的各级因素，并对各级评价因素的具体内容进行分解、细化，找出重点因素，最后将评价目标与实际的教学状况进行比较，进而做出价值判断。可见，要使评价结果更合理、更准确，就必须对各个影响因素进行更全面、更充分详细的分析。那么建立科学、实用的评价指标体系是非常必要的。

2. 建立评价因素集 $U = \{u_1, u_2, u_3, \cdots, u_n\}$

评价指标体系要求各指标之间的支配关系应以上一层次的元素作为准则对下一层次有关元素起支配作用的层次结构形式来表达。因此，归属同一层次指标的下一层次各因素就可以组成一个因素集。

3. 确定评语集 $V = \{v_1, v_2, v_3, \cdots, v_m\}$

评语集要根据评价的需要进行等级划分，分别有三级、四级和五级等常用的评价标准。如三级评价标准可以是"优秀、一般、较差"三种评语；四级评价标准可以是"优、良、中、差"四种评语或表达为 $V=$（优、良、中、差）。设 $V=\{v_1,\ v_2,\ v_3,\ \cdots,\ v_m\}$，为 m 种评判所构成的集合，即评语集。用评语等级分别对各个评价因素进行单项评价，便可得到各个评价因素相应的评语集，将各评语集与相对应的因素集进行组合，来设置相应的模糊关系矩阵。

4. 确定隶属度矩阵 R

分别求出各单一因素对各个评审等级的归属程度即为模糊评价矩阵，以 R 表示。由上面的因素集和评语集可得出相应的模糊评价矩阵。假设 U 与 V 之间的模糊关系 $R=(r_{ij})_{max}$ 即 u_i 素材（其中 $i=1,\ 2,\ \cdots,\ n$），对评语集 V 中的各个元素 v_j（$j=1,\ 2,\ \cdots,\ m$）的隶属度 r_{ij} 可用矩阵 R 表示。

$$R=(r_{ij})_{n\times m}=\begin{bmatrix} r_{11} & r_{12} & \cdots & r_{1m} \\ r_{21} & r_{22} & \cdots & r_{2m} \\ \vdots & \vdots & & \vdots \\ r_{n1} & r_{n2} & \cdots & r_{nm} \end{bmatrix},\ i=1,\ 2,\ \cdots,\ n;\ j=1,\ 2,\ \cdots,\ m$$

其中 $$r_{ij}=\frac{\text{第 } i \text{ 个指标选择 } v_j \text{ 评语的人数}}{\text{参与评价的总人数}}$$

5. 构造 AHP 的判断矩阵并计算各层次因素集相应的权重集

合理的分配权重是为了尽可能地降低人为因素的影响。本书采用 AHP 层次分析法确定各个因素的权重及确定各因素集的权重集。因此，在因素集中，通过对各因素集所支配因素进行两两重要程度相比，并形成判断矩阵。再按 AHP 法的程序，计算出各因素集对应的权重集。

6. 模糊综合评价模型

应将综合后的评价看成是 V 上的模糊集，记为 $Y=(y_1,\ y_2,\ y_3,\ \cdots,\ y_n)$，式中 y_j（注：$j=1,\ 2,\ \cdots,\ n$）反映了第 j 种评语在总体评价 V 中占有的比例。

将 $(U,\ V,\ R)$ 组成一个三元体，就构成 $Y=X\times R$ 的模糊综合评价模型。只需输入一个权重 X，便可得一个综合评价 Y，因此，模型可以表示为

$$Y=(x_1,\ x_2,\ x_3,\ \cdots,\ x_n)\times\begin{bmatrix} r_{11} & r_{12} & \cdots & r_{1m} \\ r_{21} & r_{22} & \cdots & r_{2m} \\ \vdots & \vdots & & \vdots \\ r_{n1} & r_{n2} & \cdots & r_{nm} \end{bmatrix}=(y_1,\ y_2,\ y_3,\ \cdots,\ y_n)$$

7. 计算模糊综合评价结果

（1）加权平均计算法

加权平均法的计算公式：

$$y_j = (x_1 \times r_{1j}) + (x_2 \times r_{2j}) + (x_3 \times r_{3j}) + \cdots + (x_n \times r_{nj}),\ j = 1,\ 2,\ 3,\ \cdots,\ m$$

该方法以权重为基础，从事物的整体特性出发，对全部因素进行整体运算。

（2）主因素决定法

主因素决定法的计算公式：

$$y_j = \bigvee_{i=1}^{m} (x_j \wedge r_{ij}),\ j = 1,\ 2,\ 3,\ \cdots,\ m$$

该方法在使用过程中不但强调其内部主要因素，也注重单因素的决定作用。

（3）主因素突出法

主因素突出法的计算方法：

$$y_j = (x_1 \wedge r_{1j}) + (x_2 \wedge r_{2j}) + (x_3 \wedge r_{3j}) + \cdots + (x_n \wedge r_{nj}),\ j = 1,\ 2,\ 3,\ \cdots,\ m$$

此方法的公式理念与主因素决定法类似，但更细致一些，它重点分析主要因素，并反向思维，然而在一定程度上也注重了非主要因素的影响。

四、内部质量审核

质量审核包括内部本身的审核、顾客审核和第三方的质量审核。内部质量审核简称内审（是组织内部各部门进行的自我审核）。外部质量审核有第二方审核和第三方审核两种，顾客对供方的审核属于第二方审核；第三方审核则是指供需双方以外的并有一定资格的审核机构对供方的审核。内部审核的步骤如下。

1. 审核计划

根据内部审核的程序，制订年度审核计划。首先成立审核小组，制定由审核组长为首的专项审核活动方案，编制和准备审核的工作文件，通知审核。准备的审核工作文件主要有质量手册和计划、程序文件等要求；法律、法规等相关要求；有关的产品、设备、方法等质量标准。

2. 审核实施

以第一次会议开始现场审核。审核小组成员通过利用各种审核方法，分析并判断审核员收集的审核证据，开具不合格项报告，以最后一次会议结束现场审核。

3. 审核报告

在最后一次会议结束现场审核后，应提交审核报告。这些工作包括审核报告的编制、审批、分发、归档、评估，提出纠正、预防和改进的措施，确认和分步实施的要求。

4. 跟踪审核

要求对审核后的实施及纠正情况进行跟踪审核，并对实施效果进行复查，将复查的评价结果写入报告，这样的闭环管理，可以推动质量的连续改进。据调查，任何组织都是从"自身"的审核中得到的真正益处。

五、建立财经商贸专业教学质量管理持续改进机制

ISO9000 质量标准是以过程为基础的质量管理体系，是以"管理职责—资源管理—产品实现—测量、分析和改进"四大过程展开的，展示了过程之间的联系，并应用 PDCA 循环（P-策划、D-实施、C-检查、A-改进）的方法，达到组织质量管理体系的持续改进。中等职业学校借鉴 ISO9000 质量管理体系，对教学质量管理的每一个过程都进行计划（Plan），按计划实施（Do），对结果进行检查（Check），对结果进行分析，最后依据分析的结果对质量管理实施改进（Act）。如学校的教学管理职责，就是通过对教学管理者的职责策划（P），实施教学管理人员的职责服务（D），再通过教学管理人员的职责服务检查或测量（C），来评定教育教学管理者的职责服务是否满足规定要求，对发现的不符合项进行分析，找出造成不符合的原因，再针对原因制定改进措施（A），至此完成教学管理职责服务过程的一个"PDCA"循环（见图 8-2）。

持续改进的最终目标是使所有"顾客"的满意度尽可能地达到最大。财经商贸专业的培养目标必须满足社会的发展、学生的自身发展等。因此，财经商贸专业构建持续改进教学管理体系，使财经商贸专业的教职工明白持续改进对自身、学生及整个专业的重要性，并把教学服务的持续改进作为每个人的工作目标。

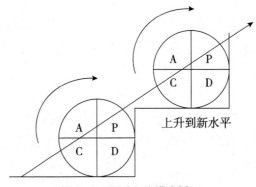

图 8-2　PDCA 阶梯式循环

参考文献

［1］胡苗忠．综合职业能力视野下的高职会计专业学生综合职业能力培养理论与探索［M］．杭州：浙江大学出版社，2012.

［2］安妮塔·伍尔福克．教育心理学［M］．北京：清华大学出版社，2014.

［3］李定清，陈永利，崔飚．会计学特色专业建设探索与实践［M］．北京：经济科学出版社，2014.

［4］杨颖，张玉红．地方本科高校会计学专业规范与人才培养模式研究［M］．成都：西南财经大学出版社，2013.

［5］刘红霞．高校会计专业人才培养模式创新与实现路径研究［M］．北京：中国财政经济出版社，2016.

［6］那薇，曹国林．基于职业能力视角的应用型本科会计实践教学体系研究［M］．成都：西南财经大学出版社，2014.

［7］丁金昌．高等职业教育技术型人才培养研究［M］．北京：科学出版社，2015.

［8］邓志军．中外职业教育热点问题研究［M］．武汉：武汉大学出版社，2015.

［9］李宇红．职业教育分级制研究：职业教育分级教学体系构建研究［M］．北京：中国财富出版社，2015.

［10］吕一中，等．我国职业教育办学体系及管理体制研究［M］．北京：中国经济出版社，2014.

［11］黄艳芳，周小雅，等．职业教育督导研究［M］．桂林：广西师范大学出版社，2013.

［12］周建松．现代高等职业教育创新发展研究［M］．杭州：浙江大学出版社，2015.

［13］许正中，等．中国现代职业教育理论体系研究［M］．北京：人民

出版社，2013.

[14] 柳燕君．现代职业教育教学模式：职业教育行动导向教学模式研究与实践［M］．北京：机械工业出版社，2014.

[15] 刘晓．利益相关者参与下的高等职业教育办学模式改革研究［M］．杭州：浙江大学出版社，2015.

[16] 苟顺明．欧盟职业教育政策研究［M］．北京：人民出版社，2014.

[17] 国家发展改革委社会发展司，上海市教育科学研究院．中国职业教育发展战略及制度创新研究［M］．北京：中国计划出版社，2015.

[18] 李爱喜．高职会计专业校内外实训基地建设研究［D］．西安：西北大学，2013.

[19] 张锐．就业导向的高职会计专业实训模式研究［D］．青岛：中国海洋大学，2012.

[20] 王妍．中高职会计专业课程内容衔接研究［D］．秦皇岛：河北科技师范学院，2015.

[21] 丁粒．新时期会计人员职业道德问题及对策研究［D］．成都：西南石油大学，2015.

[22] 字艳芳．会计准则与所得税制度差异及其协调的研究［D］．昆明：云南大学，2015.

[23] 李黎红、王若军．高职专业群对接区域产业集群问题探讨［J］．北京市经济管理干部学院学报，2014，29（1）：58-61，71.

[24] 李辉．五年制高职财务会计专业群建设与实践路径的研究［J］．商业会计，2016（22）：111-114.

[25] 吴升刚，郭庆志．高职专业群建设的基本内涵与重点任务［J］．现代教育管理，2019（6）：101-105.

附　录

附录 A　国务院关于大力发展职业教育的决定

国发〔2005〕35 号

各省、自治区、直辖市人民政府，国务院各部委、各直属机构：

2002 年全国职业教育工作会议以来，各地区、各部门认真贯彻《国务院关于大力推进职业教育改革与发展的决定》（国发〔2002〕16 号），加强了对职业教育工作的领导和支持，以就业为导向改革与发展职业教育逐步成为社会共识，职业教育规模进一步扩大，服务经济社会的能力明显增强。但从总体上看，职业教育仍然是我国教育事业的薄弱环节，发展不平衡，投入不足，办学条件比较差，办学机制以及人才培养的规模、结构、质量还不能适应经济社会发展的需要。为了进一步贯彻落实《中华人民共和国职业教育法》和《中华人民共和国劳动法》，适应全面建设小康社会对高素质劳动者和技能型人才的迫切要求，促进社会主义和谐社会建设，现就大力发展职业教育作出如下决定：

一、落实科学发展观，把发展职业教育作为经济社会发展的重要基础和教育工作的战略重点

（一）大力发展职业教育，加快人力资源开发，是落实科教兴国战略和人才强国战略，推进我国走新型工业化道路、解决"三农"问题、促进就业再就业的重大举措；是全面提高国民素质，把我国巨大人口压力转化为人力资源优势，提升我国综合国力、构建和谐社会的重要途径；是贯彻党的教育方针，遵循教育规律，实现教育事业全面协调可持续发展的必然要求。在新形势下，各级人民政府要以邓小平理论和"三个代表"重要思想为指导，落实

科学发展观，把加快职业教育、特别是加快中等职业教育发展与繁荣经济、促进就业、消除贫困、维护稳定、建设先进文化紧密结合起来，增强紧迫感和使命感，采取强有力措施，大力推动职业教育快速健康发展。

（二）明确职业教育改革发展的目标。进一步建立和完善适应社会主义市场经济体制，满足人民群众终身学习需要，与市场需求和劳动就业紧密结合，校企合作、工学结合，结构合理、形式多样，灵活开放、自主发展，有中国特色的现代职业教育体系。

"十一五"期间，继续完善"政府主导、依靠企业、充分发挥行业作用、社会力量积极参与，公办与民办共同发展"的多元办学格局和"在国务院领导下，分级管理、地方为主、政府统筹、社会参与"的管理体制。

到 2010 年，中等职业教育招生规模达到 800 万人，与普通高中招生规模大体相当；高等职业教育招生规模占高等教育招生规模的一半以上。"十一五"期间，为社会输送 2500 多万名中等职业学校毕业生，1100 多万名高等职业院校毕业生。各种形式的职业培训进一步发展，每年培训城乡劳动者上亿人次，使我国劳动者的素质得到明显提高。职业教育办学条件普遍改善，师资队伍建设进一步加强，质量效益明显提高。

二、以服务社会主义现代化建设为宗旨，培养数以亿计的高素质劳动者和数以千万计的高技能专门人才

（三）职业教育要为我国走新型工业化道路，调整经济结构和转变增长方式服务。实施国家技能型人才培养培训工程，加快生产、服务一线急需的技能型人才的培养，特别是现代制造业、现代服务业紧缺的高素质高技能专门人才的培养。各地区、各部门要根据区域经济和行业发展需要，制订地方和行业技能型人才培养规划。

（四）职业教育要为农村劳动力转移服务。实施国家农村劳动力转移培训工程，促进农村劳动力合理有序转移和农民脱贫致富，提高进城农民工的职业技能，帮助他们在城镇稳定就业。

（五）职业教育要为建设社会主义新农村服务。继续强化农村"三教"统筹，促进"农科教"结合。实施农村实用人才培训工程，充分发挥农村各类职业学校、成人文化技术学校以及各种农业技术推广培训机构的作用，大范围培养农村实用型人才和技能型人才，大面积普及农业先进实用技术，大

力提高农民思想道德和科学文化素质。

（六）职业教育要为提高劳动者素质特别是职业能力服务。实施以提高职业技能为重点的成人继续教育和再就业培训工程，在企业中建立工学结合的职工教育和培训体系，面向在职职工开展普遍的、持续的文化教育和技术培训，加快培养高级工和技师，建设学习型企业。职业院校和培训机构要为就业再就业服务，面向初高中毕业生、城镇失业人员、农村转移劳动力，开展各种形式的职业技能培训和创业培训，提高他们的就业能力、工作能力、职业转换能力以及创业能力。大力发展社区教育、远程教育，通过自学考试和举办夜校、周末学校等多种形式满足人民群众多样化的学习需求。建立职业教育与其他教育相互沟通和衔接的"立交桥"，使职业教育成为终身教育体系的重要环节，促进学习型社会建立。

三、坚持以就业为导向，深化职业教育教学改革

（七）推进职业教育办学思想的转变。坚持"以服务为宗旨、以就业为导向"的职业教育办学方针，积极推动职业教育从计划培养向市场驱动转变，从政府直接管理向宏观引导转变，从传统的升学导向向就业导向转变。促进职业教育教学与生产实践、技术推广、社会服务紧密结合，积极开展订单培养，加强职业指导和创业教育，建立和完善职业院校毕业生就业和创业服务体系，推动职业院校更好地面向社会、面向市场办学。

（八）进一步深化教育教学改革。根据市场和社会需要，不断更新教学内容，改进教学方法。合理调整专业结构，大力发展面向新兴产业和现代服务业的专业，大力推进精品专业、精品课程和教材建设。加快建立弹性学习制度，逐步推行学分制和选修制。加强职业教育信息化建设，推进现代教育技术在教育教学中的应用。把学生的职业道德、职业能力和就业率作为考核职业院校教育教学工作的重要指标。逐步建立有别于普通教育的，具有职业教育特点的人才培养、选拔与评价的标准和制度。

（九）加强职业院校学生实践能力和职业技能的培养。高度重视实践和实训环节教学，继续实施职业教育实训基地建设计划，在重点专业领域建成2000个专业门类齐全、装备水平较高、优质资源共享的职业教育实训基地。中央财政职业教育专项资金，以奖励等方式支持市场需求大、机制灵活、效益突出的实训基地建设。进一步推进学生获取职业资格证书工作。取得职业

院校学历证书的毕业生，参加与所学专业相关的中级职业技能鉴定时，免除理论考核，操作技能考核合格者可获得相应的职业资格证书。到 2010 年，省级以上重点中等职业学校和有条件的高等职业院校都要建立职业技能鉴定机构，开展职业技能鉴定工作，其学生考核合格后，可同时获得学历证书和相应的职业资格证书。

（十）大力推行工学结合、校企合作的培养模式。与企业紧密联系，加强学生的生产实习和社会实践，改革以学校和课堂为中心的传统人才培养模式。中等职业学校在校学生最后一年要到企业等用人单位顶岗实习，高等职业院校学生实习实训时间不少于半年。建立企业接收职业院校学生实习的制度。实习期间，企业要与学校共同组织好学生的相关专业理论教学和技能实训工作，做好学生实习中的劳动保护、安全等工作，为顶岗实习的学生支付合理报酬。逐步建立和完善半工半读制度，在部分职业院校中开展学生通过半工半读实现免费接受职业教育的试点，取得经验后逐步推广。

（十一）积极开展城市对农村、东部对西部职业教育对口支援工作。要把发展职业教育作为城市与农村、东部与西部对口支援工作的重要内容。各地区要加强统筹协调，把职业教育对口支援工作与农村劳动力转移、教育扶贫、促进就业紧密结合起来。要充分利用东部地区和城市优质职业教育资源和就业市场，进一步推进东西部之间、城乡之间职业院校的联合招生、合作办学。实行更加灵活的学制，有条件地方的职业学校可以采取分阶段、分地区的办学模式，学生前 1 至 2 年在西部地区和农村学习，其余时间在东部地区和城市学习。鼓励东部和城市对西部和农村的学生跨地区学习减免学费，并提供就业帮助。

（十二）把德育工作放在首位，全面推进素质教育。坚持育人为本，突出以诚信、敬业为重点的职业道德教育。确定一批职业教育德育工作基地，选聘一批劳动模范、技术能手作为德育辅导员。加强职业院校党团组织建设，积极发展学生党团员。要发挥学校教育、家庭教育和社会教育的作用，为学生健康成长创造良好社会环境。

四、加强基础能力建设，努力提高职业院校的办学水平和质量

（十三）建立和完善遍布城乡、灵活开放的职业教育和培训网络。在合理规划布局、整合现有资源的基础上，每个市（地）都要重点建设一所高等职

业技术学院和若干所中等职业学校。每个县（市、区）都要重点办好一所起骨干示范作用的职教中心（中等职业学校）。乡镇要依托中小学、农民文化技术学校及其他培训机构开展职业教育和培训。社区要大力开展职业教育和培训服务。企业要建立健全现代企业培训制度。

（十四）加强县级职教中心建设。继续实施县级职教中心专项建设计划，国家重点扶持建设1000个县级职教中心，使其成为人力资源开发、农村劳动力转移培训、技术培训与推广、扶贫开发和普及高中阶段教育的重要基地。各地区要安排资金改善县级职教中心办学条件。

（十五）加强示范性职业院校建设。实施职业教育示范性院校建设计划，在整合资源、深化改革、创新机制的基础上，重点建设高水平的培养高素质技能型人才的1000所示范性职业学校和100所示范性高等职业院校。大力提升这些学校培养高素质技能型人才的能力，促进他们在深化改革、创新体制和机制中起到示范作用，带动全国职业院校办出特色，提高水平。2010年以前，原则上中等职业学校不升格为高等职业院校或并入高等学校，专科层次的职业院校不升格为本科院校。

（十六）加强师资队伍建设。实施职业院校教师素质提高计划，地方各级财政要继续支持职业教育师资培养培训基地建设和师资培训工作。建立职业教育教师到企业实践制度，专业教师每两年必须有两个月到企业或生产服务一线实践。制定和完善职业教育兼职教师聘用政策，支持职业院校面向社会聘用工程技术人员、高技能人才担任专业课教师或实习指导教师。加强"双师型"教师队伍建设，职业院校中实践性较强的专业教师，可按照相应专业技术职务试行条例的规定，申请评定第二个专业技术资格，也可根据有关规定申请取得相应的职业资格证书。

五、积极推进体制改革与创新，增强职业教育发展活力

（十七）推动公办职业学校办学体制改革与创新。公办职业学校要积极吸纳民间资本和境外资金，探索以公有制为主导、产权明晰、多种所有制并存的办学体制。推动公办职业学校与企业合作办学，形成前校后厂（场）、校企合一的办学实体。推动公办职业学校资源整合和重组，走规模化、集团化、连锁化办学的路子。要发挥公办职业学校在职业教育中的主力军作用。

（十八）深化公办职业学校以人事分配制度改革为重点的内部管理体制改

革。进一步落实职业院校的办学自主权。中等职业学校实行校长负责制和聘任制，高等职业院校实行党委领导下的校长负责制和任期制。全面推行教职工全员聘用制和岗位管理制度，建立能够吸引人才、稳定人才、合理流动的制度。深化内部收入分配改革，将教职工收入与学校发展、所聘岗位及个人贡献挂钩，调动教职工积极性。

（十九）大力发展民办职业教育。贯彻落实《中华人民共和国民办教育促进法》及其实施条例，把民办职业教育纳入职业教育发展的总体规划。加大对民办职业教育的支持力度，制定和完善民办学校建设用地、资金筹集的相关政策和措施。在师资队伍建设、招生和学生待遇等方面对民办职业院校与公办学校要一视同仁。依法加强对民办职业院校的管理，规范其办学行为。扩大职业教育对外开放，借鉴国外有益经验，积极引进优质资源，推进职业教育领域中外合作办学，努力开拓职业院校毕业生国（境）外就业市场。

六、依靠行业企业发展职业教育，推动职业院校与企业的密切结合

（二十）企业要强化职工培训，提高职工素质。要继续办好已有职业院校，企业可以联合举办职业院校，也可以与职业院校合作办学。企业有责任接受职业院校学生实习和教师实践。对支付实习学生报酬的企业，给予相应税收优惠。

（二十一）要认真落实"一般企业按照职工工资总额的 1.5% 足额提取教育培训经费，从业人员技术要求高、培训任务重、经济效益较好的企业，可按 2.5% 提取"的规定，足额提取教育培训经费，主要用于企业职工特别是一线职工的教育和培训。企业新上项目都要安排员工技术培训经费。

（二十二）行业主管部门和行业协会要在国家教育方针和政策指导下，开展本行业人才需求预测，制订教育培训规划，组织和指导行业职业教育与培训工作；参与制订本行业特有工种职业资格标准、职业技能鉴定和证书颁发工作；参与制订培训机构资质标准和从业人员资格标准；参与国家对职业院校的教育教学评估和相关管理工作。

七、严格实行就业准入制度，完善职业资格证书制度

（二十三）用人单位招录职工必须严格执行"先培训、后就业"、"先培

训、后上岗"的规定，从取得职业学校学历证书、职业资格证书和职业培训合格证书的人员中优先录用。要进一步完善涉及人民生命财产安全的相关职业的准入办法。劳动保障、人事和工商等部门要加大对就业准入制度执行情况的监察力度。对违反规定、随意招录未经职业教育或培训人员的用人单位给予处罚，并责令其限期对相关人员进行培训。有关部门要抓紧制定完善就业准入的法规和政策。

（二十四）全面推进和规范职业资格证书制度。加强对职业技能鉴定、专业技术人员职业资格评价、职业资格证书颁发工作的指导与管理。要尽快建立能够反映经济发展和劳动力市场需要的职业资格标准体系。

八、多渠道增加经费投入，建立职业教育学生资助制度

（二十五）各级人民政府要加大对职业教育的支持力度，逐步增加公共财政对职业教育的投入。各级财政安排的职业教育专项经费，重点支持技能型紧缺人才专业群建设，职业教育师资培养培训，农业和地矿等艰苦行业、中西部农村地区和少数民族地区的职业教育和成人教育发展。省级政府应当制订本地区职业院校学生人数平均经费标准。

（二十六）要进一步落实城市教育费附加用于职业教育的政策。从 2006 年起，城市教育费附加安排用于职业教育的比例，一般地区不低于 20%，已经普及九年义务教育的地区不低于 30%。农村科学技术开发、技术推广的经费可适当用于农村职业培训。职业院校和培训机构开展的下岗失业人员再就业培训可按规定享受再就业培训补贴。国家和地方安排的扶贫和移民安置资金要加大对贫困地区农村劳动力培训的投入力度。国家鼓励企事业单位、社会团体和公民个人捐资助学，对通过政府部门或非赢利组织向职业教育的资助和捐赠，按规定享受税收优惠政策。要合理确定职业院校的学费标准，确保学费收入全额用于学校发展。要加强对职业教育经费的使用管理，提高资金的使用效益。

（二十七）建立职业教育贫困家庭学生助学制度。中央和地方财政要安排经费，资助接受中等职业教育的农村贫困家庭和城镇低收入家庭子女。中等职业学校要从学校收入中安排一定比例用于奖、助学金和学费减免，并把组织学生参加勤工俭学和半工半读作为助学的重要途径。金融机构要为贫困家庭学生接受职业教育提供助学贷款，各地区要把接受职业教育的贫困家庭学

生纳入国家助学贷款资助范围。要通过助学金、奖学金、贷学金等多种形式，对贫困家庭学生和选学农业及地矿等艰苦行业职业教育的学生实行学费减、免和生活费补贴。对高等职业院校学生的资助，按国家有关高等学校学生资助政策执行。

九、切实加强领导，动员全社会关心支持职业教育发展

（二十八）各级人民政府要加强对职业教育发展规划、资源配置、条件保障、政策措施的统筹管理，为职业教育提供强有力的公共服务和良好的发展环境。要从严治教，规范管理，引导职业教育健康协调可持续发展。要充分发挥职业教育工作部际联席会议的作用，统筹协调全国职业教育工作，研究解决重大问题。国务院教育行政部门负责职业教育工作的统筹规划、综合协调、宏观管理，劳动保障部门和其他有关部门在各自职责范围内，负责职业教育的有关工作。县级以上地方政府也要建立职业教育工作部门联席会议制度。

（二十九）各级人民政府要切实加强对职业教育工作的领导，把职业教育工作纳入目标管理，作为对主要领导干部进行政绩考核的重要指标，并接受人大、政协的检查和指导。建立职业教育工作定期巡视检查制度，把职业教育督导作为教育督导的重要内容，加强对职业教育的评估检查。加强职业教育科学研究工作，充分发挥社会团体和中介服务机构的作用，为职业教育宏观管理和职业院校改革与发展服务。

（三十）逐步提高生产服务一线技能人才、特别是高技能人才的社会地位和经济收入，实行优秀技能人才特殊奖励政策和激励办法。定期开展全国性的职业技能竞赛活动，对优胜者给予表彰奖励。大力表彰职业教育工作先进单位与先进个人。广泛宣传职业教育的重要地位和作用，宣传优秀技能人才和高素质劳动者在社会主义现代化建设中的重要贡献，提高全社会对职业教育的认识，形成全社会关心、重视和支持职业教育的良好氛围。

国务院
二〇〇五年十月二十八日

附录 B　教育部关于进一步深化中等职业教育教学改革的若干意见

教职成〔2008〕8 号

各省、自治区、直辖市教育厅（教委），各计划单列市教育局，新疆生产建设兵团教育局，有关部门（单位）教育司（局）：

为贯彻落实党的十七大精神和《国务院关于大力发展职业教育的决定》（国发〔2005〕35 号），提高中等职业教育教学质量和办学效益，推动职业教育又好又快发展，更好地适应全面建设小康社会对高素质劳动者和技能型人才的迫切需要，现对进一步深化中等职业教育教学改革提出如下意见：

一、进一步提高对深化教育教学改革紧迫性和重要性的认识

1. 进入新世纪以来，我国中等职业教育坚持以服务为宗旨、以就业为导向的办学方针，事业快速发展，规模不断扩大，改革不断深化，质量和效益明显提高，站在了一个新的历史起点上。在新的形势下，全面建设小康社会、构建社会主义和谐社会，对职业教育提出了新的更高要求。广大人民群众渴望让子女"上好学"，对职业教育的质量有了更高期盼。各地要深入贯彻落实科学发展观，把发展职业教育特别是中等职业教育摆在更加突出的位置，一手抓规模扩大，一手抓质量提高，采取强有力的措施，推动中等职业教育实现规模、结构、质量和效益的协调发展。

2. 教育教学改革是职业教育改革的核心，是实现职业教育又好又快发展的关键环节。2000 年教育部印发《关于全面推进素质教育深化中等职业教育教学改革的意见》以来，我国中等职业教育教学改革不断深化，探索并积累了丰富的经验。但从总体上看，中等职业教育教学思想观念、人才培养模式、教学内容和方法、德育工作的针对性、实效性等方面还不能很好地适应经济社会发展对高素质劳动者和技能型人才培养的要求。深化中等职业教育教学改革，提高教育质量和技能型人才培养水平，是当前和今后一个时期职业教育工作面临的一项重要而紧迫的任务。

二、坚持以服务为宗旨、以就业为导向，进一步更新教育教学思想和观念

3. 深化中等职业教育教学改革，必须以邓小平理论和"三个代表"重要思想为指导，深入贯彻落实科学发展观，认真贯彻党的教育方针，全面实施素质教育；坚持以服务为宗旨、以就业为导向、以提高质量为重点，面向市场、面向社会办学，增强职业教育服务社会主义现代化建设的能力；深化人才培养模式改革，更新教学内容，改进教学方法，突出职业道德教育和职业技能培养，全面培养学生的综合素质和职业能力，提高其就业创业能力。

4. 树立正确的人才观和质量观。要切实转变教学观念，正确处理学生综合素质提高和职业能力培养的关系，正确处理学生文化基础知识学习与职业技能训练的关系。坚持以人为本，关注学生职业生涯持续发展的实际需要，培养他们具有良好的职业道德，掌握必要的文化知识和熟练的职业技能，德、智、体、美全面发展，成为中国特色社会主义事业的建设者和接班人。

三、坚持育人为本，把德育工作放在首位

5. 抓质量首先要抓德育。要进一步落实《中共中央国务院关于进一步加强和改进未成年人思想道德建设的若干意见》（中发〔2004〕8号）和《中等职业学校德育大纲》的要求，遵循中等职业学校学生身心发展的规律，增强新形势下中等职业学校德育工作的主动性、针对性和实效性。要把社会主义核心价值体系融入到职业教育人才培养的全过程。要切实加强对德育工作的组织和领导，努力拓展新形势下德育工作的有效途径，加强对学生的教育管理，大力加强德育工作队伍建设。

6. 进一步加强学生思想道德教育。深入进行爱国主义、集体主义、社会主义和中华民族精神教育，大力加强公民道德教育，注重学生文明行为习惯、良好道德品质和遵纪守法意识的养成。突出以诚信、敬业为重点的职业道德教育，帮助学生树立科学的世界观、人生观和价值观，培养学生爱岗敬业的优良品质。要积极探索新形势下做好职业学校学生思想道德教育的新途径和新方法，把思想道德教育融入学生专业学习的各个学科，渗透到教学、实习和社会服务各个环节。

7. 加强和改进德育课教学。德育课是学校德育工作的主导渠道，是对学生进行思想道德教育的主阵地。德育课教学要紧密联系社会实际和学生生活实际，突出育人特色，进一步体现职业教育的特点，把传授知识与陶冶情操、养成良好的行为习惯结合起来。要认真落实《教育部关于中等职业学校德育课课程设置与教学安排的意见》，确保德育课课时，使用国家规划教材。要加强德育课教学研究，改革德育考核办法，及时总结和交流教学经验，促进德育课教学质量的提高。

四、改革人才培养模式，大力推行工学结合、校企合作、顶岗实习

8. 工学结合、校企合作、顶岗实习，是具有中国特色的职业教育人才培养模式和中等职业学校基本的教学制度。当前的重点是要建立行业、企业、学校共同参与的机制，采取有效措施，进一步完善学生到企业顶岗实习的制度，努力形成以学校为主体，企业和学校共同教育、管理和训练学生的教学模式。

9. 明确实习任务，规范实习管理。要认真执行《中等职业学校学生实习管理办法》的有关规定和要求。实习期间，要建立健全辅导员制度，定期开展团组织活动，加强思想政治教育和职业道德教育，保证身心健康。学校要与企业共同组织好学生的相关专业理论教学和技能实训工作，处理好学生"工"与"学"的关系，保证学生顶岗实习的岗位与其所学专业面向的岗位群基本一致。在确保学生实习总量的前提下，学校可以根据实际需要，集中或分阶段安排实习时间。

五、优化专业设置和结构，推进专业群建设规范化

10. 适应市场需求，灵活设置专业。要面向就业市场，根据产业结构调整的实际，建立符合行业企业人力资源需求、与区域经济结构相适应的专业结构。积极发展面向新兴产业、现代服务业和就业前景良好的专业，教育部将制订和发布新的《中等职业学校专业目录》。要进一步拓展"职业院校制造业和现代服务业技能型紧缺人才培养培训工程"相关专业领域，扩大工程的覆盖面。适应建设社会主义新农村、培养"有文化、懂技术、会经营"的新型农民的需要，开发相关专业。

11. 完善专业设置管理，推进专业群建设规范化。建立中等职业学校专业

人才培养与需求预测服务机制，制订和实行专业设置标准，完善专业设置管理，及时更新专业目录，引导和规范专业群建设。加强国家重点建设专业和示范专业点建设。各级教育行政部门要选择一批基础条件好、特色鲜明、办学水平和就业率高的专业点进行重点建设，优先支持在工学结合等方面优势突出的专业点。确定一批精品专业点、特色专业点，形成国家、省、学校三级重点专业群建设体系。

六、改革教学内容、教学方法，增强学生就业和创业能力

12. 深化课程改革，努力形成就业导向的课程体系。推动中等职业学校教学从学科本位向能力本位转变，以培养学生的职业能力为导向，调整课程结构，合理确定各类课程的学时比例，规范教学。积极推进多种模式的课程改革，促进课程内容综合化、模块化，提高现代信息技术在教育教学中的应用水平。中等职业学校公共基础课程，要按照培养学生基本科学文化素养、服务学生专业学习和终身发展的功能来定位。

13. 加强学生职业技能培养。要高度重视实践和实训教学环节，突出"做中学、做中教"的职业教育教学特色。加大专业技能课程的比重，专业技能课程（含顶岗实习）的学时一般占总学时的三分之二。要按照相应职业岗位（群）的能力要求，采用基础平台加专门化方向的专业课程结构，设置专业技能课程。课程内容要紧密联系生产劳动实际和社会实践，突出应用性和实践性。进一步推进学生在取得学历证书的同时获取职业资格证书工作。广泛开展职业院校技能竞赛活动，使技能竞赛成为促进教学改革的重要抓手和职业教育制度建设的一项重要内容。

14. 加强创业教育。要在职业生涯教育和职业指导中加强创业教育，突出对学生创业精神、创业意识和创业实践能力的培养。有条件的学校要开设创业教育和创业实训相关课程。要通过案例剖析、知识讲座、企业家现身说法、宣传中等职业学校学生创业事迹等多种方式，增强创业教育的针对性和实用性。要加强创业教育师资的培养和配备，提高创业教育水平。

七、进一步完善教学管理，积极进行制度创新

15. 适应人才培养模式改革的需要，深化教学管理、教学组织和学籍管理

等制度改革。积极推行弹性学习制度，继续推动以学分制为核心的教学制度改革，建立"学分银行"，鼓励工学交替，允许学生分阶段完成学业，为实行工学结合、校企合作、顶岗实习提供制度保障。要进一步扩大中等职业学校在招生注册、学籍管理、考试考核、转专业、转校、毕业和培训证书发放等方面的自主权，建立更加灵活的学籍管理和教学管理制度。

16. 加快建立就业导向的教学质量评价检查制度。坚持以就业为导向、以能力为本位的教学质量评价观，改进考试考核方法和手段，建立具有职业教育特点的人才培养与评价的标准和制度，建立和完善定期评价检查制度。要把教学质量、教学改革成效作为对中等职业学校评价检查的重要内容，以评促建，以评促改，规范教学，促进教学质量的提高。

八、加强教学保障条件建设，建立提高教学质量的长效机制

17. 提高师资队伍整体素质，充分发挥教师在教学改革中的重要作用。要完善中等职业学校教师进修和继续教育制度，促进教师深入生产实践，提高教师的实践教学能力。进一步优化教师的素质结构，提高"双师型"教师的比例。要积极开展新课程改革培训，促进教师更新观念，强化教师对现代课程理念、现代教育技术的学习和应用。教师要重视研究学生智能结构、水平差异与个性需求，适应以学生为主体的教学角色的转变。探索建立激励机制，鼓励职教教师积极投身教学改革，表彰在教学领域做出突出贡献的教师。

18. 加强中等职业教育教材建设，保证教学资源基本质量。建立健全教材编写、选用与审定机制，加强精品课程和教材开发，教育部将组织评选 1000 门精品课程和 2000 种左右精品教材。充分发挥全国中等职业教育教材审定委员会的作用，建立健全教材课堂准入制度。德育课、文化基础课等必修课教材统一由国家规划并组织编写，专业技能课程教材实行国家与地方（区域）规划相结合。部分大类专业的基础课程和重点建设专业核心课程的教材由国家统一组织编写。积极开发实训课程与实际操作指导教材。大力推动仿真、多媒体课件等数字化教学资源开发，积极组织各类选修课程的开发。

19. 加强中等职业学校实训基地建设，不断改善实习实训基地条件。积极推进校内生产性实训基地建设，满足实习实训教学的需要。要加强校企合作，充分利用企业的资源优势，共建实训基地。各地要统筹规划，紧密结合地区支柱产业、新兴产业和特色产业的发展，优先建设重点专业、示范专业实训

基地，集中力量建设好紧缺人才培养专业实训基地，努力推进资源共建共享。

20. 加强领导，确保中等职业教育教学改革工作顺利进行。地方各级教育行政部门和中等职业学校要切实加强对教学工作的领导，强化教学管理和制度建设，加大并优先保证教学投入。要把教学质量作为考核教育行政部门和中等职业学校工作业绩的重要指标。要重视职业教育教学研究工作，充分发挥教研工作在教学改革工作中的作用。要建立和完善市（地）级以上职业教育教科研机构，有条件的县要建立职业教育教研机构或配备专职的教研人员。探索和建立有利于全面推进素质教育，深化职业教育教学改革，提高教育质量的工作机制。

中华人民共和国教育部

二〇〇八年十二月十三日

附录C 国家中等职业教育改革发展示范学校建设计划项目管理暂行办法

教育部 人力资源社会保障部 财政部
关于印发《国家中等职业教育改革发展示范
学校建设计划项目管理暂行办法》的通知
教职成〔2011〕7号

各省、自治区、直辖市教育厅（教委）、人力资源社会保障厅（局）、财政厅（局），计划单列市教育局、人力资源社会保障（人事、劳动保障）局、财政局，新疆生产建设兵团教育局、劳动保障局、财务局：

为规范和加强国家中等职业教育改革发展示范学校建设计划项目管理，提高建设计划实施和项目管理效益，促进中等职业教育改革发展，根据《教育部 人力资源和社会保障部 财政部关于实施国家中等职业教育改革发展示范学校建设计划的意见》（教职成〔2010〕9号）精神，制定了《国家中等职业教育改革发展示范学校建设计划项目管理暂行办法》，现印发给你们，请遵照执行。

附件：国家中等职业教育改革发展示范学校建设计划项目管理暂行办法

教育部
人力资源社会保障部
财政部
二〇一一年七月六日

附件：

国家中等职业教育改革发展示范学校建设计划项目管理暂行办法

第一章 总 则

第一条 为加强国家中等职业教育改革发展示范学校建设计划项目管理，规范项目建设工作，提高项目管理水平，保证建设计划顺利实施，根据《教育部 人力资源和社会保障部 财政部关于实施国家中等职业教育改革发展示范学校建设计划的意见》（教职成〔2010〕9号）和国家有关规章制度，制定本办法。

第二条 建设计划以提高中等职业教育改革发展水平为目标，支持1000所办学定位准确、产教结合紧密、改革成绩突出的中等职业学校（以下简称项目学校），以推进工学结合、校企合作、顶岗实习为重点，以加强队伍建设、完善内部管理、创新教育内容、改进教育手段为保障，进一步深化办学模式、培养模式、教学模式和评价模式改革，切实加强内涵建设，着力提高人才培养质量。通过建设，使项目学校成为全国中等职业教育改革创新的示范、提高质量的示范和办出特色的示范，在中等职业教育改革发展中发挥骨干、引领和辐射作用。

第三条 建设计划坚持"中央引导、地方为主、行业参与、校企合作、学校实施"的原则，采取中央、地方和项目学校分级管理的方式，以学校管理为基础，地方管理为主。同时，鼓励行业、企业和社会有关方面有效参与和支持。

第四条 实施建设计划所需资金主要由中央财政支持。地方财政安排相应的经费予以支持，保障项目学校改革创新的基础能力和重点任务的实施。同时，鼓励企业积极参与，开展合作办学。

第二章 管理职责

第五条 教育部、人力资源社会保障部和财政部负责制定项目建设的总体规划和规范要求，制定项目管理办法等，对项目建设过程中的重大问题进行决策。主要履行以下职责：

（一）负责统筹指导建设计划的相关工作；

（二）制定相关政策、管理规定和绩效考核办法等；

（三）组织专家复核地方上报的项目学校名单、项目建设实施方案和任务书及项目建设进展报告等；

（四）按计划组织开展政策发布、业务咨询和培训等工作；

（五）建立项目建设信息采集与绩效监控系统，开展年度绩效考评工作；

（六）协调、指导项目学校的项目建设工作，组织开展调研督查、年度检查、项目验收、挂牌表彰、成果宣传等。

第六条 省级教育、人力资源社会保障和财政部门是项目实施的地方行政主管部门，主要履行以下职责：

（一）按照教育部、人力资源社会保障部和财政部要求，组织本地区项目学校的申报、评审和推荐工作；

（二）负责指导、检查、监督本地区项目学校的项目建设工作，监督本地区项目学校按项目建设任务书完成建设任务，及时协调、解决项目建设过程中出现的问题；

（三）负责统筹落实和筹集项目学校的建设资金，对建设资金的使用进行监督，确保专款专用；

（四）向教育部、人力资源社会保障部和财政部报送本地区项目建设阶段进展报告和项目完成总结性报告。

第七条　项目学校举办者是项目学校的主管单位，主要履行以下职责：

（一）按照教育部、人力资源社会保障部和财政部的要求，指导所属中等职业学校进行项目申请，确保落实相关政策；

（二）负责指导、检查所属项目学校的项目工作，监督项目学校定期进行自查，及时协调、解决项目建设过程中出现的问题；

（三）按要求向省级教育、人力资源社会保障和财政部门报送所属项目学校项目建设阶段进展报告和项目完成总结性报告。

第八条　项目学校法人代表为项目建设主要责任人。项目学校应设立专门机构具体负责本校项目建设的规划、实施、管理和检查等工作，主要履行以下职责：

（一）按照教育部、人力资源社会保障部和财政部有关规定及本办法的要求，编制、报送学校立项申报书、项目建设方案和项目建设任务书，并对有关申报材料的真实性负责；

（二）按照批复的项目建设方案和任务书确定的建设内容，组织实施项目建设，确保项目建设进度和预期目标；

（三）统筹安排各渠道建设资金，按照有关财务制度及本办法规定，科学、规范和合理使用建设资金，确保资金使用效益；

（四）将上年度项目建设进展、年度资金使用等情况形成年度报告，上报省级教育、人力资源社会保障和财政部门；

（五）接受教育、人力资源社会保障、财政、审计、监察等部门对项目实施过程和结果进行监控、检查和审计。

第三章　申报评审与组织实施

第九条　申报评审工作按照教育部、人力资源社会保障部和财政部公布的年度建设计划执行，包括核定申报指标、地方预审推荐、中央组织复核、统一社会公示、正式发文公布等环节。

（一）核定申报指标。教育部、人力资源社会保障部和财政部根据因素分配法确定和下达各省、自治区、直辖市年度申报的项目学校控制数。

（二）地方预审推荐。地方中等职业学校按照教育部、人力资源社会保障部和财政部有关文件要求，上报申报材料，提出基本建设思路、初步设想和计划方案。省级教育行政部门会同同级人力资源社会保障和财政部门按照中央下达的项目学校控制数，组织专家对项目学校的申报材料进行预审，确定本地区拟推荐申报的项目学校，统一报至教育部、人力资源社会保障部和财政部。

（三）中央组织复核。教育部会同人力资源社会保障部和财政部组成专家组，根据《国家中等职业教育改革发展示范学校建设计划项目学校遴选基本条件》，对各地推荐申报的项目学校申报材料进行复核，根据需要对项目学校申报信息进行现场核查。

（四）统一社会公示。复核结束后，在教育部网站（www. moe. gov. cn）上公布拟立项支持的项目学校名单，公示期为 7 个工作日（法定节假日除外），接受社会监督和质询。

（五）正式发文公布。公示期满后，教育部会同人力资源社会保障部和财政部公布项目学校名单。

第十条　教育部、人力资源社会保障部和财政部根据已批准项目学校的重点建设任务等因素，下达中央财政专项资金总预算控制数及年度预算控制数。省级教育、人力资源社会保障和财政部门据此组织项目学校及其举办者制定项目建设方案，并填写项目建设任务书，以及制定相应的保障措施和管理办法。

第十一条　省级教育、人力资源社会保障和财政部门组织专家对修订后的项目建设方案和任务书进行评审论证，并将通过评审论证的项目建设方案和任务书报送教育部、人力资源社会保障部和财政部。教育部、人力资源社会保障部和财政部组织专家对各项目学校的项目建设方案和任务书进行复核，达到要求的予以批复。批复后，正式启动项目建设工作。

第十二条　项目学校按照中央批复的项目建设方案和任务书，组织实施项目建设。项目建设方案和任务书一经审定，必须严格执行，项目建设过程中一般不得自行调整。如确需调整的，项目学校须报经省级教育、人力资源社会保障和财政部门核准后，由省级教育、人力资源社会保障和财政部门报教育部、人力资源社会保障部和财政部核定。

第四章　资金管理

第十三条　建设计划的资金包括中央财政专项资金、地方财政专项资金、项目学校举办者安排的专项资金和学校自筹专项资金（以下简称专项资金）。中央专项资金一次确定、分两年到位，逐年考核，并根据年度检查情况适时调整。

第十四条　财政部下达项目学校中央财政专项资金总预算及年度预算后，地方财政专项资金和项目学校举办者安排的专项资金等应按项目实施进度足额拨付到项目学校。

第十五条　项目学校应统筹安排使用不同渠道的专项资金，科学、规范、合理地编制本校建设项目的总预算及年度预算。项目预算是项目学校综合预算的组成部分，应纳入学校总体预算。

第十六条　中央专项资金主要用于支持项目学校改善教学、实习和实训条件，开展工学结合、校企合作和实习实训，培养专业带头人和骨干教师，建设专业、课程和教材体系等。

第十七条　中央财政专项资金支出主要包括：

（一）基础能力建设费：主要用于购置中央财政重点支持专业所需的实验实训设备。用于基础能力建设的费用不得超过中央财政专项资金总额的20%。

（二）校企合作机制建设费：主要用于项目学校加强与企业的合作，包括开展工学结合，共同建设生产性、服务性实训环境等。中央财政专项资金不支持项目学校开办以赢利为目的的企业。

（三）专业课程建设费：主要用于项目学校按照校企合作、工学结合和顶岗实习人才培养模式改革的要求，对重点支持专业进行科学研究，加强专业群建设，优化课程内容，创新教学方法和手段，开发校本教材、课件和优质资源等方面的支出。

（四）师资队伍建设费：主要用于项目学校培养专业带头人、骨干教师、"双师型"教师，以及从行业、企业聘用有丰富一线实践经验的兼职教师等方面的支出。用于教师培训进修的费用不得超过中央财政专项资金总额的10%。

第十八条　项目学校要严格按照项目建设方案和任务书提出的目标组织项目建设，严格遵守国家有关财经法律法规和本办法的规定，加强资金管理。专项资金当年结余，可结转下年继续使用，不得挪作他用。

第十九条　专项资金按照财政国库管理制度的有关规定办理支付，纳入项目学校财务机构统一管理，并设置单独账簿进行明细核算，专款专用、专账管理。

第二十条　凡纳入政府采购的支出项目，必须按照《中华人民共和国政府采购法》的有关规定，经过招投标、集中采购等规范程序后方可列支。

第二十一条　项目学校应将年度项目收支情况纳入单位决算统一编报。

第二十二条　凡使用财政性资金形成的资产，均为国有资产。项目学校应按照国家有关规定加强管理，合理使用。

第二十三条　中央财政专项资金不得用于项目学校偿还贷款、支付利息、捐赠赞助、对外投资、抵偿罚款以及与项目实施无关的其他支出。

第五章　监督检查与验收

第二十四条　项目建设周期原则为2年。起始日期自教育部、人力资源社会保障部和财政部批复项目学校项目建设方案和任务书之日起计算。

第二十五条　建立部际联合监督检查、地方监管和项目学校自我监测的三级监控考核体系，对项目学校建设计划的实施实行事前科学论证、事中监控指导、事后效益评价的全过程审核、监控和考核。

（一）教育部、人力资源社会保障部和财政部依据项目学校的项目建设方案和任务书，分阶段采集绩效考核信息，组织对项目学校进行年度检查，检查结果作为调整年度项目预算安排的重要依据。对年度绩效考核不合格的项目学校，终止经费支持。

（二）省级教育、人力资源社会保障和财政部门负责指导项目的实施，检查和监督项目学校的建设进展情况，及时解决建设过程中的问题。

（三）项目学校举办者负责领导项目的实施，切实履行各项资金及政策支持承诺，确保项目实施质量与进度。

（四）项目学校负责项目建设日常工作和过程管理，设立专门机构，建立管理责任制和绩效考评机制。

第二十六条　在计划实施过程中有下列行为之一的，可视其情节轻重给予警告、中止或取消项目等处理。

（一）编报虚假申报信息，骗取项目学校建设权；

（二）项目执行不力，未开展实质性的建设工作；

（三）擅自改变项目总体目标和主要建设内容；

（四）项目经费的使用不符合有关财务制度的规定；

（五）无违规行为，但无正当理由未完成项目总体目标延期两年未验收的；

（六）其他违反国家法律法规和本办法规定的行为。

第二十七条 项目完成后，项目学校应撰写项目总结报告，由省级教育、人力资源社会保障和财政部门初审后，向教育部、人力资源社会保障部和财政部申请项目验收。总结报告的内容主要包括：项目建设基本情况，建设目标任务完成情况和成效，对区域经济社会发展的贡献度，对其他地区和学校进行示范、带动和辐射的成效，以及专项资金预算执行情况和使用效果，资金管理情况与存在的问题等。

第二十八条 教育部、人力资源社会保障部和财政部对项目学校建设情况进行评估与验收。对通过验收的项目学校，授予"国家中等职业教育改革发展示范学校"称号，予以挂牌。对未通过验收的项目学校予以通报，不予挂牌。

第六章 附 则

第二十九条 本办法自发布之日起实行，各地应按照本办法的规定制订实施细则。各项目学校应会同其举办者按本办法的规定，结合实际情况制订具体管理办法。

第三十条 本办法由教育部、人力资源社会保障部和财政部负责解释和修订。

附录 D　中等职业学校专业设置管理办法（试行）

（教职成厅〔2010〕9号）

各省、自治区、直辖市教育厅（教委），各计划单列市教育局，新疆生产建设兵团教育局：

为贯彻落实《国家中长期教育改革和发展规划纲要（2010—2020年）》，进一步扩大中等职业学校专业设置自主权，规范和完善中等职业学校专业设置管理，引导中等职业学校依法自主设置专业，我部制定了《中等职业学校专业设置管理办法（试行）》，现印发给你们，请认真执行。

教育部办公厅

二〇一〇年九月十日

中等职业学校专业设置管理办法（试行）

第一章　总则

第一条　为进一步规范和完善中等职业学校专业设置管理，引导中等职业学校依法自主设置专业，促进人才培养质量和办学水平的提高，根据《中华人民共和国职业教育法》和有关规定，制定本办法。

第二条　中等职业学校专业设置要以科学发展观为指导，坚持以服务为宗旨，以就业为导向，适应经济社会发展、科技进步，特别是经济发展方式转变和产业结构调整升级的需要，适应各地、各行业对生产、服务一线高素质劳动者和技能型人才培养的需要，适应学生职业生涯发展的需要。

第三条　国家鼓励中等职业学校设置符合国家重点产业、新兴产业和区域支柱产业、特色产业的发展需求以及就业前景良好的专业。

第四条　中等职业学校依照相关规定要求，可自主开设、调整和停办专业。

第五条　中等职业学校设置专业应以教育部发布的《中等职业学校专业目录》（以下简称《目录》）为基本依据。

第六条　各地和中等职业学校应做好专业群建设规划，优化资源配置和专业结构，根据学校办学条件和区域产业结构情况设置专业，避免专业盲目设置和重复建设。

第七条　国务院教育行政部门负责全国中等职业学校专业设置的宏观指导，制定并定期修订《目录》。

行业主管部门负责本行业领域中等职业学校相关专业设置的指导工作。

第八条　省级教育行政部门负责本行政区域中等职业学校专业设置的统筹管理。

市（地）、县级教育行政部门管理中等职业学校专业设置的职责由各省（区、市）自行确定。

第二章　设置条件

第九条　中等职业学校设置专业须具备以下条件：

（一）依据国家有关文件规定制定的、符合专业培养目标的完整的实施性教学计划和相关教学文件；

（二）开设专业必需的经费和校舍、仪器设备、实习实训场所，以及图书资料、数字化教学资源等基本办学条件；

（三）完成所开设专业教学任务所必需的教师队伍、教学辅助人员和相关行业、企业兼职专业教师；

（四）具有中级以上专业技术职务（职称）、从事该专业教学的专业教师，行业、企业兼职教师应保持相对稳定。

各地应根据区域经济社会发展实际，结合专业特点，进一步明确上述基本条件的相关细化指标，使专业设置条件要求具体化。

第十条　各地教育行政部门在审查、备案新设专业时，应优先考虑有相关专业群建设基础的学校；中等职业学校设置专业应注重结合自身的专业优势，重点建设与学校分类属性相一致的专业，以利于办出特色，培育专业品牌。

第三章　设置程序

第十一条　中等职业学校设置专业应遵循以下程序：

（一）开展行业、企业、就业市场调研，做好人才需求分析和预测；

（二）进行专业设置必要性和可行性论证；

（三）根据国家有关文件规定，制定符合专业培养目标的完整的实施性教学计划和相关教学文件；

（四）经相关行业、企业、教学、课程专家论证；

（五）征求相关部门意见，报教育行政部门备案。

第十二条　中等职业学校开设《目录》内专业，须经学校主管部门同意，报省级教育行政部门备案；开设《目录》外专业，须经省级教育行政部门备案后试办，按国家有关规定进行管理。

第十三条　中等职业学校开设医药卫生、公安司法、教育类等国家控制专业，应严格审查其办学资质。开设"保安""学前教育"专业以及"农村医学""中医"等医学类专业，应当符合相关行业主管部门规定的相关条件，报省级教育行政部门备案后开设。

第十四条　中等职业学校应根据经济社会发展、职业岗位和就业市场需求变化，及时对已开设专业的专业内涵、专业教学内容等进行调整。

中等职业学校根据办学实际停办已开设的专业，报市（地）级教育行政部门备案。

第四章　指导与检查

第十五条　省级教育行政部门对本行政区域内的中等职业学校专业设置实行指导、检查和监督。各地要定期对本地区中等职业学校专业设置管理情况进行检查指导，对试办的《目录》外专业要限期检查评估。新设《目录》外专业，由省级教育行政部门于每年3月报教育部备案。

第十六条　各地要建立由行业、企业、教科研机构和教育行政部门等组成的中等职业学校专业群建设指导组织或机构，充分发挥其在中等职业学校专业群建设中的作用。

中等职业学校应建立专业设置评议委员会，根据学校专业群建设规划，定期对学校专业设置情况进行审议。

第十七条　省级教育行政部门每年要对本行政区域内的中等职业学校专业设置情况进行汇总，并向社会集中公布当年具有招生资格的学校和专业。对专业办学条件不达标、教学管理混乱、教学质量低下、就业率过低的，主管教育行政部门应责令学校限期整改；整改后仍达不到要求的，应暂停该专业招生。

第五章　附则

第十八条　省级教育行政部门应根据本办法要求，制定本行政区域中等职业学校专业设置管理实施细则，并报教育部备案。

第十九条　本办法适用于实施中等职业学历教育的各类中等职业学校。

第二十条　本办法自发布之日起施行，教育部印发的《关于中等职业学校专业设置管理的原则意见》（教职成〔2000〕8号）同时废止。

附录 E　国务院关于加快发展现代职业教育的决定

国发〔2014〕19 号

各省、自治区、直辖市人民政府，国务院各部委、各直属机构：

近年来，我国职业教育事业快速发展，体系建设稳步推进，培养培训了大批中高级技能型人才，为提高劳动者素质、推动经济社会发展和促进就业作出了重要贡献。同时也要看到，当前职业教育还不能完全适应经济社会发展的需要，结构不尽合理，质量有待提高，办学条件薄弱，体制机制不畅。加快发展现代职业教育，是党中央、国务院作出的重大战略部署，对于深入实施创新驱动发展战略，创造更大人才红利，加快转方式、调结构、促升级具有十分重要的意义。现就加快发展现代职业教育作出以下决定。

一、总体要求

（一）指导思想。以邓小平理论、"三个代表"重要思想、科学发展观为指导，坚持以立德树人为根本，以服务发展为宗旨，以促进就业为导向，适应技术进步和生产方式变革以及社会公共服务的需要，深化体制机制改革，统筹发挥好政府和市场的作用，加快现代职业教育体系建设，深化产教融合、校企合作，培养数以亿计的高素质劳动者和技术技能人才。

（二）基本原则。

——政府推动、市场引导。发挥好政府保基本、促公平作用，着力营造制度环境、制定发展规划、改善基本办学条件、加强规范管理和监督指导等。充分发挥市场机制作用，引导社会力量参与办学，扩大优质教育资源，激发学校发展活力，促进职业教育与社会需求紧密对接。

——加强统筹、分类指导。牢固确立职业教育在国家人才培养体系中的重要位置，统筹发展各级各类职业教育，坚持学校教育和职业培训并举。强化省级人民政府统筹和部门协调配合，加强行业部门对本部门、本行业职业教育的指导。推动公办与民办职业教育共同发展。

——服务需求、就业导向。服务经济社会发展和人的全面发展，推动专业设置与产业需求对接，课程内容与职业标准对接，教学过程与生产过程对接，毕业证书与职业资格证书对接，职业教育与终身学习对接。重点提高青年就业能力。

——产教融合、特色办学。同步规划职业教育与经济社会发展，协调推进人力资源开发与技术进步，推动教育教学改革与产业转型升级衔接配套。突出职业院校办学特色，强化校企协同育人。

——系统培养、多样成才。推进中等和高等职业教育紧密衔接，发挥中等职业教育在发展现代职业教育中的基础性作用，发挥高等职业教育在优化高等教育结构中的重要作用。加强职业教育与普通教育沟通，为学生多样化选择、多路径成才搭建"立交桥"。

（三）目标任务。到2020年，形成适应发展需求、产教深度融合、中职高职衔接、职业教育与普通教育相互沟通，体现终身教育理念，具有中国特色、世界水平的现代职业教育体系。

——结构规模更加合理。总体保持中等职业学校和普通高中招生规模大体相当，高等职业教育规模占高等教育的一半以上，总体教育结构更加合理。到2020年，中等职业教育在校生达到2350万人，专科层次职业教育在校生达到1480万人，接受本科层次职业教育的学生达到一定规模。从业人员继续教育达到3.5亿人次。

——院校布局和专业设置更加适应经济社会需求。调整完善职业院校区域布局，科学合理设置专业，健全专业随产业发展动态调整的机制，重点提升面向现代农业、先进制造业、现代服务业、战略性新兴产业和社会管理、生态文明建设等领域的人才培养能力。

——职业院校办学水平普遍提高。各类专业的人才培养水平大幅提升，办学条件明显改善，实训设备配置水平与技术进步要求更加适应，现代信息技术广泛应用。专兼结合的"双师型"教师队伍建设进展显著。建成一批世界一流的职业院校和骨干专业，形成具有国际竞争力的人才培养高地。

——发展环境更加优化。现代职业教育制度基本建立，政策法规更加健全，相关标准更加科学规范，监管机制更加完善。引导和鼓励社会力量参与的政策更加健全。全社会人才观念显著改善，支持和参与职业教育的氛围更加浓厚。

二、加快构建现代职业教育体系

（四）巩固提高中等职业教育发展水平。各地要统筹做好中等职业学校和普通高中招生工作，落实好职普招生大体相当的要求，加快普及高中阶段教育。鼓励优质学校通过兼并、托管、合作办学等形式，整合办学资源，优化中等职业教育布局结构。推进县级职教中心等中等职业学校与城市院校、科研机构对口合作，实施学历教育、技术推广、扶贫开发、劳动力转移培训和社会生活教育。在保障学生技术技能培养质量的基础上，加强文化基础教育，实现就业有能力、升学有基础。有条件的普通高中要适当增加职业技术教育内容。

（五）创新发展高等职业教育。专科高等职业院校要密切产学研合作，培养服务区域发展的技术技能人才，重点服务企业特别是中小微企业的技术研发和产品升级，加强社区教育和终身学习服务。探索发展本科层次职业教育。建立以职业需求为导向、以实践能力培养为重点、以产学结合为途径的专业学位研究生培养模式。研究建立符合职业教育特点的学位制度。原则上中等职业学校不升格为或并入高等职业院校，专科高等职业院校不升格为或并入本科高等学校，形成定位清晰、科学合理的职业教育层次结构。

（六）引导普通本科高等学校转型发展。采取试点推动、示范引领等方式，引导一批普通本科高等学校向应用技术类型高等学校转型，重点举办本科职业教育。独立学院转设为独立设置高等学校时，鼓励其定位为应用技术类型高等学校。建立高等学校分类体系，实行分类管理，加快建立分类设置、评价、指导、拨款制度。招生、投入等政策措施向应用技术类型高等学校倾斜。

（七）完善职业教育人才多样化成长渠道。健全"文化素质+职业技能"、单独招生、综合评价招生和技能拔尖人才免试等考试招生办法，为学生接受不同层次高等职业教育提供多种机会。在学前教育、护理、健康服务、社区服务等领域，健全对初中毕业生实行中高职贯通培养的考试招生办法。适度提高专科院校招收中等职业学校毕业生的比例、本科高等学校招收职业院校毕业生的比例。逐步扩大高等职业院校招收有实践经历人员的比例。建立学分积累与转换制度，推进学习成果互认衔接。

（八）积极发展多种形式的继续教育。建立有利于全体劳动者接受职业教育和培训的灵活学习制度，服务全民学习、终身学习，推进学习型社会建设。面向未升学初高中毕业生、残疾人、失业人员等群体广泛开展职业教育和培训。推进农民继续教育工程，加强涉农专业、课程和教材建设，创新农学结合模式。推动一批县（市、区）在农村职业教育和成人教育改革发展方面发挥示范作用。利用职业院校资源广泛开展职工教育培训。重视培养军地两用人才。退役士兵接受职业教育和培训，按照国家有关规定享受优待。

三、激发职业教育办学活力

（九）引导支持社会力量兴办职业教育。创新民办职业教育办学模式，积极支持各类办学主体通过独资、合资、合作等多种形式举办民办职业教育；探索发展股份制、混合所有制职业院校，允许以资本、知识、技术、管理等要素参与办学并享有相应权利。探索公办和社会力量举办的职业院校相互委托管理和购买服务的机制。引导社会力量参与教学过程，共同开发课程和教材等教育资源。社会力量举办的职业院校与公办职业院校具有同等法律地位，依法享受相关教育、财税、土地、金融等政策。健全政府补贴、购买服务、助学贷款、基金奖励、捐资激励等制度，鼓励社会力量参与职业教育办学、管理和评价。

（十）健全企业参与制度。研究制定促进校企合作办学有关法规和激励政策，深化产教融合，鼓励行业和企业举办或参与举办职业教育，发挥企业重要办学主体作用。规模以上企业要有机构或人员组织实施职工教育培训、对接职业院校，设立学生实习和教师实践岗位。企业因接受实习生所实际发生的与取得收入有关的、合理的支出，按现行税收法律规定在计算应纳税所得额时扣除。多种形式支持企业建设兼具生产与教学功能的公共实训基地。对举办职业院校的企业，其办学符合职业教育发展规划要求的，各地可通过政府购买服务等方式给予支持。对职业院校自办的、以服务学生实习实训为主要目的的企业或经营活动，按照国家有关规定享受税收等优惠。支持企业通过校企合作共同培养培训人才，不断提升企业价值。企业开展职业教育的情况纳入企业社会责任报告。

（十一）加强行业指导、评价和服务。加强行业指导能力建设，分类制定行业指导政策。通过授权委托、购买服务等方式，把适宜行业组织承担的职责交给行业组织，给予政策支持并强化服务监管。行业组织要履行好发布行业人才需求、推进校企合作、参与指导教育教学、开展质量评价等职责，建立行业人力资源需求预测和就业状况定期发布制度。

（十二）完善现代职业学校制度。扩大职业院校在专业设置和调整、人事管理、教师评聘、收入分配等方面的办学自主权。职业院校要依法制定体现职业教育特色的章程和制度，完善治理结构，提升治理能力。建立学校、行业、企业、社区等共同参与的学校理事会或董事会。制定校长任职资格标准，推进校长聘任制改革和公开选拔试点。坚持和完善中等职业学校校长负责制、公办高等职业院校党委领导下的校长负责制。建立企业经营管理和技术人员与学校领导、骨干教师相互兼职制度。完善体现职业院校办学和管理特点的绩效考核内部分配机制。

（十三）鼓励多元主体组建职业教育集团。研究制定院校、行业、企业、科研机构、社会组织等共同组建职业教育集团的支持政策，发挥职业教育集团在促进教育链和产业链有机融合中的重要作用。鼓励中央企业和行业龙头企业牵头组建职业教育集团。探索组建覆盖全产业链的职业教育集团。健全联席会、董事会、理事会等治理结构和决策机制。开展多元投资主体依法共建职业教育集团的改革试点。

（十四）强化职业教育的技术技能积累作用。制定多方参与的支持政策，推动政府、学校、行业、企业联动，促进技术技能的积累与创新。推动职业院校与行业企业共建技术工艺和产品开发中心、实验实训平台、技能大师工作室等，成为国家技术技能积累与创新的重要载体。职业院校教师和学生拥有知识产权的技术开发、产品设计等成果，可依法依规在企业作价入股。

四、提高人才培养质量

（十五）推进人才培养模式创新。坚持校企合作、工学结合，强化教学、学习、实训相融合的教育教学活动。推行项目教学、案例教学、工作过程导向教学等教学模式。加大实习实训在教学中的比重，创新顶岗实习形式，强化以育人为目标的实习实训考核评价。健全学生实习责任保险制度。积极推进学历证书和职业资格证书"双证书"制度。开展校企联合招生、联合培养的现代学徒制试点，完善支持政策，推进校企一体化育人。开展职业技能竞赛。

（十六）建立健全课程衔接体系。适应经济发展、产业升级和技术进步需要，建立专业教学标准和职业标准联动开发机制。推进专业设置、专业课程内容与职业标准相衔接，推进中等和高等职业教育培养目标、专业设置、教学过程等方面的衔接，形成对接紧密、特色鲜明、动态调整的职业教育课程体系。全面实施素质教育，科学合理设置课程，将职业道德、人文素养教育贯穿培养全过程。

（十七）建设"双师型"教师队伍。完善教师资格标准，实施教师专业标准。健全教师专业技术职务（职称）评聘办法，探索在职业学校设置正高级教师职务（职称）。加强校长培训，实行五年一周期的教师全员培训制度。落实教师企业实践制度。政府要支持学校按照有关规定自主聘请兼职教师。完善企业工程技术人员、高技能人才到职业院校担任专兼职教师的相关政策，兼职教师任教情况应作为其业绩考核评价的重要内容。加强职业技术师范院校建设。推进高水平学校和大中型企业共建"双师型"教师培养培训基地。地方政府要比照普通高中和高等学校，根据职业教育特点核定公办职业院校教职工编制。加强职业教育科研教研队伍建设，提高科研能力和教学研究水平。

（十八）提高信息化水平。构建利用信息化手段扩大优质教育资源覆盖面的有效机制，推进职业教育资源跨区域、跨行业共建共享，逐步实现所有专业的优质数字教育资源全覆盖。支持与专业课程配套的虚拟仿真实训系统开发与应用。推广教学过程与生产过程实时互动的远程教学。加快信息化管理平台建设，加强现代信息技术应用能力培训，将现代信息技术应用能力作为教师评聘考核的重要依据。

（十九）加强国际交流与合作。完善中外合作机制，支持职业院校引进国（境）外高水平专家和优质教育资源，鼓励中外职业院校教师互派、学生互换。实施中外职业院校合作办学项目，探索和规范职业院校到国（境）外办学。推动与中国企业和产品"走出去"相配套的职业教育发展模式，注重培养符合中国企业海外生产经营需求的本土化人才。积极参与制定职业教育国际标准，开发与国际先进标准对接的专业标准和课程体系。提升全国职业院校技能大赛国际影响。

五、提升发展保障水平

（二十）完善经费稳定投入机制。各级人民政府要建立与办学规模和培养要求相适应的财政投入制度，地方人民政府要依法制定并落实职业院校生均经费标准或公用经费标准，改善职业院校基本办学条件。地方教育附加费用于职业教育的比例不低于 30%。加大地方人民政府经费统筹力度，发挥好企业职工教育培训经费以及就业经费、扶贫和移民安置资金等各类资金在职业培训中的作用，提高资金使用效益。县级以上人民政府要建立职业教育经费绩效评价制度、审计监督公告制度、预决算公开制度。

（二十一）健全社会力量投入的激励政策。鼓励社会力量捐资、出资兴办职业教育，拓宽办学筹资渠道。通过公益性社会团体或者县级以上人民政府及其部门向职业院校进行捐赠的，其捐赠按照现行税收法律规定在税前扣除。完善财政贴息贷款等政策，健全民办职业院校融资机制。企业要依法履行职工教育培训和足额提取教育培训经费的责任，一般企业按照职工工资总额的 1.5% 足额提取教育培训经费，从业人员技能要求高、实训耗材多、培训任务重、经济效益较好的企业可按 2.5% 提取，其中用于一线职工教育培训的比例不低于 60%。除国务院财政、税务主管部门另有规定外，企业发生的职工教育经费支出，不超过工资薪金总额 2.5% 的部分，准予扣除；超过部分，准予在以后纳税年度结转扣除。对不按规定提取和使用教育培训经费并拒不改正的企业，由县级以上地方人民政府依法收取企业应当承担的职业教育经费，统筹用于本地区的职业教育。探索利用国（境）外资金发展职业教育的途径和机制。

（二十二）加强基础能力建设。分类制定中等职业学校、高等职业院校办学标准，到 2020 年实现基本达标。在整合现有项目的基础上实施现代职业教育质量提升计划，推动各地建立完善以促进改革和提高绩效为导向的高等职业院校生均拨款制度，引导高等职业院校深化办学机制和教育教学改革；重点支持中等职业学校改善基本办学条件，开发优质教学资源，提高教师素质；推动建立发达地区和欠发达地区中等职业教育合作办学工作机制。继续实施中等职业教育基础能力建设项目。支持一批本科高等学校转型发展为应用技术类型高等学校。地方人民政府、相关行业部门和大型企业要切实加强所办职业院校基础能力建设，支持一批职业院校争创国际先进水平。

（二十三）完善资助政策体系。进一步健全公平公正、多元投入、规范高效的职业教育国家资助政策。逐步建立职业院校助学金覆盖面和补助标准动态调整机制，加大对农林水地矿油核等专业学生的助学力度。有计划地支持集中连片特殊困难地区内限制开发和禁止开发区初中毕业生到省（区、市）

内外经济较发达地区接受职业教育。完善面向农民、农村转移劳动力、在职职工、失业人员、残疾人、退役士兵等接受职业教育和培训的资助补贴政策，积极推行以直补个人为主的支付办法。有关部门和职业院校要切实加强资金管理，严查"双重学籍"、"虚假学籍"等问题，确保资助资金有效使用。

（二十四）加大对农村和贫困地区职业教育支持力度。服务国家粮食安全保障体系建设，积极发展现代农业职业教育，建立公益性农民培养培训制度，大力培养新型职业农民。在人口集中和产业发展需要的贫困地区建好一批中等职业学校。国家制定奖补政策，支持东部地区职业院校扩大面向中西部地区的招生规模，深化专业群建设、课程开发、资源共享、学校管理等合作。加强民族地区职业教育，改善民族地区职业院校办学条件，继续办好内地西藏、新疆中职班，建设一批民族文化传承创新示范专业点。

（二十五）健全就业和用人的保障政策。认真执行就业准入制度，对从事涉及公共安全、人身健康、生命财产安全等特殊工种的劳动者，必须从取得相应学历证书或职业培训合格证书并获得相应职业资格证书的人员中录用。支持在符合条件的职业院校设立职业技能鉴定所（站），完善职业院校合格毕业生取得相应职业资格证书的办法。各级人民政府要创造平等就业环境，消除城乡、行业、身份、性别等一切影响平等就业的制度障碍和就业歧视；党政机关和企事业单位招用人员不得歧视职业院校毕业生。结合深化收入分配制度改革，促进企业提高技能人才收入水平。鼓励企业建立高技能人才技能职务津贴和特殊岗位津贴制度。

六、加强组织领导

（二十六）落实政府职责。完善分级管理、地方为主、政府统筹、社会参与的管理体制。国务院相关部门要有效运用总体规划、政策引导等手段以及税收金融、财政转移支付等杠杆，加强对职业教育发展的统筹协调和分类指导；地方政府要切实承担主要责任，结合本地实际推进职业教育改革发展，探索解决职业教育发展的难点问题。要加快政府职能转变，减少部门职责交叉和分散，减少对学校教育教学具体事务的干预。充分发挥职业教育工作部门联席会议制度的作用，形成工作合力。

（二十七）强化督导评估。教育督导部门要完善督导评估办法，加强对政府及有关部门履行发展职业教育职责的督导；要落实督导报告公布制度，将督导报告作为对被督导单位及其主要负责人考核奖惩的重要依据。完善职业教育质量评价制度，定期开展职业院校办学水平和专业教学情况评估，实施职业教育质量年度报告制度。注重发挥行业、用人单位作用，积极支持第三方机构开展评估。

（二十八）营造良好环境。推动加快修订职业教育法。按照国家有关规定，研究完善职业教育先进单位和先进个人表彰奖励制度。落实好职业教育科研和教学成果奖励制度，用优秀成果引领职业教育改革创新。研究设立职业教育活动周。大力宣传高素质劳动者和技术技能人才的先进事迹和重要贡献，引导全社会确立尊重劳动、尊重知识、尊重技术、尊重创新的观念，促进形成"崇尚一技之长、不唯学历凭能力"的社会氛围，提高职业教育社会影响力和吸引力。

国务院

2014 年 5 月 2 日

附录 F 广西财经商贸专业群对接产业链分析报告

教育为产业、经济服务，当产业、经济发生变化时，为它们服务的教育也必须发生变化，产教融合道路是专业发展的必然之路，是职业教育发展的新常态。如何帮助地区行业企业发展、实现校企共赢是职业学校要思考的关键问题，专业群如何对接好产业链是解决这一难题的关键。

一、专业群与产教融合的内涵

（一）专业群的内涵

专业群是由一个或多个办学实力强、就业率高的重点建设专业作为核心专业，若干个专业基础相通、技术领域相近、就业岗位相关、教学资源共享的相关专业组成的专业集群，其主要特征是有相同的行业基础或行业背景，有相同的课程内容，有共同的师资队伍，有核心专业。专业群中的各专业能对接企业或行业相同的岗位链，能在同一实训体系中完成实践性教学环节。因此，专业群建设需要根据自身特点对接地区某一行业产业链，面向未来深度剖析该产业链的走向，对原有专业结构解构、重构，合作创新地构建出一种新的教学体系，通过专业群的建设，能够更好地服务地方相关行业企业，为区域产业群提供人才支持。

（二）中职财经商贸专业群建设的内涵

专业群建设是推进职业教育改革的重大举措，它是由一个或多个重点建设专业为核心，由三个及以上专业组成的、专业基础相通、就业岗位相关、工作领域相近、教学资源共享的一个专业集合。随着传统产业转型和新兴产业快速发展，新兴职业岗位需求大量产生，信息化社会也对众多职业提出更高要求，这就促使专业群必须随之不断调整和创新，从而提升服务产业能力，提高人才培养质量。为进一步提升我区职业教育发展水平，2018 年广西教育厅发出建设一批高水平职业发展研究基地的号召。根据专业群的内涵要求，我校结合产业行业背景、学校自身的专业定位和办学优势及面向的服务等情况，探索构建财经商贸专业群。我校财经商贸专业群由会计专业、物流服务与管理专业、市场营销专业构成，以会计专业为核心专业，以物流服务与管理专业、市场营销专业为重点专业开展建设研究。在充分发挥会计专业优势的基础上，利用专业之间的互为带动、互为促进、互补共享的关联性，以提升财经商贸专业群建设的整体水平，促进师资队伍的培养与建设，进而推动人才培养模式、课程体系和实训基地的建设，发挥专业群的聚集效应和扩散效应，实现"1+1＞2"的功能，拓宽服务范围，增强社会适应性，增强学校教学能力。

（三）产教融合的内涵

产教融合是指职业学校根据所设专业，积极开办专业产业，把产业与教学密切结合，相互支持，相互促进，把学校办成集人才培养、科学研究、科技服务于一体的产业性经营实体，形成学校与企业浑然一体的办学模式。产教融合是产业与教育的深度合作，是学校为提高其人才培养质量而与行业企业开展的深度合作。社会各产业在不断转型升级，产业的转型升级意味着专业群的转型升级，如果不转变就会造成结构性失业。深化产教融合是解决中职学校人才培养与企业人才需求脱节问题的有效途径。这种融合将使得教育界和产业界的人力资源效率最大化，也将使得国家大结构中的人力资源效率最大化。

二、广西小微产业发展分析

（一）广西产业政策分析

随着中国特色社会主义市场经济的不断发展，小微企业大量涌现，小微企业覆盖国民经济各个领域，几乎在国民经济各个行业中均有涉及，还不断涌现各类新兴行业和新型业态。

广西把小微企业的发展放在战略高度进行谋划，相继出台了一系列旨在解决小微企业发展难题，为广西经济增长注入新动力的扶持政策，在总体上对广西产业发展布局进行规划。《广西壮族自治区人民政府关于印发加快推进我区万家小型企业上规模工程实施方案的通知》《广西壮族自治区人民政府关于印发加快推进微型企业发展工程实施方案的通知》等政策文件，对扶持小微型企业的指导思想、扶持范围、各阶段任务、政策方向、提供公共服务、监督管理、组织领导进行规定，通过优化政策环境、加大财政扶持、用好用足国家税收优惠政策等措施扶持中小企业发展，进一步做强做优做大工业，提高企业成长率，推动企业转型升级。从"三经普"数据来看，广西现有企业法人数量为 149209 家，其中小微企业有 142638 家，小微企业占比达到 95.6%，是市场主体的绝大多数。广西小微企业营业收入在三次产业的分布来情况，第一产业为 5.4 亿元，仅占 0.1%；第二产业为 6613.21 亿元，占 66.8%；第三产业为 3282.99 亿元，占 33.1%。

广西"十三五"规划提出"构建面向东盟的国际大通道、打造西南中南地区开放发展新的战略支点、形成 21 世纪海上丝绸之路与丝绸之路经济带有机衔接的重要门户"的发展目标，倡导积极融入"一带一路"建设，打造"一廊两港两会四基地"。围绕《广西参与建设丝绸之路经济带和 21 世纪海上丝绸之路实施方案》，广西又进一步提出推进互联互通合作、推进商贸物流合作、构建跨境产业链等经济建设战略规划。顺应沿线国家产业转型升级趋势，加快发展加工贸易，稳定边境小额贸易，加快边民互市贸易改革升级。扩大双向投资贸易，合作共建产业园区，以投资带动贸易发展。

（二）产业发展驱动人才需求

产业集群的兴起为中职学校专业群的建设提供了良好的环境，产业集群的发展已成为全球产业发展的主流趋势，也是近年来我国经济发展的一个重要特征。产业集群的发展，使企业对技能型人才需求激增。"三经普"数据表明，广西法人企业共创造就业人群 481.6 万人，其中小微企业吸纳了 233.2 万人，占 48.4%，吸纳近半数社会从业人员。从行业来看，制造业小微企业吸纳的劳动力最多，为 86.3 万人，占全部小微企业吸纳就业人数总和的 37.0%。吸纳就业量居第二位的是批发和零售业，吸纳劳动力达到 43.4 万人，占比为 18.6%；居第三位的是租赁和商务服务业，吸纳劳动力 20.1 万人，占比 8.6%。

产业集群的发展带来高效的管理方式、优良的政策环境和良好的基础设施，为中职教师的科研、学生的实习以及就业、创业等提供了良好的环境，同时对个人素质和专业能力也提出了更高的标准和要求。所以，产业集群的兴起和发展，有利于中职学校专业群建设和教学改革，有利于"双师型"教师队伍的建设，能够更深层次和更高规格地促进中职教育的特色发展和可持续发展。

广西财经商贸专业群的建设研究要与区域产业相结合匹配。首先，在对职业岗位群进行职业能力分析的基础上，面向广西小微企业经济发展的共性需求，以产业集群内职业岗位群的需要为依据确定财经商贸专业群的人才培养目标和规格、制定人才培养方案。比如，针对我国产业集群尚处于兴起与发展初期，急需大量营销、管理、和物流专业人才的情况，中职学校的专业设置要尽量满足我国集群经济升级换代过程中对此类人才的需求。其次，专业群设置要考虑产业集群内部上、下游行业企业对某一专业人才的需求；考虑产业集群发展中员工继续学习、转岗等工作变换的需求。比如，把学校专业教育形式与专业在职培训形式结合起来，开展多种形式和多种层次的职业培训，缓解产业集群内部人力资源快速转移导致的紧缺型人才匮乏的现象。

（三）专业群建设存在的问题分析

目前，对专业群建设的重要性和必要性已经达成了共识，但对如何建设专业群还存在认识偏差。从外部关系看，存在学校本位、自说自话的问题。把专业群建设定位在既有专业的排列组合，没有充分重视中职职业教育与区域产业的互动关系，仅以学校内部需求为出发点组建专业群，甚至将多个重点的、成果突出的专业生硬地组合到一个专业群中，以期赚取漂亮的指标数字。从内部逻辑看，存在群而不合、貌合神离的问题。对专业群的整体面向和群内专业的各自侧重，对群内课程资源、教师资源、实训资源的共享整合，缺乏深入研究和系统安排，仍按照传统思维以单个专业为口径进行人才培养和教学的设计，把专业群建设简单分解为群内各个专业建设。主要体现在：一是专业群建设体系在各专业联动过程中缺乏协调沟通，管理体制和机制建设还需要进一步完善；二是专业群人才培养特色不凸显，专业群同质性较明显；三是校内专业群教学团队协同创新、服务产业升级、引领行业发展的能力需大幅提升；四是行企校合作机制还有待进一步完善，如何激发行业企业专家参与到专业群建设还有待探索；五是基于产教融合的人才培养模式有待改革，专业群课程体系还需继续优化，课程内容需进一步贴近岗位实际。

三、财经商贸专业群的构建

（一）构建思路

1. 产教融合，集聚资源

响应国家"一带一路"倡议，紧密对接广西区域经济、东盟经济建设、北部湾经济区、西江经济带、沿边地区经济建设及产业转型升级发展需要，深化产教融合，对接广西中小微企业产业链，围绕企业岗位群，构建以会计专业为核心，以物流服务与管理专业、国际商务专业、市场营销专业为重点的品牌财经商贸专业群，以专业群建设带动校企资源优化配置。

2. 校企联动，协同创新

完善校企常态化对话合作机制。定期召开专业群校企交流会，密切关注工中小微企业特别是商贸企业产业的发展，实时跟踪新的技术、技能要求，主动对接产业需求，动态调整专业设置。主动企业提供人才支撑和技术服务，吸引企业提供人员、技术、软件等投入，参与专业群建设，促进专业群与产业协同发展。召开校内专业群建设成果发布会，总结专业群在资源共建共享、校企合作、产教融合等方面的经验和成果，辐射带动其他专业群的建设和发展，形成专业群共同发展格局。

3. 内涵建设，提升品牌

以广西教育厅特色专业群建设项目为契机，将专业群现有资源进行整合、优化和完善，围绕创新人才培养模式、开发工学结合课程、加快实践教学基地建设、强化师资队伍、推进社会服务等方面进行建设，打造人才培养质量优异、产教融合密切、社会服务能力强、特色鲜明的品牌专业群。

4. 产教对接，培育特色

遵循"产业链、岗位群对接专业集群、对接课程体系、课程体系、对接"双师型"教师队伍的专业建设路径，培育特色专业群。通过课题立项、研讨交流和成果展示，推广专业群建设成果，带动学校其他专业群协同发展。

（二）构建目标

适应经济发展新常态和技能人才成长成才需要，以广西区域产业合作为依托，以产教融合为支撑，以会计专业为核心，以物流服务与管理专业、国际商务专业、市场营销专业为重点，凝聚专业群各专业的力量，实现专业发展服务于产业能力的升级，建成校企共建共享、特色鲜明、省内一流、为区域经济建设提供复合型技能人才的品牌财经商贸专业群，成为同类专业的标杆、职业教育改革发展的示范，引领广西财经商贸专业群的建设与发展。

（三）建设内容与措施

（1）根据广西区域经济发展需要，研究构建财经商贸专业群，明确人才培养目标

积极开展市场调研，在地方产业发展规划和人才需求调查的基础上建设财经商贸专业群。随着广西区域经济转型升级，财经商贸类技能型人才供不应求。学校现有财经商贸类专业有会计专业、物流服务与管理专业、市场营销专业，其中会计专业、物流服务与管理专业、市场营销专业与区域产业对接紧密，是广西品牌专业、特色实训基地，国家示范学校重点建设专业。由此，财经商贸专业群以区域产业合作为依托，以产教融合为支撑，以会计专业为核心，以物流服务与管理专业、国际商务专业、市场营销专业为重点，构建校企共建共享、特色鲜明、省内一流的品牌财经商贸专业群；培养特色鲜明的复合型技能人才，即在产业集群的环境下，立足于商贸流通服务业，研究培养适应广西地区经济转型升级发展需要的初步具有系统思维和跨界思维的复合型人才。

（2）遵循"产教融合、模式各异"原则，促进财经商贸群校企"双元"育人人才培养模式的改革

本着"依据需求，产教融合，模式各异"的原则，健全校企合作的体制机制，加强校企合作，输出服务于地方经济，改革完善会计专业"双导师、双平台、理实一体化"人才培养模式，改革完善以物流服务与管理专业的"教学工厂"的工学结合人才培养模式，改革完善市场营销专业"做中学、学中做"人才培养模式，探索和实施"校企对接、理实一体、虚实交替"的"双元"育人人才培养模式，切实提高人才培养质量，加强学生职业素质和职业技能，提升用人单位对毕业生的满意度。

（3）以区域产业群为基础，以职业岗位群需求为导向，重构财经商贸群"集约化、递进式"课程体系

财经商贸专业群以适应岗位需求为目标，以职业能力培养为核心，以提升综合素质为主线，依据行业发展对财经商贸类专业学生的市场需求定位，

秉持各专业间的相互支持，构建基于工作过程的财经商贸群"集约化、递进式"课程体系，将课程划分为专业基础课程、专业核心课程、专业拓展课程三类，其中专业基础课程是全部专业开设，专业拓展课程作为选修课程，允许跨专业选课，从而实现专业培养的特色化。根据财经商贸专业群对应岗位群的公共知识、技能和素质要求，确定职业基本素质课程模块和职业基本能力课程模块，即公共平台课程；根据专业核心岗位的典型工作任务与要求，开发基于工作过程的职业核心能力课程模块，即专业必修模块课程；充分考虑学生的岗位适应能力和职业迁移能力，确定职业拓展能力课程模块，即专业选修模块课程，构建"集约化、递进式"课程体系。

（4）以"双师型"教师队伍建设为抓手，对接行业专家能手，建成高水平教师团队

财经商贸专业群现有教师40多人，教师队伍里老中青合理搭配的教师团队，高级讲师占比40%左右，中级初级职称各占约30%。形成专业群后，在师资安排上，主动打破专业限制，以"双师型"教师队伍建设为重点，以"校企互动，双向交流"为手段，开展"专业带头人、骨干教师、能工巧匠培养工程"，积极打造专兼结合的教学团队，创建一支素质优良、结构合理的高水平的"双师型"教师队伍。为培养人才提供高素质的师资保障，同时也为社会提供技能技术培训，技术咨询服务等。

（5）以财经商贸专业实训基地建设为重点，构建特色的专业群实训基地

目前专业群内各实训室均由各专业管理与使用，资源重叠浪费，建设专业群后按照"职业、共建、共享"的建设思路，结合各专业情况，突出重点的建设原则，以企业业务流程为基础、以信息系统为平台、以专业设备为依托，整合校内外实训资源，校企合作共建集教学、科研和实训等功能于一体的共享性"现代化实战型的财经商贸综合实训中心"，构建混合式实践模式。同时在原有合作企业的基础上，继续开发新的、有实力的知名企业，扩大校企合作的广度，加大校企合作的深度，为专业群发展提供外在条件，大力加强校外实训基地建设，以满足学校实践教学和社会服务的需要。

（6）以"共建、共享"为目的，打造优质教学资源库

整合资源，吸引行业企业积极参与财经商贸专业群的教学资源库建设。紧密跟踪产业发展状况，根据专业群的课程体系、课程之间彼此联系，围绕人才培养目标，开发教学工作页或教材，构建专业共享课程资源库、精品课程资源库等群资源库，建成一个大容量、水平高的优质教学资源库平台，满

足教师、学生及培训学员自主学习的需要，让专业学生和教师受益，为企业员工提供在线学习，满足他们接受继续教育的需要。

（7）创新管理机制，加强财经商贸专业群建设管理

组织保证是专业群建设成功的先决条件，建立"广西职业院校财经商贸专业群建设研究基地执行委员会"，负责专业群建设工作的统筹协调；建立专业群带头人负责制，负责开展专业群的具体工作；要建立约束与激励机制，通过考核与奖励，强化专业群责任意识，调动专业群人员的积极性，实现专业群的自我管理和发展。通过建立精简高效的专业群管理机构，从制度上保证财经商贸专业群建设研究的顺利开展。

产教融合是解决职业院校人才培养与企业技能人才需求脱节问题的有效途径。财经商贸专业群通过紧密对接产业群的发展，与行业企业协同育人，可有效解决专业群定位、课程体系、人才培养等诸多问题，提升学校自身竞争力。

附录 G 《广西职业院校财经商贸（会计）专业群建设研究》调研报告

摘要： 通过调研了解财经商贸岗位群的设置、岗位群职责、岗位群对财经商贸人员素质、能力结构的需求变化，为财经商贸专业群建设提供可靠依据；了解发达地区财经商贸专业和专业群研究建设情况，借鉴学习先进的专业建设经验，结合广西产业发展需求和广西物资学校的专业建设情况，推动广西财经商贸专业群建设研究。

关键词： 财经商贸；专业群；建设；调研报告

基金项目： 广西职业教育第二批专业发展研究基地——广西职业教育财经商贸专业群发展研究基地

为了适应经济发展新常态和技能人才成才需要，实现专业发展服务于产业能力的升级，建成校企共建共享、特色鲜明、为区域经济建设提供复合型的技能人才的财经商贸专业群，课题组成员持续地开展了一系列的调研学习。

一、调研背景

"十三五"期间国家大力实施创新驱动战略，实施"互联网+"行动计划，积极推进大众创业、万众创新，现代信息技术与各产业深度融合，生产型制造向生产服务型制造转变，现代服务业不断发展壮大，以满足个性化、多样化消费需求的新兴服务业发展迅速。经济社会的变化给传统行业带来机遇的同时，也冲击着传统行业的发展。在"互联网+"背景下，具有系统思维和跨界思维的人才将成为产业企业对人才需求的新特征；职业教育的竞争也日趋激烈，如果专业设置、专业建设的速度跟不上时代发展的步伐，脱离现代服务业的规律，将会造成毕业生所学的专业与新兴产业的需求无法衔接，这样培养出来的学生是没有竞争力的，也会影响学校的长远发展。教育部职业技术教育中心研究所研究员姜大源认为，职业教育向类型教育转型的三大特征就是"跨界、融合、重构"。作为技能型人才培养阵地的中职学校在新的人才规格要求的挑战下需要重新审视各专业的建设，把专业建设的重心转移到内涵提升上来，而内涵提升的关键就是专业群的建设。

二、调研目的、对象及方法

本次调研主要是以经商贸专业群的核心专业会计专业为主线开展研究工作。

（一）调研目的

通过对企业的调研了解财经商贸岗位群的设置、岗位群职责、岗位群对财经商贸人员素质、能力结构的需求变化，为财经商贸专业群建设提供可靠依据。通过调研了解发达地区财经商贸专业和专业群研究建设情况，借鉴学习先进的专业建设经验，结合广西产业发展需求和广西物资学校的专业建设情况，推动广西财经商贸专业群建设研究。

（二）调研对象

1. 工业企业、商业企业的财务负责人及会计师事务所、会计服务公司的经理。

2. 同类中职学校，特别是发达地区的财经商贸专业发展成绩突出的学校。

（三）调研方法

1. 访谈调研。主要针对工业企业、商业企业的财务负责人及会计师事务所、会计服务公司的项目经理和同类中职学校财经专业负责人进行，对企业的调研，主要与企业负责人探讨岗位群的设置、岗位群职责、岗位群对财经商贸人员素质、能力结构的需求、会计行业发展的趋势；对中职学校的调研，主要是与中职学校财经专业负责人对会计专业及专业群建设的方法、路径、课程改革的方法、校企合作的方法，师资培养及技能大赛、实验室建设等进行探讨。

2. 在线问卷调研。一是网络调研数据，源于国内和省内权威性、可信度较高的招聘网站，如智联招聘、前程无忧、广西人才网等，从中整理分析社会对会计人才需求量及岗位要求；二是调研问卷数据，问卷样本来自工业、商业、建筑业、交通业、房地产、机关事业单位等多个行业领域，有效问卷76 份，了解用人单位对会计人才的能力、技能诉求。

三、行业、企业人才需求及现状

（一）会计行业现状

财政部发布的《会计行业中长期人才发展规划（2010—2020 年）》一文中表示："会计人才资源总量稳步增长，队伍规模不断壮大，会计人才资源总量增长 40%，较好地满足经济社会发展需要"，"重视会计从业人员、会计初中级人才的培养，促进会计人才资源结构优化、布局合理，努力打造一支职业道德水准高、业务娴熟、技能综合、职业判断能力强的会计人才队伍"。广西财政厅根据《国家中长期人才发展规划纲要（2010—2020 年》和财政部《会计行业中长期人才发展规划（2010—2020 年）》，公布了《广西壮族自治区会计行业中长期人才发展规划（2010—2020）》并阐述了加强会计人才队伍建设的必要性和紧迫性，说明当前我区会计人才发展的总体水平与全区经济社会发展需要还有许多不相适应的地方，会计人才队伍还不能完全满足当前和今后一段时期广西经济社会发展对会计人才的需求，广西的会计人员的整体素质还有待提高。因此，抓好会计人才的培养、抓好会计队伍整体建设，要重视会计专业的人才培养机制建设是会计主管部门重要工作之一。

（二）企业人才需求现状

国家统计局数据显示，2018 年末，全国规模以上中小工业企业 36.9 万户，占全部规模以上工业企业户数的 97.6%。其中，中型企业 5.0 万家，占中小工业企业的 13.5%；小型企业 31.9 万家，占中小工业企业的 86.5%。中小工业企业数量庞大，已成为国民经济的重要支柱。中小企业的为国民经济注入增长活力的同时，也提供了大量的工作岗位。据中国财会网显示，财会人才的市场需求量仅次于营销人才的需求。会计行业每年需要增加 3 万多会计从业人员。会计人才的需求主要分为三种方向：一是对于广大企事业单位，会计从算账报账逐步发展到内部控制、公司治理、会计信息化等高端管理领域；二是对于小微企业，主要依靠会计服务公司进行代理记账，于是产生了大量的会计服务公司，公司业务相对比较简单，主要帮助企业代理记账及申报纳税，侧重于基本税务知识的运用；三是会计师事务所，这类企业主要从事审计、咨询、税务策划服务。由此可见，财经人才的就业前景较为乐观，但是对财经类人才的综合素质要求也越来越高。

四、专业及专业群建设现状

（一）财经商贸类专业建设现状

财经商贸类专业是大部分中职学校的重点核心专业，以财经教育办学的主体也非常多，几乎达到了"无校不财"的程度，但是随着职业教育的发展，财经商贸类专业需要投入的资金量不断增加，教学运行成本不断提高，一方面，由于这些专业同质性高，使得教学资源利用效率比较低，造成了教学资源的浪费。另一方面，由于产业发展带来了复合型技能人才需求，单个专业培养无法满足人才培养的要求，造成的专业的建设和产业的发展相脱节，学生就业质量不高、服务产业的能力不强。随着经济结构调整和产业转型升级不断加快，这种矛盾日益凸显。

（二）财经商贸类专业群建设现状

在我国，随着专业群建设思想的探索与实践，20 世纪 90 年代末期，专业群建设的研究不再局限于课程建设与改革的角度，扩展到从专业建设的角度审视如何灵活调整专业与发挥资源共享的作用。2006 年教育部启动示范性职业学校建设项目，要求"通过组建以重点专业为龙头的专业群，促进资源共享，充分发挥重点专业的辐射与带动作用，促进职业学校专业建设整体水平的提升，提高示范学校服务经济社会的能力"，这一阶段专业群建设的研究关注专业建设整体水平的提升。但这些研究基本上集中于职业学校，中职学校的相对比较少。

五、调研结果分析

（一）专业设置与人才需求不匹配

随着我国产业转型、产业结构的调整、产业升级换代和新兴产业集群的产生，对人才的素质要求也发生很多的变化，但是很多中职学校并没有及时调整教学思路，调整专业结构，仍在按原有特定人才培养模式进行教育。最终造成了行业发展所需人才短缺，中职学校培养的人才无法就业的人才供需矛盾。

（二）专业及专业群建设存在的问题

专业"同质化"现象突出，教学资源浪费严重，中职学校一般都是根据本校师资等专业资源和社会人才需求的热点来设置专业，"同质化"现象较为严重、行业背景不突出、专业特色不明显。专业人才培养各自为政，缺乏统筹规划，导致教育教学资源投入多，利用率不高，教学资源浪费严重。比如，专业教学设备、实训室、实训基地建设等，每个专业都在添置和增加，教学资源浪费严重。对专业群建设的重要性和必要性平已经达成了共识，但对如何建设专业群还存在认识偏差。对专业群的整体面向和群内专业的各自侧重，对群内课程资源、教师资源、实训资源的共享整合，缺乏深入研究和系统安排，仍按照传统思维以单个专业为口径进行人才培养和教学的设计，把专业群建设简单分解为群内各个专业建设，误认为单个专业建设好就可以成为专业群了。

六、调研结论与建议

通过调研，我们认识到通过构建与区域产业集群人才需求特点匹配的财经商贸专业群，才能凝聚专业群各专业的力量，实现专业发展服务于产业能力的升级，为经济建设提供复合型的技能人才。首先，在对职业岗位群进行职业能力分析的基础上，面向产业经济发展的共性需求，以产业集群内职业岗位群的需要为依据确定财经商贸专业群的人才培养目标和规格、制定人才培养方案。例如，针对我国产业集群尚处于兴起与发展初期，急需大量营销、管理、和物流专业人才的情况，中职学校的专业设置要尽量满足我国集群经济升级换代过程中对此类人才的需求。其次，专业群设置要考虑产业集群内部上、下游行业企业对某一专业人才的需求；考虑产业集群发展中员工继续学习、转岗等工作变换的需求，把学校专业教育形式与专业在职培训形式结合起来，开展多种形式和多种层次的职业培训，缓解产业集群内部人力资源快速转移导致的紧缺型人才匮乏的现象。专业群建设是经济产业发展的需要，是中职学校教育发展的需要，中职学校应该把握专业群建设的契机形成学校专业品牌，对促进区域经济的发展发挥积极的作用。

附录 H　职业教育会计专业行动导向教学模式应用调查问卷

请将相关内容填写在横线上：

1. 您的学历_____。

A. 专科　　　　　B. 本科　　　　　C. 硕士　　　　　D. 博士

2. 您的教龄_____。

A.0~5 年　　　　B. 5~10 年　　　　C.10~15 年　　　　D. 15 年以上

3. 您所教的科目_____、_____、_____、_____。

4. 作为职业教育的一名教师，您对职业教育的相关理论及前沿动态的认知如何？_____

A. 认真学习并及时更新　　　　B. 仅有所了解并未系统学习

C. 仅听说过　　　　　　　　　D. 未关注过

5. 您是否接触或学习过与行动导向有关的教学理念、教学方法、教学策略等内容？_____

A. 仔细学习并尝试运用　　　　B. 学习但没有运用

C. 仅听说过　　　　　　　　　D. 从未听说

6. 您是通过何种渠道了解到行动导向教学的。_____（可多选）

A. 报纸杂志　　　　　　　　　B. 理论书籍

C. 电脑网络　　　　　　　　　D. 教学培训

E. 其他

7. 您确定某节课的教学目标时，都考虑到对学生何种能力的培养。_____（可多选）

A. 会计专业理论知识　　　　　B. 会计专业实践技能

C. 人际交往能力　　　　　　　D. 团队合作能力

E. 组织协调能力　　　　　　　F. 信息处理能力

G. 独立思考、解决问题能力　　H. 心理承受、环境适应能力

I. 创新创业能力　　　　　　　J. 会计职业道德、敬业精神

K. 自我学习、自我反思能力　　L. 社会责任感

M. 其他

8. 您在教学过程中运用的教学方法。_____（可多选）

A. 项目教学法   B. 引导文教学法

C. 模拟教学法   D. 案例教学法

E. 头脑风暴教学法

9. 您在运用上述教学方法的过程是否遵循"资讯－计划－决策－实施－检查－评估"这一教学过程。_____

A. 是   B. 不完全是   C. 完全不是   D. 其他

10. 如果您未遵循上述步骤，您是如何运用上述教学方法的?

_____

11. 如果贵校有会计模拟实验室，在平时的会计教学中其利用率如何?

A. 很常用，约占会计授课总课时的 50% 及以上

B. 常用，约占会计授课总课时的 30%

C. 不常用，约占会计授课总课时的 10%

D. 很不常用，小于会计授课总课时的 10%

12. 如果贵校会计模拟实验室利用率不高，您认为原因是什么?

_____

13. 您工作后进行的职业培训或自行进修的主要内容有哪些? _____（可多选）

A. 新会计准则   B. 最新的会计前沿动态

C. 会计教学法   D. 会计课程设置

E. 科学研究方法   F. 信息技术与网络

G. 其他

14. 您是否去相关企业兼职过? _____您是否认为教师具备企业实务操作能力对教学有帮助? _____

A. 是   B. 不是   C. 说不清楚

15. 您认为您目前的学历背景和教学能力对运用行动导向教学有什么帮助或不足?

_____

16. 您认为如果更好地开展行动导向教学，您尚需补充哪方面的知识?

_____

17. 您是否向贵校管理层提出过诸如整合教学资源等与行动导向教学有关的建议? 对于行动导向教学模式，贵校管理层的态度是? _____

A. 肯定并且鼓励   B. 未受到重视

C. 否定　　　　　　　　　D. 其他

18. 如果上题您选择 B 或 C，请问贵校管理层所持态度的原因是什么？

_____（可多选）

A. 学校管理层认识不足　　　B. 资金投入大

C. 改革传统教学太麻烦　　　D. 与现有管理评价机制不相适应

E. 其他

19. 您认为贵校目前使用的教材对运用行动导向教学有什么帮助或不足？

_____

20. 您在运用第 7 题所列举的教学方法时是否注重学生完成任务的独立性或相对独立性？

A. 十分注重　　 B. 一般注重　　 C. 不太注重　　 D. 其他

21. 您在运用上述教学方法时是否注意到学生在完成项目或任务过程中的表现情况，并以此作为教学评价的主要依据？_____

A. 是

B. 注意到但未作为教学评价的主要依据

C. 未注意到也未作为教学评价的主要依据

D. 其他

22. 如果您运用行动导向教学理念或上述教学方法，您认为较之传统的讲授式教学，课堂效果如何？_____

A. 很好，课堂活跃，教学效果明显

B. 一般，和讲授式教学没有很大区别

C. 很差，不如讲授式教学

D. 其他

23. 对于完善职业教育会计专业的教学模式，您有什么建议？

_____

_____

_____

_____

_____

_____

_____

问卷到此结束，再次感谢您的支持与合作！